mandelbaum *verlag*

KÄMPFERINNEN

herausgegeben von Birgit Buchinger,
Renate Böhm, Ela Großmann

mandelbaum *verlag*

Gedruckt mit Unterstützung von

ZukunftsFonds
der Republik Österreich

STADT : SALZBURG

mandelbaum.at • mandelbaum.de

ISBN 978-3-85476-984-2

Herausgeberinnen: BIRGIT BUCHINGER, RENATE BÖHM, ELA GROSZMANN
Projektkoordination: ELKE SMODICS
Lektorat: SARA VAN DORDRECHT
Satz: KEVIN MITREGA
Umschlag: MICHAEL BAICULESCU
Umschlagfoto: © ELKE SMODICS
Druck: PRIMERATE, Budapest

Inhaltsverzeichnis

Feminismus? Immer!

Vorwort der Herausgeberinnen

Sie sind Feministinnen. Während der 1970er Jahre haben sie als Aktivistinnen, Wissenschaftlerinnen und Beraterinnen begonnen, für Frauen zu arbeiten und zu kämpfen. Heute sind sie 75+ und tun es, jede auf ihre Weise, noch immer. Jede von ihnen wurde in ihrem Bereich Wegbereiterin. Viele ihrer Ideen, Thesen und Neuerungen sind heute weit verbreitet oder schon Common Sense. Sie brachten Frauenforschung und Gender Studies an die Universitäten, machten Gewalt gegen Frauen öffentlich, erkämpften Frauenhäuser und deckten Diskriminierungen von Frauen im Beruf auf. Sie erforschten und erzählten die Geschichte der Frauen neu, drehten Filme, die mit Mythen aufräumen, lehrten an Universitäten, gründeten autonome Zentren und zeigten, dass es zu Patriarchat und Kapitalismus Alternativen gibt. Sie entwickelten die ersten Frauenberichte und schufen damit ein Instrument, das kontinuierlich die Situation der Frauen beobachtet. Sie wiesen nach, dass die Ökonomie auf einem Auge blind ist und die unbezahlten Leistungen der Frauen beharrlich ignoriert.

Kaum eine von ihnen drängt sich in die erste Reihe. Sie arbeiten konsequent weiter und verändern die Welt der Frauen. Geboren in der Zwischenkriegszeit oder während des Zweiten Weltkriegs sind ihre Lebensgeschichten Beispiele eines widerständigen, kämpferischen und spannenden Lebens und Arbeitens.

Das, was sie begonnen haben, soll weitergetragen, weitererzählt, weitergeführt werden. Der Faden darf nicht reißen. Gerade jetzt nicht, mitten in der Corona-Pandemie. Auch deshalb sind die Lebensgeschichten dieser Frauen wichtig: Sie sind Zeuginnen aus Zeiten des Krieges und ökonomischer Krisen.

Dieses Projekt ist ein politisches und ein persönliches, auch getragen von der Bewunderung der Porträtierten. Doch reicht diese Bewunderung, um beim Schreiben über sie den Faden stark genug zu spinnen, damit er nicht reißt? Reicht es, um jene, die wenig oder noch nichts über die Protagonistinnen unseres Projekts wissen, mitzureißen? Diese Fragen standen am Anfang der Idee, die lebensgeschichtlich orientierten Interviews Autorinnen einer anderen, durchwegs jüngeren Frauengeneration vorzulegen. Sie sollten auf dieser Basis – und wenn sie wollten, auch anhand weiterer Recherchen – Porträts schreiben. Damit wurde schon das Schreiben selbst der Faden, der weitergesponnen wird. Unsere »Porträtistinnen« sind Schriftstellerinnen, Studentinnen, Künstlerinnen, Wissenschaftlerinnen, Fotografinnen, Ärztinnen und Journalistinnen. Sie nähern sich den porträtierten Feministinnen langsam, respektvoll. Am Ende waren sie sich einig: Das Eintauchen in Leben und Werk dieser großen Feministinnen war aufregend, hat neue Perspektiven und Erkenntnisse eröffnet und war ein Genuss.

Danke

Wir bedanken uns aus ganzem Herzen bei allen porträtierten Frauen, für ihre Zeit und ihre Geduld, für ihre Unterstützung während dieses doch länger währenden Prozesses, für die tiefen Einblicke in ihre Leben, ihre Wünsche, aber auch in Konfrontationen und schwierige Situationen.

Weiters gilt unser Dank den Autorinnen, die sich nicht nur auf die porträtierten Frauen, sondern auch auf vielfältige, sehr anregende Diskussionen mit uns eingelassen haben. Ihnen verdanken wir dieses Kaleidoskop an spannenden Geschichten.

Bedanken wollen wir uns auch bei all jenen Frauen, die uns während dieses Prozesses unterstützt haben: Bei Alexandra Hartmann (Textverarbeitung & Webdesign) für das gewissenhafte Transkribieren der Interviews, bei der Journalistin Ute Dorau, die uns auf der ersten Wegstrecke dieses Projekts begleitet hat, bei Anna Stiftinger (agenda. Chancengleichheit in Arbeitswelt und Informationsgesellschaft) für die erste Korrekturschleife aller Porträts, bei Ute Mies und Gabriele Schaaf von der Kölner Frauenstiftung, die uns den Kontakt zu Maria Mies ermöglicht haben, sowie bei Mira Turba, die jenseits des Verfassens von zwei Porträts alle Fotos, die uns von den porträtierten Frauen zur Verfügung gestellt worden sind, digital für dieses Buch aufbereitet hat.

Ganz besonders wollen wir uns beim Mandelbaum Verlag für sein Vertrauen und speziell bei Elke Smodics bedanken, die mit großem Enthusiasmus und schier nicht enden wollender Geduld die Buchwerdung unseres Vorhabens geleitet und begleitet hat. Unser großer Dank gilt schließlich Sara van Dordrecht, die kompetent und höchst sensibel alle Porträts lektoriert und durch Feinschliff letzte Holprigkeiten begradigt hat.

Schließlich danken wir Elisabeth Stiefel und Marlies Hesse, die dieses Projekt von Anfang an begleitet haben, uns fortwährend mit Rat und Tat zur Seite gestanden sind, uns in schwierigen Phasen Mut zugesprochen haben und einfach für uns da waren, ganz herzlich.

Wir hoffen, mit diesem Buch Lust darauf zu machen, vertiefend in das Werk der porträtierten Frauen einzutauchen, Diskurse und Debatten wieder aufzunehmen oder fortzuführen und damit den Faden weiterzuspinnen. Wir selbst haben viel gelernt und sind weiter darin bestärkt, den feministischen Kampf für eine bessere Welt fortzuführen – ein Kampf, der nicht nur möglich ist, sondern auch Spaß machen und von Erfolg gekrönt sein kann. Davon sind wir überzeugt.

Salzburg, Juli 2021
Birgit Buchinger, Renate Böhm, Ela Großmann

Widerständig, radikal, beharrlich

Zur Idee und Geschichte des Buches
Birgit Buchinger

Wo ist der Anfang? Es gibt verschiedene: Zunächst ein Wochenende im heißen Sommer des Jahres 2018. Ela Großmann und ich sind nach Köln gekommen, um Elisabeth Stiefel und Marlies Hesse zu besuchen. Eine Reise nach Salzburg wäre den beiden zu beschwerlich gewesen.

Ich habe die Ökonomin Elisabeth Stiefel 2006 in Würzburg kennengelernt. Hier treffen sich rund 40 feministische Expertinnen des Netzwerks Gender Mainstreaming Experts International seit 2003 zweimal jährlich. Ein Markenzeichen dieses Forums ist die intergenerationale Zusammensetzung. Als ich 2006 zum ersten Mal teilnehme, bin ich 43 Jahre alt, die jüngste 29 und die älteste 77: Elisabeth Stiefel. Von der ersten Begegnung an bin ich von ihr beeindruckt. Ihre Wachheit, ihr Insistieren, endlich den ökonomischen Blick auf die Welt zu verändern, und ihr bissiger, teilweise schwarzer Humor. Später lerne ich auch die Journalistin Marlies Hesse, die Partnerin von Elisabeth Stiefel, kennen. All die Jahre bleiben wir in Kontakt, wir erneuern immer wieder unsere Einladung, die beiden mögen doch einmal in Salzburg vorbeischauen.

Nun sitzen Ela Großmann und ich bei ihnen auf der Terrasse. Von Freitagabend bis Sonntagnachmittag folgt eine Erzählung der anderen. In atemberaubendem Tempo fliegen die letzten Jahrzehnte bis zurück in die 1930er Jahre an uns vorbei: Geschichten über den Krieg und den Faschismus, erste Verliebtheiten in der Jugend, verschiedene Kämpfe um ein Stück Freiheit, das Hausfrauendasein, feministische Aktionen und Debatten, lustige Episoden aus der Zeit beim *WDR* oder der Kultkneipe ums Eck. Und immer wieder die Ökonomie. Beim Abschiednehmen kommt nicht nur Wehmut auf, sondern auch Bedauern, dass wir all diese erzählten Geschichten nicht digital aufgenommen haben. Bis Ela Großmann die Idee hat, wir kommen wieder und holen dies nach, wir machen ein Buch daraus. Leichtfertig vor sich hingesagt, eine Idee, die sehr verführerisch klingt, jedoch in diesem Augenblick noch nicht wirklich ernst genommen wird.

Im Laufe der nächsten Wochen und Monate geht uns diese Idee jedoch nicht mehr aus dem Kopf. Die »Spindel der Notwendigkeit« von Gerburg Treusch-Dieter begleitet mich in diesen Tagen sehr intensiv. Mußestunden nutzen wir zum Nachdenken, wer außer Elisabeth Stiefel und Marlies Hesse noch in solch einem Buch porträtiert werden sollte.

Bei diesen Überlegungen tauche ich ein in meine eigene Biografie. Anfang der 1980er Jahre beginne ich mein Studium in Salzburg, Politikwissenschaften und Geschichte. In der alten Studienordnung kann ich ohne ECTS-Punkte eklektizistisch all die Vorlesungen und Seminare besuchen, die mich interessieren. Es ist eine sehr bunte, von vielen Debatten und politischen Aktionen geprägte Zeit. Die autonome Frauenbewegung, die ab Mitte der Siebziger auch in Salzburg höchst lebendig ist, hat noch regen Zulauf. Frauendemos, ein Frauencafé und Frauengruppen an vielen Instituten prägen meine Studienzeit. Und schließlich verändern feministische Wissenschaftlerinnen mittels spezieller »Frauentöpfe« das Lehrangebot der Universitäten nachhaltig.

Ein besonderes Highlight jener Zeit bilden die Frauenuniversitäten. Im Jahr 1987 findet die 4. Österreichische Frauenuniversität in Salzburg statt, organisiert von einem Kollektiv aus 30 Frauen, an der neben 500 Teilnehmerinnen auch Frigga Haug, Gerburg Treusch-Dieter, Annette Kuhn, Lisbeth N. Trallori, Ingrid Bauer und Margit Brückner teilnehmen. Im Reader zu dieser Frauenuniversität wird deutlich, wie stark damals schon Maria Mies mit ihren methodischen Postulaten zur Frauenforschung wirkt: »Wir forschen gegen den Strich nach dem Motto: ›alles ist frag-würdig‹; wir untersuchen nicht ›die Frau‹, sondern blicken aus feministischer Sicht auf alles, was uns umgibt. [...] Wir ergänzen die herr-schende Wissenschaft nicht, wir stellen sie in Frage.«

Um die Vergangenheit nicht zu verklären: Diese frühen Jahre meines feministischen Daseins sind nicht friktionslos oder konfliktfrei. Der »Lesben-Hetera-Konflikt« (damaliges Motto: Feminismus ist die Theorie, Lesbischsein die Praxis), heftige Auseinandersetzungen zwischen Vertreterinnen der autonomen Positionen gegenüber jenen der institutionalisierten Frauen, zwischen Marxistinnen und den sogenannten Ökofeministinnen – diese »Kämpfe« werden lebhaft, zumeist respektvoll, zuweilen jedoch auch unter der Gürtellinie ausgefochten. Die Frage um hegemoniale feministische Positionen kristallisiert sich als Bedrohung der »Schwesterlichkeit« heraus. Warum erzähle ich dies? In diesen Jahren meines studentischen Daseins mit begleitenden unipolitischen und autonomen frauenpolitischen Aktivitäten mache ich Bekanntschaft mit vielen großen feministischen Denkerinnen und Praktikerinnen jener Zeit. Bekanntschaften, die mich, mein Denken und mein frauenpolitisches Wollen nachhaltig prägen. Auf Tagungen und Diskussionsveranstaltungen unterschiedlichster Art lerne ich im erzkatholisch geprägten Salzburg, auch dieser Kontext ist mitzubedenken, neben den bereits erwähnten Frauen etwa Christina von Braun, Carola Möller oder Heide Göttner-Abendroth kennen. Andere wie Maria Mies oder Erica Fischer werden mir durch ihre Texte vertraut. Zu anderen wiederum, wie etwa bei Christina Thürmer-Rohr der Fall, fahren wir hin: Zu viert in einem kleinen, alten PKW auf nach Berlin, um am »Mittäterschaftskongress« im Jahr 1987 teilzunehmen. Diese Frauen, und noch viele mehr, waren und sind für mich Vorbilder: So unterschiedlich sie persönlich sind, so verschieden sind auch ihre theoretischen Zugänge und Verortungen.

Genau diese Vielgestaltigkeit feministischen Denkens und Handelns wollten wir gemeinsam in diesem Buch versammeln: »Frauen aus allen Lagern«, so kommentieren Elisabeth Stiefel und Marlies Hesse diese Zusammenstellung, als wir im Februar 2019 erneut nach Köln kommen und unsere fortgeschrittene Projektidee vorstellen. Ja, aus *allen* Lagern. Jede dieser Frauen und auch jeder theoretische Ansatz sowie ihre unterschiedlichen Praxen waren und sind wichtig: Wichtig, um im Widerspruch Argumentationen zu schärfen, um in dem Verstehen-Wollen ihre Denkbewegungen zu verfolgen, um ihre unterschiedlichen Visionen und Utopien miteinander in Diskussion zu bringen. Denn so divers sie in ihren theoretischen und politischen Verortungen zu sein scheinen oder auch sind: Es eint sie, die hegemonial männlichen Macht- und

Herrschaftsansprüche in Frage zu stellen, die strukturelle Gewalt zu bekämpfen und dies auf Basis von Gleichwertigkeit und Humanität in einem umfassenden Sinn, die auch – direkt oder indirekt – die Natur miteinbezieht.

Und noch eine persönliche Motivation für dieses Buch: In den letzten Jahren habe ich in beruflichen oder aktionistischen Kontexten viel Kontakt mit jungen Menschen. Eine Beobachtung eint diese Begegnungen: Kaum eine der jungen und jüngeren Frauen kennt die Texte jener Denkerinnen, die den Blick auf die Welt nachhaltig verändert haben und praktisch sowie frauenpolitisch weiter wirken. Auf deren Basis diese jungen Frauen ihr eigenes Denken schulen, ihre politischen Praxen entwerfen und entwickeln. Der Faden scheint Gefahr zu laufen, zu reißen. »Jede Frau sollte mindestens ein Jahr lang Frauengeschichte studieren, egal, was sie sonst macht. Jede Frau ändert sich, wenn sie erkennt, dass sie eine Geschichte hat«, schrieb Gerda Lerner, die Doyenne der US-Frauengeschichtsschreibung.

Wir wollen den Nachkommenden einige dieser großen feministischen Kämpferinnen, die nun zwischen 76 und 92 Jahre alt sind, vorstellen, Lust darauf machen, die alten und auch die neueren Texte – viele haben jüngst neue Bücher veröffentlicht oder Aufsätze publiziert – zu lesen, dieses Denken und die ihm innewohnende Aktualität zu entdecken.

Warum sind bestimmte Frauen in diesem Buch porträtiert, andere nicht? Die Liste, die wir im Laufe der vielen Monate im Kopf zusammenstellten, umfasste bedeutend mehr Frauen. (Allein dies war schon eine wichtige Erkenntnis!) Neben jenen Frauen, die uns persönlich bekannt oder durch ihre Schriften vertraut waren, stießen im Laufe der Zeit weitere hinzu, entweder, weil wir, wie etwa bei Helma Sick der Fall, faszinierende Interviews im Radio gehört hatten, oder weil uns – wir erzählten viel von diesem Projekt – noch Vorschläge unterbreitet wurden, wer unbedingt auch in dieses Buch kommen sollte, wie etwa Irene Stoehr und Ute Remus.

Einige Frauen, wie etwa Gerburg Treusch-Dieter, waren auf unserer Liste ebenfalls vermerkt, weilen aber leider nicht mehr unter uns. Andere waren zu einem Interview aufgrund ihrer persönlichen Situation nicht in der Lage. Für die Auswahl definierten wir zwei klare

Kriterien: Die zu befragenden Frauen sollten bis maximal 1945 geboren worden sein und aus dem deutschsprachigen Raum kommen. Überraschenderweise stellte sich heraus, dass die meisten Frauen, die wir in unserem Kopf versammelt hatten, in Deutschland wirken. Unsere erste Anfrage per E-Mail beantwortete jede der kontaktierten Frauen prompt und positiv. Zwischen Februar 2019 und Februar 2020 wurden die zwölf Interviews geführt. Die Reise brachte Ela Großmann, Ute Dorau und mich in verschiedenen Konstellationen von Köln über Berlin, München, in einen kleinen Ort in Niederbayern, auf die Insel La Palma, dann wieder zurück nach Köln und schließlich nach Wien. Jedes Interview besonders, jedes Gespräch ein Abenteuer.

Der ursprüngliche Plan für dieses Buch war, die Porträts selbst zu verfassen. Verschiedene Hürden auf diesem Weg mündeten schließlich in das Vorhaben, den Stab bereits im Tun weiterzureichen. So wurde aus einem Solo ein kollektiver Produktionsprozess, was unserem feministischen Bewusstsein umfänglich entspricht. Indem sich jetzt junge und jüngere Frauen mit diesen Geschichten auseinandersetzen, passiert ein Transferprozess. Um den Faden nicht reißen zu lassen.

Elisabeth Stiefel (links) und Marlies Hesse auf der Internationalen Konferenz
anlässlich des 50. Jubiläums des Finnischen Journalistinnenbundes, Helsinki 1996

ELISABETH STIEFEL

geboren 1929 in Ulm, feministische Ökonomin der ersten Stunde, studierte Anfang der 1950er Jahre Wirtschaftswissenschaften in den USA, in Paris und in Tübingen. Kurz nach ihrer Promotion über Frankreichs Beitrag zur Wirtschaftskreislauf-Theorie bekam sie zwei Töchter und begann ihr Leben als »schwäbische Hausfrau«. Nach dem beruflichen Wiedereinstieg als Hilfslehrerein wurde sie 1973 Referentin für berufliche Bildung beim Volkshochschulverband in Nordrhein-Westfalen.

Seit ihrer Pensionierung 1993 widmet sie sich bis heute intensiv der feministischen Ökonomie. Sie treibt mit wissenschaftlichen Arbeiten, Publikationen, Vorträgen und Netzwerktätigkeiten einen Paradigmenwechsel in der Ökonomie voran: Der Haushalt und die in ihm geleistete Versorgungsarbeit müssen als wesentlicher Wirtschaftssektor ins ökonomische Denken inkludiert werden.

Eine Lichtung im Dickicht – Elisabeth Stiefel

Birgit Buchinger & Ela Großmann

Neugierig, widerspenstig, funkelnd, frech, wortgewaltig, intellektuell, aufrecht, ungeduldig, eigensinnig, schalkhaft, unermüdlich, noch immer jung, noch immer mitreißend! Auch wenn Elisabeth Stiefel selbst mit den Begrenzungen des Alters hadert: Ihre Gesten sind temperamentvoll wie eh und je und ihr Humor gefährlich bissig.

Die feministische Ökonomin

Im stolzen Alter von 91 Jahren changiert sie in ihrer Selbstbeschreibung zwischen einer *pietistischen Feministin* und einer *feministischen Pietistin*.[1]

Aus heutiger Perspektive steht ihr Leben – sie wird 1929 in Ulm geboren – exemplarisch für die Begrenzungen und auch die geprobten und teilweise geglückten Überschreitungen von Frauen in den besonderen patriarchal-autoritären Verhältnissen des 20. und beginnenden 21. Jahrhunderts. So etwa ist ihr ein Studienplatz im Bereich der Wirtschaftswissenschaften im Jahr 1949 verwehrt, Kriegsrückkehrer haben das Vorrecht. Aber sie wäre nicht Elisabeth Stiefel, fände sie nicht kreative Möglichkeiten, diese Grenzen zu umschiffen und das von Beginn an beharrlich verfolgte Ziel auf Eigenständigkeit und Unabhängigkeit zu realisieren. So belegt sie zunächst ein Studium Generale im Leibniz-Kolleg. *Von Geld war keine Spur, aber für mich war vollkommen klar, dass ich studieren würde. Dafür bin ich in die Fabrik gegangen und habe mit den Arbeiterinnen gelebt und mich dabei auch mit ihnen ausgetauscht – über unsere Lebensaussichten, vor allem auch über Sexualität beziehungsweise die Haltung zum anderen Geschlecht.* Stipendien ermöglichen ihr 1950 einen Studienaufenthalt in den USA und 1952 an der Sorbonne in Paris, sie studiert nun Wirtschaftswissenschaften.

1953 schließt sie dieses Studium erfolgreich als diplomierte Volkswirtin ab. Jeder Mann mit vergleichbarer Qualifikation hätte in der Zeit des beginnenden »deutschen Wirtschaftswunders« vermutlich aus einer Vielzahl von Karrierewegen wählen können, nicht aber eine Frau. Nach einem weiteren Parisaufenthalt, finanziert durch ein Graduiertenstipendium, kehrt sie 1954 nach Deutschland zurück und muss ernüchtert feststellen, »dass mir als Frau auf dem konservativen heimischen Arbeitsmarkt eine qualifizierte Tätigkeit nicht offen stand«.[2] Sie heiratet im selben Jahr – was sie eigentlich nie wollte: *Ich hatte aber von Anfang an den selbstverständlichen Wunsch, Kinder zu haben. Ja, wie macht man das?* Vier Jahre später wird sie fast gleichzeitig mit ihrem Mann promoviert und bringt kurz darauf ihre erste Tochter zur Welt. Begleitend zum Studium arbeitet sie als Kontoristin und Sachbearbeiterin in einem mittelständischen metallverarbeitenden Unternehmen. Damit ist nun Schluss. Für Mann und Tochter, der eine zweite folgen sollte, steigt sie aus ihrer Berufstätigkeit aus und wird zur *schwäbischen Hausfrau*. Elf lange Jahre sollte sie dies auch bleiben.

Vom Unglück der Mutter

Elisabeth Stiefel wird in eine pietistische Familie hineingeboren, die protestantische Frömmigkeit spielt dort eine große Rolle. Sie ist das älteste Kind, ein zwei Jahre zuvor geborener Bruder hatte nicht überlebt. Die Mutter, eine kleine, zierliche Frau, die nach dem mittleren Schulabschluss statt als Lehrerin ausgebildet zu werden *auf den Frauenweg zurecht gedeichselt* wird, heiratet einen protestantischen Pfarrer. *Mein Vater war ein kluger Mann, da gibt es gar keinen Zweifel. Aber er war mit dem lieben Gott verheiratet. Und der Vater hat ein Kind nach dem anderen gemacht und sie musste sieben Kinder gebären. Dazu war ihre Leiblichkeit nicht gemacht. Schauderhaft*, erzählt Elisabeth Stiefel mit brüchiger Stimme. Die Kindheit ist nicht schön. *Krieg, Evakuierung, Umziehen und nichts zu essen. Es war zu viel für sie. Sie war unzufrieden mit ihrem Leben. Sie war in Not.* Während dieser Erzählung steigen bei Elisabeth Stiefel Tränen auf: *Sie war immer unter Wasser, es war furchtbar. Meine Mutter war geschult darin – hier kommt der Pietismus –, die Dinge genau und sauber zu machen. Und wenn du ein paar Kinder hast, die auch noch widerständig sind, und bist da auf höchstmögliche Sauberkeit gedrillt.* Ihr Vater hat Gottvertrauen, lässt seine Frau jedoch im Stich: *Meiner Mutter hat er – auf schwäbisch – einen Kirchenspruch gesagt:»Schickt der Herr 's Häsle, dann schickt er auch 's Gräsle.«Also, du musst nur auf den lieben Gott vertrauen, dann klappt das schon. Und da saß meine Mutter in der Scheiße.* Die Beziehung zwischen Mutter und Tochter ist schwierig. Die Mutter hofft, in Elisabeth als Ältester Beistand und Unterstützung zu bekommen. Das Leben der Mutter, ihr Unglück ob all des nicht Erfüllten, wird für die Tochter jedoch abschreckendes Vorbild: *Das kam für mich überhaupt nicht infrage, zu heiraten und ein Kind nach dem anderen zu kriegen. Und immer irgendwo in dreckiger Wäsche zu wühlen und in was-weiß-ich und »Was essen wir heute?« und so. Es war für mich so selbstverständlich: Das ist nicht meine Zukunft.* Der Umstand, dass ihre Tochter andere Ideen im Kopf hat, ist nicht nur enttäuschend, es macht die Mutter auch zornig, *hilflos zornig. Sie sah, dass ich diesem Schicksal, ihrem Schicksal, von Anfang an entronnen war. Sie hat mal in ihrem ratlosen Zorn über meine Widerständigkeit mit der Schuhbürste nach mir geschmissen und gesagt:»Mein Leben ist verpfuscht! Und ich will, dass deines das auch sei!« Sie war so hilflos.* Dies habe sie, wie sie nebenbei anmerkt, nicht nachhaltig geschädigt. Ganz anders gestaltet sich das Verhältnis zu ihrem Vater: *Ich war der Stern meines Vaters, der meine Gelüste nach Freiheit und Eigenständigkeit nicht nur wahrnahm, sondern billigte.*

Das große Nein zu Autoritäten

Unterwerfung, Duckmäuserei oder Gehorsam sind Elisabeth Stiefel fremd. Sie entwickelt schon früh den Willen zum eigenständigen Denken und Handeln. Dies ist in Zeiten des faschistisch-nationalsozialistischen Regimes nicht ungefährlich. Auf die Frage, ob sie sich daran erinnern könne, wann sie zum ersten Mal laut und ganz klar »Nein!« gedacht habe, fällt ihr nach einer sehr kurzen Nachdenkpause eine Gegebenheit mit einer Lehrerin ein. Sie ist damals rund 12 Jahre alt, Deutschland befindet sich mitten im Krieg. Elisabeth Stiefel besucht das Katharinen-Stift in Stuttgart: *Die Direktorin war eine Nazi-Frau. Und mit der habe ich mich angelegt, und zwar ohne dass ich das Gesamtbild sah.* In einem Aufsatz schreibt Elisabeth etwas Negatives über den Krieg. Daraufhin wird sie von der Lehrerin zu sich gebeten, eine Standpauke ist die Folge: *Ich habe sie widerständig angeguckt und sie sagte: »Wenn du solche Sachen denkst, dann muss ich deinen Vater bitten, dich von der Schule zu nehmen.« Das kam mir so merkwürdig vor … Zum Schluss hat sie mir ihre Hand hingestreckt und ich habe mich geweigert, sie anzunehmen. Das war ein sehr lautes »Nein!«.* Noch heute schüttelt sie während dieser Schilderung vehement den Kopf und verschränkt die Arme auf dem Rücken. Wann ist ein »Ja« daraus geworden? Darauf kommt spontan und sehr vehement: *Ein »Ja« zu irgendwelchen Autoritäten ist es nie geworden!*

Männliche Norm und Abwertung

Zu Kriegsende, Elisabeth Stiefel ist nun 16 Jahre alt, zieht die Familie vom Schwarzwald nach Göppingen, ihr Vater hat in der Nähe eine neue Pfarrstelle angenommen. Bisher wird sie an der kleinen Oberschule in einer gemischten Klasse unterrichtet, nun gibt es sowohl ein Mädchen- als auch ein Jungengymnasium. *Da war es vorbei mit der Koedukation, ich ging von nun an auf eine reine Mädchenschule. Das waren alles Mädchen aus bürgerlichen Kreisen, 40 Mädchen aus einem Jahrgang.* Die 40 Schülerinnen werden auf zwei Klassen verteilt. *Da gab es eine Hauswirtschaftsklasse. Die haben wir natürlich verachtet. Denn da gingen die hin, die möglicherweise doch lieber heiraten und nur vorübergehend berufstätig sein wollten.* Ob ihr diese hierarchisierende Zuschreibung damals schon bewusst war? *Das war selbstverständlich. Das musste man nicht wissen. Das sind die Werte, die wir mitkriegen, ohne dass man darüber nachdenkt. Das ist absurd.* Und diese unbewussten, abwertenden Zuschreibungen an Frauen und die Tätigkeiten, die sie ausüben, sind ja auch noch immer dominant. *Das hängt den Frauen ja heute noch an. Und ist mitverantwortlich für die Unterbezahlung von Frauen im Beruf.*

Liebe zur Mathematik

Zahlen in soziale, wirtschaftliche, gesellschaftspolitische und frauenspezifische Zusammenhänge setzen, statistischen Daten Geheimnisse entlocken, sie gegen den Mainstream bürsten, das ist die große Leidenschaft von Elisabeth Stiefel. Seit dem Studium in den 1950er Jahren sind Zahlen, Daten und Fakten ihr Lebenselixier. Schon damals ist sie eine Meisterin der neuen Interpretationen, stellt Fragen an die Daten, die viele als überflüssig abtun, wenn nicht sogar als ungebührlich. Welche Geschichten, welche Tragödien ungelebter Wünsche von Frauen verbergen sich in den Statistiken? *Ich war immer ein Statistik-Fan. Denn in der Statistik entscheidet die Fragestellung über das, was rauskommt. Je nachdem, wie ich die Frage stelle, werden andere Aspekte ausgeschlossen, weil sie nicht sichtbar sind.* Feministische Wissenschaft in ihrer Parteilichkeit par excellence!

Sie berechnet die Welt neu, gemeinsam mit damals noch wenigen anderen Feministinnen, die sich auf den Weg machen, die Ökonomie, eine *der* Herrschaftswissenschaften, zu revolutionieren. Zu einer Zeit, als es noch üblich ist, Bevölkerungen so zu zählen, dass sie lediglich männliche »Normalitäten« und Biografien abbilden, als wären sie auch für die andere Hälfte der Menschheit gültig. Wie viele Jahre und Jahrzehnte währte allein der feministische Kampf um die Differenzierung von Daten nach dem Geschlecht – einer neben hunderten, tausenden, abertausenden Kämpfen und Schauplätzen. Statistische Daten, die zwischen Männern und Frauen aufgeschlüsselt und dann mit diversen Merkmalen aus dem sozialen Leben verknüpft werden können, sind erst allmählich – wenn auch keineswegs lückenlos – in der zahlenhaften Darstellung der Lebensverhältnisse von Menschen Standard geworden. Aber die Macht- und Herrschaftsverhältnisse, die Vermögensverteilung, die soziale Frage, all dies bleibt in der Bilanz zu Ungunsten der Frauen und Marginalisierten. Die Schieflage hat sich kaum verändert, aber sie schwarz auf weiß belegen zu können, stärkt die Interessen von Frauen (und marginalisierten Männern).

Elisabeth Stiefel will eine ökonomische Theorie entwickeln, die auch für Lai:innen nicht zu kompliziert ist. Weil sie aus dem Leben, dem Alltagsleben kommt. Um mit politischem Willen ein anderes Handeln in die Wege zu leiten. Man kann auch Heterodoxe Ökonomie dazu sagen: eine abweichende Ökonomie, die querliegende Ansätze zu herrschenden Lehrmeinungen der klassischen Wirtschaftstheorien formuliert. Aber das macht es nicht leichter, auch Frau Jedefrau dafür zu interessieren, zu begeistern.

Das Budget ist die in Zahlen gegossene Gesellschaftspolitik, es ist die Grundlage politischer Strategien wie Gender Budgeting, um Geschlechtergerechtigkeit in öffentlichen Haushalten zu fördern. Auch in diesem politischen Feld engagiert sich Elisabeth Stiefel seit vielen Jahren, etwa beim Kampf um Gender Budgeting in Köln.[3]

Rein in die Parteipolitik – und gleich wieder raus

Das Dilemma von Frau Normalfrau in der Männergesellschaft hat Elisabeth Stiefel bei vielen Gelegenheiten am Beispiel ihrer eigenen Vita dargestellt. Als sie sich mit über 40 um einen Job bemüht, der ihrer Ausbildung entspricht, verkümmert ihre Zeit als Familienfrau zum Loch in ihrer Biografie. *Es musste verborgen und verleugnet werden, dass ich elf Jahre Nichterwerbsperson, das heißt Hausfrau, gewesen war. Ich hatte meinem Mann den Rücken freigehalten und meine Kinder erzogen. Daneben tat ich noch hunderttausend andere Sachen: Mitarbeit in der Kirchengemeinde, Parteiarbeit und Gemeinderat, Schulpflegschaftsvorsitzende, Nachbarskinder hüten, Artikel schreiben und so weiter.*

Hier ist ein Sidestep angebracht: Im Laufe des Interviews kommt Elisabeth Stiefel auf die Grundrenten-Diskussion zu sprechen. Diese sei eine Offenbarung: *Wenn du zehn Kinder hast und für die Familie auf ein eigenes Einkommen verzichtet hast, dann erfüllst du die Anspruchsvoraussetzungen für die Grundrente nicht. Du musst langfristig erwerbstätig und eigenständig versichert gewesen sein.* Und auch jene Frauen, die wegen ihrer Familienpflichten wenig verdient haben, gehen bei der Grundrente leer aus, *wenn sie einen Ehemann haben, der auch im Alter noch willens und in der Lage ist, seine Frau vor Armut zu bewahren.* Hier empört sie sich, nicht zum ersten Mal während des Gesprächs. Rechtlich seien Frauen und Männer längst für sich selbst verantwortlich: *Es ist absurd, dass sie ökonomisch und sozial noch immer als Einheit gelten, wenn sie heiraten. Da hängen wir noch in der Ideologie des 19. Jahrhunderts, die davon ausging, dass Frauen sich selbst und ihre Habe mit der Ehe zur Gänze in den Haushalt ihres Gatten einbringen und ihre Eigenständigkeit aufgeben.* Zugleich – und hier scheint sie gedanklich an die eigene Phase als »Nichterwerbsperson« anzudocken – sei es an der Zeit, systematisch zu untersuchen, was diese Frauen, die nicht erwerbstätig waren, in ihrem Leben gemacht haben: *Die lagen doch nicht in der Hängematte. Sie haben ihre Kinder zur Schule gebracht und versorgt, nebenher haben sie in Teilzeit mitverdient. Oder sie haben Angehörige gepflegt, weil das so von ihnen erwartet wurde und sie dazu auch bereit waren.*

Gegen Ende ihres Daseins als Hausfrau, so um 1968, beginnt sich Elisabeth Stiefel in der SPD zu engagieren. Eindrücklich schildert sie, wie sie bei einer Veranstaltung für die Kommunal-wahl gemeinsam mit 20 Männern in einer langen Reihe auf der Tribüne gesessen ist. *Da trafst du eigentlich nur Männer. Das war in der SPD so und in den anderen Parteien war es auch nicht anders.* Dem Publikum wird sie als »Frauenvertreterin« vorgestellt. *Als Frauenvertreterin haben sie von mir erwartet, dass ich die Frauen bei Laune hielt. Nikolausfeiern, Muttertag und so. Da habe ich gedacht: Spinn ich denn?* Sie will in die Politik, um sich zu engagieren. *Und ehe ich richtig eingestiegen war, war ich schon rückwärts wieder aus-gestiegen. Nein, habe ich gedacht. Diese Rolle, die kriegt ihr von mir nicht.* Rückblickend betrachtet sie diese Episode positiv: Dadurch wird ihr klar, dass sie nicht in die Politik gehen, sondern wieder erwerbstätig sein will.

Immer weiter bilden

Elisabeth Stiefel findet eine Tätigkeit als Hilfslehrerin an der Hauptschule. Sehr anstrengend ist diese Zeit auch, weil sie über keinerlei pädagogische Vorbildung verfügt. In den Klassen sind auch Schüler:innen aus dem »Haus für Schwererziehbare«, mit denen umzugehen ihr nicht leichtfällt. Auf Mädchen und Frauen zu schauen, das ist ihr damals bereits ein großes Anliegen. Des-halb grüßt sie beim Betreten der Klasse immer zuerst die Mädchen. *Prompt gab es einen Protest der Jungs, die gesagt haben: »Die Jungs kommen zuerst!« Und da stand eine Hauptschülerin auf – das war auch ein Augenblick für mich, an dem mir die Augen übergingen – und hat gesagt: »Wenn wir tausend sind und einer von uns ist ein Junge, dann sind wir alle ›Er‹«. Eine Vierzehnjährige!* Das war wirk-lich Wahnsinn. Bis heute haben wir das nicht überwunden: *Er ist die Norm – nicht nur sprachlich.*

Im Jahr 1973 wird Elisabeth Stiefel Referentin für berufliche

Bildung beim Volkshochschulverband in Nordrhein-Westfalen. Sie ist für die Weiterentwicklung und Integration von beruflicher und politischer Bildung, die Veränderung der Curricula mit Fokus auf die Modernisierung klassischer Frauenberufe sowie die Entwicklung von Qualifizierungen in mathematisch-naturwissenschaftlich-technischen Fächern zuständig. Vor allem ist sie verantwortlich für Statistiken, wo sie sehr schnell sehr tief einsteigt. Aufgrund der Bildungsreformen werden damals viele Bildungswege für Kinder aus Arbeiter:innenfamilien geöffnet. Und siehe da: Die Zahlen belegen eindeutig, dass Töchter aus Arbeiter:innenfamilien rascher höhere Bildungswege beschreiten als die Söhne. Die These von Elisabeth Stiefel dazu: Mädchen und Frauen könnten neugieriger und wissbegieriger sein als Männer. Aber was nützt es ihnen? Nicht viel, und das schreibe sich bis heute so fort, schließt sie aus der weiteren Entwicklung der Mädchen. *Ein Beispiel: Ein Mädchen geht auf die Mittelschule, die gab es da ja noch, und absolviert die Mittlere Reife. Der Junge macht die Volksschule fertig und mündet dann in eine Ausbildung ein, während das Mädchen in die Handelsschule geht oder gleich ins Büro. Später verdient er wesentlich mehr als sie und wird zum Familienernährer. Das war damals schon sehr deutlich, wurde jedoch nie öffentlich diskutiert. Ich musste für die Geschäftsberichte die Statistiken kennen und interpretieren – da habe ich schon die Ergebnisse meiner Recherchen in die Geschäftsberichte geschrieben. Das hat man mir zwar nicht übel genommen, aber es war vollkommen wirkungslos.* Unermüdlich versucht sie, die Fake News, wie wir es heute nennen würden, mit Daten und Fakten zu konfrontieren, um die öffentliche Meinung und die Bilder in den Köpfen der Menschen zurechtzurücken: So heißt es damals auch seitens der Vertreter:innen der Volkshochschulen, viele Frauen besuchten ihre Einrichtungen, um Bildung nachzuholen. In Wirklichkeit sitzen jedoch in den Lehrgängen und Kursen zum Nachholen des Hauptschulabschlusses oder der Mittleren Reife *die Jungs, die es vorher nicht gebracht hatten. Frauen kamen eher, um sich weiterzubilden. Aber sie haben dann natürlich Kurse belegt, die mit der vorhin schon erwähnten Abwertung der Frauenqualifikation übereinstimmten. Sie machten zum Beispiel Gesundheitsbildung. In der Gesundheitsbildung waren, glaube ich, 80 bis 90 Prozent Frauen.*

Leicht süffisant ergänzt sie: *Männer waren ja gesund und stark, die mussten das nicht.*

Frauen zählen zu *den* Gewinner:innen der Bildungsreform der 1970er Jahre, das hat sich schon sehr früh abgezeichnet. Mädchen und Frauen haben in allen Bildungswegen ihre gleichaltrigen Kollegen sukzessive eingeholt, inzwischen überholt. Dies wird jedoch gesellschaftlich nicht begrüßt: *Jetzt warte ich darauf, dass man herausfindet, dass das eigentlich kein Verdienst von ihnen ist. Irgendetwas muss man erfinden zur Abwertung* ... Aktuell mehren sich Medienberichte, dass das Abitur als zu leicht empfunden wird, es überhaupt zu viele Abiturient:innen gibt. *Das ist sehr zwiespältig zu beurteilen. Zum einen zielt es auf die Aufwertung von handwerklichen Berufen, zum anderen auf die Abwertung der Frauen, die mit dem Abitur von der Schule kommen – und die Männer haben keines.* Hier nimmt Elisabeth Stiefel auf einen Artikel Bezug, in dem ein Professor erklärt, dass Frauen trotz Abitur eigentlich nicht zum Studium befähigt seien: *Das komme daher, weil in der Schule vor allem Lesefähigkeiten bewertet werden, während die MINT-Fertigkeiten dort unterbewertet seien. Oh, habe ich gedacht. Da haben wir jetzt einen neuen Zugang, um Frauen abzuwerten. Weil die von Anfang an lesen, die Jungs nicht* ...

Mehr als formale Gleichheit

Zu Beginn der Frauenbewegung rund um 1968, so Elisabeth Stiefel lachend, ist sie Mittelstands-Hausfrau. Vor dem Einstieg in die autonome Frauenbewegung *war das meine eigene Widerständigkeit. Den Keim des Aufruhrs legte wahrscheinlich die schwierige Beziehung zu meiner Mutter, die mir die Zumutungen und Entbehrungen der Frauenrolle handgreiflich vor Augen führte.* Das frauenpolitische Engagement beginnt für Elisabeth Stiefel konkret während der Kampagne »Wir haben abgetrieben« im Jahr 1971. Auch in Dortmund bilden sich Frauengruppen, denen sie sich sehr spontan anschließt und verbunden bleibt. Wie viele in der Frauenbewegung vertritt sie die Meinung, dass Frauen mit gleichen Ansprüchen in den Beruf gehen sollen bzw. wollen wie Männer. *Was auch hieß, dass die Männer mit diesem gewohnten Totalservice einer Hausfrau nicht mehr rechnen können sollten.* Ihre politischen Ziele sind jedoch weiter gesteckt: *Von Anfang an gehörte ich zu denen, die überzeugt waren, dass unser Anliegen viel weiter reicht als bis zur formalen Gleichheit in Beruf und Öffentlichkeit.* Einen der wesentlichen Slogans der neuen Frauenbewegung unterstreicht sie nicht nur, sondern erweitert ihn wesentlich: *Das Private ist politisch UND ökonomisch.* Heute formuliert sie auch eine Kritik an der Frauenbewegung ab den 1970er Jahren: *Es ist schade, dass die Frauenbewegung nur in die emanzipatorische Richtung gegangen ist. Für die Mütter haben wir nichts, noch nicht einmal Bewusstseinsbildung.* Einen Paradigmenwechsel in der Ökonomie mitzuinitiieren und zu intensivieren, das treibt Elisabeth Stiefel an. Zahlreiche Aufsätze hat sie dazu in den letzten Jahren veröffentlicht, von einer internationalen Konferenz zur anderen ist sie dafür gefahren. Seit ihrer Pensionierung ist die Auseinandersetzung mit Ökonomie ihr Hauptbeschäftigungsfeld.

Exkurs: Eine andere Ökonomie
Worauf basiert aktuell die Ökonomie? Anerkannt, Wert schaffend und damit auch statistisch relevant ist die produktive Arbeit der industriellen Ökonomie. Die Versorgungstätigkeiten im Haushalt werden von einer »unsichtbaren Hand« vollbracht. Aus Liebe oder aus biologischer Pflicht. Selbstredend gehört diese Hand zu einer Frau. Diese Arbeit ist, so die Annahmen der klassischen Ökonomie, nicht produktiv, nicht Wert schaffend und kommt somit in keiner Statistik vor. Auch nicht im Bruttosozialprodukt, das alle von Inländer:innen erwirtschafteten Einkommen misst, oder der Volkswirtschaftlichen Gesamtrechnung, die ein Teilgebiet der Makroökonomie ist. Ihren Schwerpunkt bilden die Entstehung, Verteilung und Verwendung des Bruttoinlandsprodukts und des Bruttonationaleinkommens. Die unbezahlt in Haushalten verrichtete Sorge- und Versorgungsarbeit ist nichts wert. Weltweit. Und dies färbt auf jene ab, die diese Arbeit leisten: auf Frauen. Die demnach nicht nichts wert, aber doch bedeutend weniger wert als Männer sind. Man kann sie und ihre Arbeit abwerten und gleichzeitig wunderbar (aus-)nutzen.
Diese Spaltung der Welt durch die klassische Ökonomie ist folgenreich. Vor allem auch, weil der Homo oeconomicus, der öko-

nomische Mann, als wesentliche Figur das wirtschaftliche Geschehen lenkt: »Der ökonomische Mann ist rational, vernunftgesteuert, tut nichts, was er nicht tun muss, und tut er es doch, dann um Befriedigung zu verspüren oder Schmerz zu vermeiden.«[4] Der kollektive ökonomische Mann, diese Metapher sei uns erlaubt, setzt auf Wirtschaftswachstum, Ressourcenverbrauch, Beschleunigung und Produktivitätszuwächse. Das ist das Mantra der Ökonomie. Wachsende Armut ganzer Bevölkerungen, Klimakatastrophen, Artenvernichtung, Ausbeutung, Missachtung der Menschrechte, ganz besonders auch der Frauenrechte, all dies wird zwar ins Kalkül gezogen, kommt jedoch in keiner Bilanz vor. Maximierung der Gewinne und flüchtiges Kapital, das regiert die Welt des ökonomischen Mannes.

Für Elisabeth Stiefel ist dies nicht weiter hinzunehmen. Es braucht eine andere Ökonomie. Die feministische Ökonomie tritt der Spaltung der Welt durch die klassische Ökonomie entgegen: *Alle haben die gleichen Rechte auf persönliche Eigenständigkeit.* Dies bedeute auch, dass der noch immer wirkmächtige Grundsatz des US-amerikanischen Ökonomen John Kenneth Galbraith, das Individuum vertrete seinen Haushalt, abgelöst werden müsse. Denn: *Damit war das männliche Individuum gemeint, das seine Frau und seine Kinder verkörperte. Das ist heute noch so.* Der Arbeitsbegriff war in der Ökonomie lange der wesentliche Ansatzpunkt. Es geht feministischen Ökonominnen um nichts weniger, als den Weg für eine neue Balance von Arbeit und Leben zu bereiten: »Das ist ein Begriff von Arbeit, der bezahlte Erwerbsarbeit mit bisher nicht bezahlter Fürsorgearbeit, mit ehrenamtlicher Arbeit und mit kreativen Tätigkeiten in Einklang bringt.«[5]

1. Fundament

Der Kardinalfehler des ökonomischen Denkens – man könnte aber auch annehmen, dass es sich um eine sehr bewusste, kalkulierte, patriarchale Vorgangsweise handelt – ist, den privaten Haushalt als Wirtschaftseinheit auszuklammern. *Er ist keine Leerstelle, sondern tatsächlich die Keimzelle unserer Wirtschaftsweise. Wir brauchen einen Grundbaustein des Wirtschaftens, der die Familie nicht einem männlichen Ernährer und Haushälter überlässt, sondern Frauen und ihre*

Sorgearbeit sichtbar macht. Bislang wird unter ökonomischen Vorzeichen die Bevölkerung statistisch in Haushalte eingeteilt. Nur so lassen sich auch Hausfrauen, alte Menschen und Kinder in das Verständnis von Wirtschaften einbeziehen. *Im Ökonomiemodell der Gegenwart fungiert der Haushalt aber nicht etwa als Lebensgemeinschaft der Generationen, sondern als Ort des Verbrauchs von Konsumgütern und als Freizeit- und Erholungsbereich des Hauptverdieners.* Durch dieses Ausklammern wird die Haushaltsgemeinschaft zum bedeutungslosen Privatbereich von Männern degradiert. Diese Perspektive ermöglicht, die dort geleistete Arbeit der Frauen unsichtbar zu machen. *Der reduzierte Haushaltsbegriff, der da zum Ausdruck kommt, stammt aus dem 19. Jahrhundert und ist inzwischen krachend veraltet. Die Fürsorge für Mann und Kinder galt in der bürgerlichen Gesellschaft sozusagen als biologisch festgezurrte Pflicht des weiblichen Geschlechts.* Dies ist der Schlüssel für alle damit verbundenen Abwertungen. Nicht nur der Arbeiten, die Frauen leisten, bezahlt oder unbezahlt. Sondern auch für die gesellschaftlich noch immer akzeptierten Abwertungen und Marginalisierungen der Frauen und ihrer Interessen selbst. Vieles, was Frauen leisten, auch in der Öffentlichkeit, im Ehrenamt oder im Beruf, ist eigentlich familiennah und damit irgendwie ›privat‹. *Diese Arbeit lässt sich mit der industriell definierten Arbeit nicht vergleichen. Frauenqualifikationen werden immer noch als Zuarbeit und Hilfsqualifikation zur Warenproduktion gesehen, also als Reproduktion.*

Fazit: Der Haushalt und die in ihm geleistete Versorgungsarbeit müssen als wesentlicher Wirtschaftssektor ins ökonomische Denken inkludiert werden.

2. Fundament

Die Ökonomie ist eine Produktionsökonomie, eine produzierende Ökonomie, so das Paradigma der Klassiker. In diesem Ökonomieverständnis gilt – frei nach Adam Smith – nur die materiell produktive Arbeit als richtige Arbeit. Und dies hat unglaubliche Konsequenzen für Frauen und ihre Arbeit, wie auch Katrine Marçal darlegt:»Kinder zu gebären, sie großzuziehen, den Garten zu bestellen, Essen für die Geschwister zuzubereiten, die Kuh der Familie zu melken, Kleidung für die Verwandtschaft zu nähen oder Adam Smith den Rücken frei zu halten, damit er *Wohlstand der Nationen* schreiben kann – all das erachten die ökonomischen Standardmodelle nicht als ›produktive Arbeit‹.«[6] Nur die Arbeit, die traditionell von Männern verrichtet wird, zählt, die Arbeit der Frau ist »das Andere. Das, was er nicht tut, doch worauf er angewiesen ist, um tun zu können, was er tut. Um das tun zu können, was zählt.«[7] Dieses Unsichtbarmachen und Nichtanerkennen der Arbeit von Frauen im privaten Bereich geschieht jedoch keineswegs interesselos. Darauf hat John Kenneth Galbraith aufmerksam gemacht, so Elisabeth Stiefel in ihrem jüngsten Aufsatz »Der ökonomische Mann und die Kehrseite des Fortschritts«: »Er (Galbraith, Anm.) nennt den Haushalt eine raffinierte Verschleierung der Ausbeutung von Frauen durch das Marktsystem unter dem Deckmantel männlicher Autorität. Da man das Glück als eine Funktion der Versorgung mit Waren und Dienstleistung betrachte, ließe sich das weibliche Geschlecht unbesehen für die Konsumverwaltung konditionieren, ohne dass der Wirtschaft dadurch Kosten entstehen.«[8] Kurzum: Die von Frauen verborgen im privaten Haushalt erbrachten Leistungen bleiben bis heute »ein weißer Fleck der Wirtschaftstheorie«.[9]

Fazit: Es ist unabdingbar, ein Modell der Neubewertung und Umverteilung von Arbeit (bezahlter und unbezahlter Arbeit, im Besonderen der Care-Arbeit) vorzunehmen; dies ist *die* Grundvoraussetzung zur Beseitigung des skandalösen Gender-Pay-Gaps. Frauen müssen nicht nur ihre Rolle beim Aufrechterhalten dieser Verhältnisse erkennen, sondern diese auch aufkündigen: ein Amazonenkampf zur Eroberung einer neuen Ökonomie.

3. Fundament
Ebenso wie Maria Mies (s. Porträt S. 37) verfolgt Elisabeth Stiefel die Idee des guten Lebens, dem durch den Fokus der klassischen Ökonomie auf Wachstum und Produktivität deutliche, letzten Endes auch lebens- und weltbedrohliche Grenzen gesetzt sind. *Solange der Mann als Haushälter/Haushaltsvorstand/Hauptverdiener der Angelpunkt des Ökonomischen ist, bleibt die Care-Arbeit der Frauen Zuarbeit und Nebenrolle. Und solange die Produktion von Waren für den großen Markt der Inhalt der Ökonomie bleibt, sind neben der*

unbezahlten Arbeit in der Familie auch die vielschichtigen Bedürfnisse lebendigen Lebens für die Ökonomen nur Nebensache. Nicht zuletzt zeigt »die Armutsgefährdung derer, die – bezahlt oder unbezahlt – Versorgungsarbeit leisten, wie sehr die Wirtschaftsweise des ökonomischen Mannes den Übergang in eine lebensfreundliche Zukunft blockiert«.[10]

Es ist hoch an der Zeit, der spaltenden Ökonomie, die Berufe oder Tätigkeiten, die nicht produktiv sind, also Tätigkeiten, die nach wie vor überwiegend von Frauen erbracht werden, die sich nicht beschleunigen lassen, deren Produktivitätssteigerung sehr endlich ist, nichts oder wenig wert sind, ein Ende zu bereiten. *Sie fallen ab in ihren Lebens- und Startchancen. Nach wie vor. Es ist ja immer noch so, dass in der offiziellen Statistik das Einkommen der Frauen als Zweiteinkommen des Haushalts gilt. Das heißt, die offiziellen Zahlen sind zugeschnitten auf einen Haushalt oder eine Familie, wo ER den Beruf innehat und SIE nur* AUCH *erwerbstätig ist.* Es wird von einer Unverbundenheit der Arbeitswelt mit den Versorgungsaufgaben der Haushalte ausgegangen, das bleibt unhinterfragt das Credo der klassischen Ökonomie. Frauen stellt dies vor unlösbare Aufgaben, denn für sie sind diese beiden Sphären, der Haushalt mit den Sorgetätigkeiten sowie die berufliche Welt, in keiner Form unverbunden. Mit jeder Faser des Körpers und mit jedem Gedanken ist die Verknüpfung fass- und spürbar. Regina Becker-Schmidt, Gudrun-Axeli Knapp und Beate Schmidt haben dies bereits in einem der feministischen Schlüsseltexte aus den frühen 1980er Jahren eindrücklich aufgezeigt: »Eines ist zuwenig – beides ist zuviel. Erfahrungen von Arbeiterfrauen zwischen Familie und Fabrik«. Die Zerreißproben haben sich seither für Frauen nicht verbessert, sondern verschärft. In Medien, Wissenschaft oder Betriebswirtschaft umschreibt man sie beschönigend als »Vereinbarkeit zwischen Beruf und Familie«. Nicht zuletzt haben die Covid-19-Lockdowns überdeutlich sichtbar gemacht, welche überlastende Bandbreite an Aufgaben diese doppelte Vergesellschaftung in der privaten und der beruflichen Sphäre Frauen zumutet.

Sich gleichermaßen auf Frauen und Männer zu beziehen und die Frauenrolle als ökonomischen Grundbaustein ernst zu nehmen, anstatt sie der Warenproduktion zu- bzw. unterzuordnen, ist für Elisabeth Stiefel essenziell für die Ökonomie. *Das heißt, sie muss die Wirtschaftseinheit aufbrechen und die patriarchale Ideologie betrachten, die hinter dem Hauptverdiener zum Vorschein kommt.*

Im neu zu entwickelnden Paradigma der Ökonomie geht es darum, die wirtschaftliche Entwicklung mit der Idee des guten Lebens zu verknüpfen. Hierfür ist eine andere Sicht auf den Nichtmarktbereich ein wesentlicher Pfeiler. *Die Dominanz der Produktion materieller Güter – geboren aus dem Wunsch nach mehr Wohlstand für alle – und die Neigung, alles davon herzuleiten, das müssen wir hinter uns lassen.* Wohlstand ist kein Garant für sozialen Zusammenhalt und noch viel weniger für die Sicherung einer lebensfreundlichen Zukunft für kommende Generationen. Zwar zeigen immer mehr Projekte in diese Richtung, Elisabeth Stiefel verweist unter anderem auf das Buch »Warum Europa eine Republik werden muss« von Ulrike Guérot (2017). *Aber es gibt noch keine Utopie, die diesen Dingen ein konkretes Format gibt. Solange wir den globalen Markt haben, solange alles – wie beschrieben – ökonomisiert wird, so lange gibt es keine geschützten Ökonomien bzw. eine Wirtschaftsweise im Dienst des guten Lebens für alle.*

Hier meldet sich die Statistikerin nochmals sehr deutlich zu Wort: *Bis heute gibt es in einschlägigen Statistiken keine Indikatoren für Lebensqualität. Die sind unendlich wichtig für das, ich wollte sagen Behagen, ich will aber noch nicht gleich zum Behagen gehen … (lacht). Aber das Behagen wäre mir schon wichtig. Die Lebensqualität ist ungeheuer wichtig für das, was du im Leben wollen kannst. Und was auch den Rahmen bedingt, die Infrastruktur. Nicht nur der Markt und die Einkommen und was du dir kaufen kannst…*

Die in die Unsichtbarkeit verbannten Tätigkeiten, die im Bereich der Versorgung und Fürsorge von Frauen erbracht werden, leisten einen großen Anteil an der Lebensqualität auch von Mann, Kindern und anderen. *Ein gravierendes Leck in unserem Wissen über lebensdienliches Wirtschaften! Als Ökonomin, die ich immer noch bin, will ich mich jedoch nicht mit der Hausfrau befassen, sondern mit ihrer Arbeit. Wir brauchen eine Diskussion über materiell produktive Arbeit und ihre Abhängigkeit von der scheinbar bedeutungslosen Frauenrolle.*

Fazit: Der Kampf um eine bessere Welt braucht eine neue Ökonomie. Die technik- und effizienzbesessene Ökonomie muss ihre Ressourcen auf Versorgung statt auf wachsenden Wohlstand ausrichten.

Zukunft für alle

Im Rahmen ihrer Kurzvorstellung für die Fachkonferenz »Geld Macht Politik« 2005 blickt Elisabeth Stiefel auf ihre damals bereits zwölf Jahre zurückliegende Pensionierung: *Als Ökonomin, die auch schon vor 50 Jahren etwas anderes hätte werden können als Ehe-, Haus- und Kinderfrau, konnte ich mich mit diesem Resümee nicht zufrieden- geben. Ich wollte wissen, was Arbeit war und ist.* Das ist ihr Motor und Motivator, seither vertiefend in die Auseinandersetzung mit Arbeit und Ökonomie einzutauchen. In dem sehr knapp gehaltenen Lebenslauf auf ihrer Website – es ist ihre Sache nicht, viele Worte über sich und ihr Privatleben zu verlieren – findet sich folgende Zusammenfassung: »Mein Mann ist früh gestorben. Ein bewegtes Leben betrachte ich als exemplarisch für Berufsverläufe in einer offenen Gesellschaft, die sich die Durchlässigkeit der Grenzen zwischen Arbeit und Leben zur Aufgabe macht. Da ich überzeugt bin, dass eine solche Entwicklung von traditionellen akademischen Sichtweisen eher behindert als befördert wird, engagiere ich mich seit 15 Jahren aktiv in verschiedenen internationalen Netzwerken der Feministischen Ökonomie.«

In den letzten Jahren ist all dies für Elisabeth Stiefel mühsamer geworden, ihre Mobilität ist eingeschränkter, das Sorgen und Küm- mern um den eigenen Körper braucht mehr Zeit als früher. Diese Gemengelage macht sie ungeduldig, lässt sie manchmal nahezu verzweifeln, die Befürchtung sitzt ihr im Nacken, nicht mehr fer- tig werden zu können, dieses Projekt nicht in guten Händen zu wissen. Daher geht sie im Interview sehr ausführlich darauf ein, was die Bestandteile dieser neuen, einer feministischen Ökonomie sein sollten, nein, sein müssen, um eine gedeihliche Zukunft für alle, auch für alle der nächsten Generationen zu sichern, und dies nicht nur in Deutschland oder Europa, sondern global für alle Menschen. Das betont Elisabeth Stiefel aus vollster Überzeugung. Zugleich sieht sie jüngere und junge Frauen, die sich dieses Blicks auf die Ökonomie annehmen und ihn vertiefen. Das bedeutet Er- leichterung und Genugtuung für sie und macht ihr Hoffnung.

Ich habe ein Buch rezensiert, das eine ganz pfiffige, junge Ökonomin namens Katrine Marçal, Schwedin mit kroatischen Wurzeln, geschrieben hat – »Machonomics« ist ein Spitzenbuch. Und die sagt, dieser Schwerpunkt MATERIELLE PRODUKTION ist zu seinem Ende gekommen. Das sehe ich auch so. Wir brauchen in der Tat ein anderes Ökonomie-Projekt und andere Vorstellungen über das Verhältnis der Geschlechter in der Ökonomie. Auch Tine Haubner ist für Elisabeth Stiefel eine Hoffnung auslösende junge Frau, in der sie sich zwar nicht gerade wiedererkennt, aber sieht, dass die Stafette von anderen übernommen und weitergetragen wird: Im Aufsatz »Ein unbequemes Erbe« (2017) setzt sich Tine Haubner mit der Ausbeutung von Pflegearbeiten und dem marxistischen Arbeitsbegriff auseinander. Schließlich ist noch der Kreis rund um die feministische Ökonomin Ulrike Knobloch zu nennen. Sie ist Herausgeberin des Buchs »Ökonomie des Versorgens« (2019), in dem unterschiedliche feministisch-kritische Wirtschaftstheorien aus dem deutschsprachigen Raum vor- und zur Diskussion gestellt werden. Darin ist auch der jüngste Aufsatz von Elisabeth Stiefel erschienen: »Der ökonomische Mann und die Kehrseite des Fortschritts«.

Jenseits ihrer theoretischen Auseinandersetzung ist ihr ökonomisch-kritischer Blick auf die Welt allgegenwärtig. Kein Gespräch, in dem sie es nicht schaffen würde, die Ökonomie einfließen zu lassen. Es ist keineswegs selten, dass es bei Abendessen mit ihr und ihrer Partnerin Marlies Hesse (s. Porträt S. 57), mit der Elisabeth Stiefel seit mehr als einem Vierteljahrhundert gemeinsam in einem Vorort von Köln lebt, vorkommen kann, dass für den Rest des Abends das »Ö-Wort« vom Tisch verbannt wird. Das ist für sie jedoch meist nicht möglich. Den Verstoß begleitet ein breites Grinsen. Sie lebt für und durch die Ökonomie.

Anmerkungen

1 Die kursiv dargestellten Zitate stammen aus dem Interview mit Elisabeth Stiefel, geführt von Birgit Buchinger, Ute Dorau und Ela Großmann am 17. Februar 2019 in Köln.
2 elisabeth-stiefel.de/feministische-oekonomin, dort finden sich auch zahlreiche Aufsätze als PDF.
3 Stiefel 2008, 2010
4 Marçal 2016, 26
5 Stiefel 2016a
6 Marçal 2016, 20
7 ebd.
8 Stiefel 2019, 55
9 Stiefel 2008, 5
10 Stiefel 2019, 60

Literatur

Becker-Schmidt, Regina/Knapp, Gudrun-Axeli/Schmidt, Beate (1984), Eines ist zuwenig – beides ist zuviel, Erfahrungen von Arbeiterfrauen zwischen Familie und Fabrik, Bonn: Neue Gesellschaft

Guérot, Ulrike (2017), Warum Europa eine Republik werden muss, Eine politische Utopie, München: Piper

Haubner, Tine (2017), Ein unbequemes Erbe, Die Ausbeutung von Pflegearbeiten und der marxistische Arbeitsbegriff, in: Das Argument, 324, 59. Jahrgang, Heft 4/2017, 534–547

Knobloch, Ulrike (Hg.) (2019), Ökonomie des Versorgens, Feministisch-kritische Wirtschaftstheorien im deutschsprachigen Raum, Weinheim/Basel: Beltz Juventa

Marçal, Katrine (2016), Machonomics, Die Ökonomie und die Frauen, München: C. H. Beck

Stiefel, Elisabeth (2019), Der ökonomische Mann und die Kehrseite des Fortschritts, in: Knobloch 2019, 42–67

Stiefel, Elisabeth (2016a), Das Wirtschaftsmodell endlich vom Mann auf die Füße stellen, in: OXI 12/2016, oxiblog.de

Stiefel, Elisabeth (2016b), Mut zum Weiterdenken: Die Arbeitswelt von morgen, elisabeth-stiefel.de/feministische-oekonomin

Stiefel, Elisabeth (2015), Nachdenken über Arbeit – eine feministische Perspektive, ebd.

Stiefel, Elisabeth (2010), Gender-Fragen im Bürgerhaushalt – Neue Perspektiven für das kommunale Finanzmanagement, ebd.

Stiefel, Elisabeth (2008), Neue Konzepte verbinden – Gender Budgeting und Bürgerhaushalt zur Gleichstellung der Geschlechter, Vortrag

Elisabeth Stiefel im Restaurant Falderhof, Köln 2015

Elisabeth Stiefel, 1973

Maria Mies beim Bäuerinnentag, Bozen ca. 1995

MARIA MIES

Die deutsche Soziologin (geb. 1931) geht dem bestehenden Gesellschaftssystem auf den Grund. Sie erhofft sich damit, Ausbeutung und Unterdrückung durch die kapitalistischen und patriarchalen Verhältnisse zu überwinden. So vereint sie zwei Seiten eines feministischen Kampfes und beschäftigt sich sowohl mit der *sozialen Frage*, die sie aus der Analyse des kapitalistischen und kolonialistischen Gesellschaftssystems ableitet, als auch mit der *Frauenfrage*, die untrennbar mit ersterer zusammenhängt. Um dieses Verhältnis zu fassen, legt sie die strukturellen Bedingungen des kapitalistischen Patriarchats frei. Maria Mies hat Wesentliches zur Hausarbeitsdebatte der Zweiten Frauenbewegung beigetragen und mit ihren Mitstreiterinnen einen feministischen Ansatz der Subsistenzwirtschaft entwickelt, in der sich kleine soziale Einheiten selbst versorgen. Für ihre Erkenntnisse nimmt sie die (weibliche) Erfahrung innerhalb der Gesellschaft zum Ausgangspunkt und eröffnet so einen Zugang zu feministischen Utopien und einer Vorstellung vom guten Leben für alle.

Auf der Suche nach dem guten Leben – Maria Mies

Theresa Lechner

Ganz im Sinne der gemeinsamen Motivation dieses Buches, feministische Utopien und Lebensentwürfe, die schon einmal gedacht oder weitergedacht worden sind, nicht dem Vergessen preiszugeben, werden in diesem Porträt einige Aspekte der feministischen Perspektive von Maria Mies vorgestellt. Es wird ein möglicher Blick darauf geworfen, wie aus der Tochter einer katholischen Bauernfamilie in der Eifel eine kritische Forscherin geworden ist, die als Feministin die Zusammenhänge zwischen Kapitalismus, Patriarchat, Natur und Kolonien denkt und gegen ausbeuterische und unterdrückende Verhältnisse kämpft. Das zentrale Motiv und der Antrieb für die in Köln lebende Soziologin ist immer die Suche nach dem guten Leben gewesen, wie sie im Interview erzählt:

Das gute Leben suchen. Das ist für mich ein ganz wichtiger Begriff. Was ist für dich das gute Leben? Das musst du selber herausfinden. Das ist eine ganz wichtige Frage, denn wenn das das Geld ist, ja gut. Dann sieh zu, dass du das hinkriegst. Also für mich ist das Geld nicht ein gutes Leben. Oder auch Erfolg oder so was. Was du da alles reinpacken musst, bis du das einmal hast. Das gute Leben beginnt jetzt und hier.[1]

In diesem Leben sei ihr *vieles* – vor allem viel Gutes – *vor die Füße gefallen. Du brauchst es nur aufzuheben*, versichert Maria Mies. Es beginnt in Auel, einem Dorf in der Vulkaneifel nahe der belgischen Grenze. Dort kommt Maria Mies 1931 als siebtes von zwölf Kindern zur Welt. Sie durchlebt die Kriegs- und Besatzungszeit des Zweiten Weltkrieges und beschreibt dennoch ihre Kindheit in der Autobiografie »Das Dorf und die Welt« und auch im Interview mit Dankbarkeit: *Wir hatten eine gute Kindheit. Wir mussten natürlich arbeiten. Ich bin sehr froh, dass ich das gelernt habe, auf dem Feld zu arbeiten, Kühe hüten, alle Bauernarbeiten haben wir gemacht und da haben wir viel Spaß gemacht und haben viel gesungen.* Bis heute singt die 90-Jährige gerne mit den anderen *alten Leuten* im Senior:innenheim, denn das macht für sie *einen großen Teil des guten Lebens aus und wo ich so hinkomme, fange ich mit den Liedern an.* In ihrer Kindheit ist das gemeinsame Singen die Begleitmusik für die sogenannte Subsistenzarbeit, mit der sich die Familie ihre Existenzgrundlage geschafft hat: Lebensmittel. Die subsistenzwirtschaftlich erzeugten Produkte gehören den Menschen, die an den Herstellungsprozessen beteiligt sind. Es »war eben keine entfremdete Arbeit wie in der Fabrik«. Bei dieser Form von Arbeit, die nicht direkt vom Markt vermittelt ist, gehen »Last und Lust« Hand in Hand.[2] Die Subsistenzproduktion umfasst Tätigkeiten der Reproduktion des täglichen Lebens in der Kleinlandwirtschaft und im Garten, durch Kleinhandel, Bauernmärkte, Tausch, Reparaturen, die Konservierung von Gemüse und Früchten und handwerkliche Tätigkeiten wie Schreinern, Nähen und Schmieden. Dieser von Maria Mies entwickelte Subsistenzansatz, mit dem sie unter anderem sagt, dass »lohnlose Hausarbeit, die Arbeit der Kolonien und der Natur […] für die Kapitalakkumulation ausgebeutet«[3] würden, wird kontrovers diskutiert. In marxistisch-feministischen Debatten wird beispielsweise »der positive, romantisierende Bezug zu einem ›natürlichen‹ Leben, indem […] gerade so viel produziert wie konsumiert wird« aufgrund seiner »Idealisierung der Gebrauchswertproduktion« kritisiert.[4]

Maria Mies ist über den familialen Arbeitsalltag hinaus ein verspieltes und kreatives Kind gewesen, das gerne gezeichnet hat, am liebsten Fantasiegestalten. Sie betrachtete sich damals selbst als Künstlerin: *Ich war ja eine Künstlerin oder dachte, ich wäre eine Künstlerin. Das wollte ich auch zuerst werden, eine Malerin. Also ich konnte gut malen und zeichnen, aber dann habe ich irgendwann gedacht: Ne, so gut bist du nicht. Dann habe ich das aufgegeben.*

Die Kunst habe sie sich aus dem Kopf geschlagen, als es ihr als junge Frau nicht gelingt, eine Kunstakademie zu besuchen und ihr gleichzeitig klar geworden ist, dass die künstlerischen Tätigkeiten keinen Spaß mehr machen: Wahrscheinlich ist sie einer Selbsttäuschung aufgesessen, sagt sie rückblickend. Doch ihre Suche nach etwas anderem, nach Inspiration, gibt sie damit nicht auf. Sie »wollte weg aus dieser engen, grauen Welt«[5] in der Kleinstadt, in der sie zu dieser Zeit unterrichtet hat. Als Grundschullehrerin belegt sie an der Zweigstelle eines Instituts für wissenschaftliche Pädagogik in Trier berufsbegleitend die Fächer Deutsch und Englisch für die Realschule und schließt sie 1962 ab. Diese Fächerkombination ermöglicht ihr die ersehnten ›anderen‹ Erfahrungen: Ihre erfolgreiche Bewerbung um eine Lektor:innenstelle für Deutsch am Goethe-Institut führt sie 1963 nach Pune in Indien. Dort habe sie sich vor allem darüber gewundert, dass eine relativ große Zahl an Studentinnen ihre Deutschkurse besuchen kann, obwohl in Indien eigentlich strikte Geschlechtertrennung herrscht und die traditionelle Rolle der Frau im Privaten zu finden ist. Die Studentinnen berichteten ihr von patriarchalen Normen, denen sie durch das Studium vorübergehend entkommen konnten. Damals beginnt sie zu verstehen, »was *Patriarchat als System* tatsächlich bedeutet«.[6]

Roter Faden Feminismus

Bis heute arbeitet Maria Mies an einer angemessenen Darstellung des »kapitalistischen Patriarchats«[7], indem sie einem feministischen Faden in Praxis und Theorie folgt. Entlang dieses Fadens eröffnen ihre Erzählungen einige wichtige Überlegungen für die Zweite Frauenbewegung. Gleichzeitig geben die Geschichten von Maria Mies einen Eindruck davon, wie sie ihr gutes Leben rückblickend *er*gründet und ihre Theorien *be*gründet.

»Es gibt einen roten Faden, der sich durch mein Leben windet, sich mal an dieser, mal an einer anderen Stelle verhakt, wie es die Situation erfordert. Und manchmal folge ich diesem Faden auch auf Seitenwegen oder gar zurück zu Stellen, die ich glaubte, schon ›erledigt‹ zu haben. Dann stelle ich fest, dass verschiedene Fragen eine Tiefendimension haben, die ich anfangs nie gedacht hatte. Oder dass sie sich neu stellen, aber in einem ganz anderen historischen Kontext.«[8]

Sie folgt ›ihrem‹ Feminismus, unter dem sie (auch) eine Bewusstwerdung über das bestehende Geschlechterverhältnis versteht. Menschen mit einem feministischen Zugang können ihrer Ansicht nach besser erkennen, dass »Frauen und Männer nicht auf der einen Seite (Frauen) nur Opfer sind und auf der anderen (Männer) nur Übeltäter, sondern dass auch sie Komplizen im System der Ausbeutung und Unterdrückung sind, welches Frauen und Männer aneinander kettet«.[9] Ich betrachte ihren feministischen Lebensweg als Spurensuche nach Utopien für ein gutes Leben für alle, der durch Fragen angetrieben wird, auf die wir bis heute keine Antworten haben und auch nie haben werden. Maria Mies stellt diese Fragen, und zwar auf radikale Weise, »um wirklich zu den Wurzeln zu gehen«: »Wo kommt das Patriarchat her?« und »Was ist das gute Leben?«[10] Diese Fragen beschäftigen sie, seitdem sie denken kann. Deshalb ist sie eigentlich schon als Kind Feministin gewesen, obwohl sie »damals noch nicht wusste, was das war«[11]. Zahlreiche Spiele und Bräuche machten sie wütend, weil sie den Brüdern vorbehalten waren. Den damals noch unbewussten feministischen Drang hat sie erst in Indien wahrgenommen und ihm dann viele Jahre ihres Lebens durch Theoriearbeit und Aktivismus Ausdruck verliehen. Er hat sie aus dem Dorf in verschiedene Teile der Welt geführt, an die Hochschule und in soziale Bewegungen, zu Kampagnen und durch eingehende theoretische Arbeiten – die schlussendlich in der Analyse des globalen, neoliberalen Handels- und Wirtschaftssystems zusammengelaufen sind. Im Wesentlichen seien es die Rüstungsindustrie und der Krieg, die das bestehende patriarchal-kapitalistische Gesellschaftssystem stützen:

»Nicht etwa, dass ich Waffen in die Hand nehme und Terroristin werde oder so was. Aber man muss wirklich der Sache auf den Grund gehen. Woher kommt dieses Gewaltverhältnis zwischen Männern und Frauen und das ist natürlich viel, viel älter und da sind wir dran – nicht viele, aber doch eine ganze Reihe Frauen – zu erforschen: Was sind die Urverhältnisse zwischen der, ja, der Ausbeutung, und Unterdrückung von Frauen und der Gewalt, die Männer ausüben. Das ist mindestens 6 000 Jahre alt, dieses Gewaltverhältnis. Und soweit ich bis jetzt gekommen bin, ist es der Anfang des Krieges, oder das Erscheinen des Krieges überhaupt auf der Welt und das hängt mit Waffen zusammen, also nicht etwa Jagdwaffen, womit Männer auf ein Tier schießen, sondern auf andere Menschen schießen.«[12]

Die Zusammenhänge des Patriarchats mit dem globalen Kriegssystem, die sie im Buch »Krieg ohne Grenzen« analysiert hat, sind ihr »buchstäblich unter die Haut gegangen«.[13] Ihre optimistische Lebenseinstellung ist in Resignation umgeschlagen und ihr Nachdenken über das ›gute Leben‹ scheint ihr vorübergehend abhandengekommen zu sein. Nach diesem Buch ist sie durchdrungen von »emotionaler Empörung über das gesellschaftliche Sein«. Doch aus dialektischer Perspektive, die sie selbst zwanzig Jahre früher in ihrer wissenschaftstheoretischen Grundlegung für die Frauenbewegung herausgearbeitet hat, dürfe man nicht »bei Bewußtwerdung, Kritik und Analyse stehenbleiben. Wenn sie [die Empörung] das tut, wird sie unweigerlich in Resignation und Regression enden«.[14] Es bedarf daher einer Hoffnung auf eine »Realität, in der weder Frauen, Männer noch Natur ausgebeutet und zerstört werden«. Diese »setzt jedoch das Verständnis voraus, dass die Frauenunterdrückung heute ein wesentlicher Bestandteil der kapitalistischen (oder sozialistischen) patriarchalischen Produktionsverhältnisse ist. Sie ist Bestandteil des Paradigmas ewigen Wachstums, stetig sich vergrössernder Produktivkräfte, einer unbeschränkten Ausbeutung der Natur, einer unbeschränkten Warenproduktion, stetig sich ausbreitender Märkte und unendlicher Akkumulation des fixen Kapitals«.[15] Die Betroffenheit über die gesellschaftlichen Verhältnisse könne aber zur Handlung drängen und »letztlich auf Veränderung des gesamten gesellschaftlichen Zusammenhangs« hinwirken. Der folgende Abschnitt geht nun näher auf diese Dialektik ein, bevor die »Methodischen Postulate«[16] von Maria Mies' feministischer Wissenschaft skizziert werden.

Schlüsselbegriffe Patriarchat und Kapitalismus

Die junge Lehrerin Maria Mies, die ihre Künstlerinnenambitionen aufgegeben hat, möchte frei sein und raus in die Welt. Die Liebe zu einem pakistanischen Seemann, den sie mit 19 Jahren auf ihrer ersten Reise – durch Deutschland – kennengelernt hat, »war der erste rote Faden, der rote Fluss, dessen Wellen [sie] für [ihr] ganzes Leben tragen sollten«. Diese Bekanntschaft, die 1950 in München begonnen hat, durch Briefkontakt aufrechterhalten wurde und dann mit einem letzten Treffen 1972 in Bangladesch zu

Ende gegangen ist, gibt ihr die Freiheit, ihre »eigenen Pläne zu verwirklichen, was damals nach einer Heirat nicht möglich gewesen wäre«. Daher habe sie sich auch geweigert, seine Aufforderungen zur Heirat anzunehmen, was sie ebenso als »Teil einer unbewussten, feministischen Strategie« einordnet. Maria Mies erinnert sich: *Ich wollte nicht das machen, was die meisten Deutschen, alle Frauen machen, also heiraten. Das kam zuerst mal gar nicht infrage. Das war mir klar, wenn ich heirate, ist alles vorbei.* Die platonische Beziehung zu diesem Mann habe ihr Bedürfnis befriedigt, »geliebt zu werden, selbst wenn diese Liebe keinen sexuellen Ausdruck fand«. Außerdem habe sie diese Beziehung auch motiviert, Englisch zu lernen. Somit ist sie in gewisser Weise ihre eigentliche Weltöffnerin gewesen.[17]

Durch diese und durch ihre Erfahrungen in Indien habe sie sich nach und nach dem Schlüsselbegriff ihrer Gesellschaftskritik angenähert: dem *Patriarchat*. In Indien ist das Patriarchat unübersehbar. Später ist ihr dann erst klar geworden, *dass auch wir ein Patriarchat haben*. Patriarchat ist ein Begriff für die männliche Herrschaft über Frauen, obwohl er wörtlich eigentlich die Herrschaft von Vätern bezeichnet. Das patriarchale Geschlechterverhältnis hat sich seit den »kriegerischen Hirtennomaden« »gewaltsam durchgesetzt, wurde durch mächtige Institutionen wie Heiratssysteme, Familiensysteme, den Staat und den Aufbau riesiger ideologischer Systeme, vor allem der patriarchalischen Religionen, aufrechterhalten«. Als Kampfbegriff der Zweiten Frauenbewegung wird der Begriff herangezogen, um damit vor allem die historische und gesellschaftliche Dimension von Frauenausbeutung und -unterdrückung zu betonen.[18]

In Indien sei Gewalt gegen Frauen damals besonders offensichtlich gewesen, doch sie habe erkannt, dass patriarchale Gewaltverhältnisse auch in die westliche Gesellschaftsstruktur eingeschrieben sind: *Wie die Frauen geprügelt wurden etwa. Aber dann ist mir später aufgegangen: Das ist ein bisschen brutaler als in Deutschland, aber die Gewalt, also Männer gegen Frauen, ist etwas Internationales. Nicht etwas Kulturelles, was es nur da in solchen hintergründigen Männern gibt. Das ist mir klar geworden dabei. Und das ist bis heute noch so.* Maria Mies zeichnet in ihrer feministischen Gesellschaftskritik nicht nur die historisch überdauernden Gewaltverhältnisse von

Männern über Frauen nach, sondern bezieht auch koloniale Herrschaftsverhältnisse und die Ausbeutung der Natur durch den Menschen mit ein. Die Einbeziehung von Kolonisierung könnte als intersektionale Perspektive bezeichnet werden:»Die Art der Verknüpfung von Geschlecht, Klasse und Rasse, oder eher des Kolonialismus in unserer Gesellschaft ist nicht nur ein ideologisches Problem, das durch guten Willen allein gelöst werden kann. Wer immer ein realistisches Fundament für internationale feministische Solidarität anstrebt, muss zu verstehen versuchen, wie diese Spaltungen entlang Geschlechts-, Rassen- und Klassenlinien zusammenhängen. Der blosse Appell an mehr ›Schwesterlichkeit‹ oder internationale Solidarität wird nicht genügen.« Dabei verweist sie immer wieder auf die Notwendigkeit von gerechten *globalen* Verhältnissen. »Nur innerhalb einer Perspektive, die *alle* Produktionsverhältnisse miteinbezieht, die vom kapitalistischen Patriarchat geschaffen worden sind, und nicht nur jene, die wir unmittelbar um uns her sehen, nur durch eine wirklich globale und ganzheitliche Herangehensweise können wir hoffen, eine Vision einer künftigen Gesellschaft zu entwickeln, wo Frauen, Natur und andere Völker nicht im Namen von ›Fortschritt‹ und ›Wachstum‹ ausgebeutet werden.«[19]

Ihre feministische Perspektive nimmt Konturen an, als sie nach fünf Jahren in Indien 1968 zurück nach Deutschland kommt. Es ist unmöglich für sie, als Lehrerin in ein »Provinznest« zurückzukehren und »unter einem kleinkarierten deutschen Schulleiter« zu unterrichten.[20] Aus Mangel an Studienangeboten, im Rahmen derer sie sich der ›Frauenfrage‹ in patriarchalen Strukturen hätte widmen können, beschließt sie, Soziologie in Köln zu studieren. Dort bespricht sie ihre brennenden Fragen mit Professor René König – für Maria Mies einer der letzten Universalgelehrten – und prompt ergibt es sich, dass die Realschullehrerin über »Indische Frauen zwischen Patriarchat und Chancengleichheit« promoviert. Die 68er-Bewegung, die zu dieser Zeit die Student:innenschaft geprägt hat, bildet den Rahmen für die Aneignung der wesentlichen Begriffe für ihre Forschung. Sie nimmt an marxistischen Lesekreisen teil und beschäftigt sich nun auch theoretisch mit den Zusammenhängen von Patriarchat und Kapitalismus. Sie sei damals sogar eine der ersten gewesen, *die diesen Zusammenhang*

kapiert hat: Wir bilden uns ein, die Frauen wären alle schon so eman-
zipiert. Die waren damals überhaupt nicht emanzipiert und sind es
zum Teil heute noch nicht richtig. Also das war so etwas, was mir sehr
klar war. Dass das zusammenhängt, das Kapital und das Patriarchat.

Auch in ihrer im September 1972 fertiggestellten Doktorarbeit
steht dieses Thema im Mittelpunkt der Analyse. Ihre Promotion
ist der Beginn ihrer stets inhaltlich begründeten Forschung, die sie
lustvoll, nie im Ehrgeiz für eine wissenschaftliche Karriere, weiter-
verfolgt hat. Noch im Jahr ihres Abschlusses wird sie Dozentin im
Fachbereich Sozialpädagogik an der gerade neugegründeten Fachhochschule Köln. Dort gestaltet sie ihre Lehre am Schwerpunkt
»Familiensoziologie und Soziologie sozialer Minderheiten« nach
der »problemformulierenden Methode« nach Paulo Freire. In seiner
»Pädagogik der Unterdrückten« ist die Verbindung aus politischer
Bewusstwerdung und konkretem Handeln zentral. In Anlehnung
an Freire stellt sie den Student:innen daher vor allem Fragen, denn
erstmal müsse festgestellt werden, was *ist*, betont Maria Mies im
Interview: *Was ist die Situation? Und dann haben sie von früher er-*
zählt. Die waren so offen, dass das mal so rauskommen konnte. Das
war so neu. Ich habe dann gedacht, was machen die Deutschen in
den Universitäten oder was machen die Universitäten überall auf der
Welt mit den Frauen? Das ist doch unmöglich. Das ist uns dann auf-
gegangen. Und die Frauen haben dann selber angefangen zu schreiben
und schließlich zu lehren und dann wurden neue Lehrstühle geschaffen.
Das war so eine kreative Zeit, das könnt ihr euch gar nicht vorstellen.

Im Zeitgeist der 68er habe die »große Lust zu *denken*« zu-
genommen und zu theoretischen Überlegungen angeregt. Woher
kommt das »frauenverachtende, patriarchale System«, warum hat
Hausarbeit keinen Wert und wie hängt dieses System mit dem
Kapitalismus zusammen? Die Suche nach Antworten auf »uralte
Menschheitsfragen« ist auch der Antrieb für ihre Lehre. Sie bietet
Seminare über internationale Geschichten der Frauenbewegungen
an; unter anderem eines über die vergessenen Kämpfe der Ersten
Frauenbewegung. Aus einem solchen Seminar geht das erste autonome Frauenhaus hervor – eine ihrer Schlüsselerfahrungen, aus
der sie wesentliche politische, wissenschaftliche, theoretische und
methodologische Einsichten gewinnt.[21]

Methodische Postulate

Mit der Gründung des Frauenhauses in Köln entsteht die das Projekt begleitende »Aktionsforschung«. Diese Forschungsmethode wird unter dem Titel »Nachrichten aus dem Getto Liebe« veröffentlicht. Darin dokumentieren die Aktivistinnen individuelle und kollektive Reflexionsprozesse und wie die beteiligten Frauen den Zusammenhang zwischen Männergewalt und der sogenannten Liebe – die in Gewalt umschlagen kann – verstanden haben. Maria Mies gelangt zu ihrer bedeutenden Einsicht, »dass frau eine unerträgliche Situation verändern muss, wenn frau sie richtig erkennen will«.[22]

Dieser Erfahrungshintergrund wird zur Grundlage ihrer feministischen Haltung und führt zu ihrem wissenschaftskritischen Forschungszugang. Mit diesem hat sie nicht nur das Denken vieler Wissenschaftler:innen geprägt, sondern auch ein tragfähiges Fundament für feministische Utopien geschaffen. Er steht im Kontext ihrer globalen Analyse des Patriarchats im Kapitalismus. Entscheidend für diesen Zugang ist die reflexive Auseinandersetzung mit individuellen Erfahrungen, die immer gesellschaftlich vermittelt sind. Folgerichtig vertritt sie ein Theorie-Praxis-Verständnis, bei dem es im Wesentlichen darum geht, Theorie praktisch zu leben: »Bei der Forderung nach Integration von Forschung und Wissenschaft in emanzipatorische Praxisprozesse geht es also nicht um ein bestimmtes Modell von Aktion. Es geht vielmehr um die Wiedervereinigung von Leben und Denken, Handeln und Wissen, Verändern und Forschen.«[23]

Konsequent verfolgt sie ein »alternatives Wissenschaftsparadigma, das die emanzipatorischen Bewegungen der Menschen unterstützt und nicht hindert«. Dieses sei durch die »Neubestimmung von Wissenschaft« zu erkämpfen und müsse über die »Neubestimmung des gesamten gesellschaftlichen Zusammenhangs führen, zu einer Neubestimmung des Verhältnisses zwischen Mensch und Natur, zwischen Frauen und Männern, Menschen und Arbeit« und zum eigenen Körper.[24]

Über dieses sehr hoch gesteckte Ziel sagt sie rückblickend scherzhaft: *Ja, habe ich gedacht, du musst irgend so was machen wie es die katholische Kirche gemacht hat. Du machst die Zehn Gebote. Es sind* keine zehn Gebote geworden, dafür sieben »methodische Postulate der Frauenforschung«.[25] Diesem Vorschlag für ein »anderes *Verhältnis* zwischen Wissenschaft und sozialer Bewegung« sind die konkreten Erfahrungen in der politischen Aktion zum Kölner Frauenhaus vorangegangen. Die Postulate sind 1978 im ersten Heft der *beiträge zur feministischen theorie und praxis* veröffentlicht worden. Diese Fachzeitschrift war das Organ des Vereins Sozialwissenschaftliche Forschung und Praxis für Frauen, der 1976/77 u. a. von Maria Mies, Claudia von Werlhof und Veronika Bennholdt-Thomsen gegründet worden ist, nachdem ihr Antrag auf eine »Sektion Frauenforschung im Rahmen der Deutschen Gesellschaft für Soziologie« abgelehnt wurde. Von diesem Dreiergespann, häufig »Die Bielefelderinnen« genannt, wurde auch der Subsistenzansatz erarbeitet.

Maria Mies weist mit diesen Grundzügen einer feministischen Erkenntnistheorie auf bestehende Macht- und Herrschaftsverhältnisse in der Forschung hin. Der Fokus ihrer Methodologie liegt auf einer »kritischen, d. h. befreienden Praxis«, die »auf eine Aufhebung von Unterdrückung« hinwirkt.[26] »Eine solche Revolutionierung läßt sich aber nicht allein im Rahmen einer bloß wissenschaftlichen Selbstreflexion durchführen, wie es die kritische Theorie versucht hat, auch dann nicht, wenn sie sich als ›marxistisch‹ oder gar ›feministisch‹ bezeichnet. Zu dieser Revolutionierung gehört eine soziale Bewegung.«[27]

Die sieben Postulate sind demnach als eine Verbindung von sozialwissenschaftlicher Forschung mit dem Kampf für eine Veränderung der gesellschaftlichen Verhältnisse zu verstehen. Die soziale Frage (Kapitalismuskritik) und die Frauenfrage (Kritik am patriarchalen Geschlechterverhältnis) werden als Teile eines gesellschaftlichen Ganzen verstanden, »das durch diese Teile strukturiert ist und wiederum selbst die Teile strukturiert«.[28] Daher geht der Ansatz »konsequent von einer dialektischen und materialistischen Erkenntnis- und Praxistheorie aus« und hat die Aufhebung von patriarchal-kapitalistischer Ausbeutung und Unterdrückung zum Ziel. Er ist als Kritik am herrschenden »Maßstab für Objektivität« – an »der Wertfreiheit, der Neutralität und Indifferenz gegenüber den Forschungsobjekten« – konzipiert worden. Beispielsweise kritisiert Maria Mies im Rahmen der Hinführung zu ihren Postulaten quantitative Messungen, wenn diese »ihren Monopolanspruch, die Welt richtig zu beschreiben« aufrechterhalten, obwohl sie mit ihrer Forschung gesellschaftliche Normen (das, was gerade ist) unreflektiert reproduzieren. Ausgehend von der Kritik an einer »androzentrischen« Forschung wendet sich ihr Zugang explizit gegen die Festschreibung von scheinbaren Naturgegebenheiten. Für sie ist jede Wissenschaft immer auch politisch. Es sei daher *eine Frechheit von Objektivität zu reden. Das ist keine Objektivität. Im Hintergrund stehen immer Interessen.* Maria Mies geht trotz ihrer Kritik an Objektivität von der Möglichkeit der ›objektiven Erkenntnis‹ aus. Diese Form von ›feministischer Objektivität‹ kann so verstanden werden, dass durch die Berücksichtigung von partialen Perspektiven eine bewusste Reflexion der »gesellschaftlichen Verortung« der Forscher:innen erreicht werden kann. Forscher:innen können sich über die hinter ihrer Forschung liegenden Interessen bewusst werden, weil ihre Sicht durch eine Parteilichkeit geprägt ist, die von der herrschenden Perspektive abweicht. Erst durch diese radikale Demokratisierung der Forschungspraxis können »Wahrheits- und Objektivitätsansprüche« verantwortet werden.[29]

Feministische Forschung hat für Maria Mies das zentrale Interesse zu verfolgen, eine Veränderung denkbar zu machen und so über das Bestehende hinauszuweisen. Sie habe deshalb immer parteilich (Postulat 1) im Sinne der Unterdrückten zu sein. Die subjektive Betroffenheit durch ihre gesellschaftlich zugeschriebene Rolle als Frau kann die Forscherinnen für gewaltvolle Herrschaftsmechanismen sensibilisieren. Dafür müssen sie aber erst ihre »doppelte Bewußtseins- und Seinslage« erkennen. Die »Identifikation mit der eigenen unterdrückten Gruppe« kann so »als methodologische Möglichkeit [gewertet werden], die Situation der Unterdrückung umfassender, d. h. auch von der Seite der Unterdrückten, zu analysieren«. Deshalb wird eine demokratische Teilnahme von Forscherinnen und Beforschten (Postulat 3) am Forschungs- und gesellschaftlichen Veränderungsprozess angestrebt. Der Ausgangspunkt dieses Prozesses ist eine gemeinsame Sicht von unten (Postulat 2), die »Aufschluss über das tatsächliche Bewußtsein von Frauen« in unserer Gesellschaft geben kann, anstatt »nur deren eigene Rechtfertigungsstrategien« zu reproduzieren. Dabei ist sowohl die Reflexion des Verbindenden als

auch des Trennenden wichtig.[30] Bei dieser »Teilidentifikation« wird
es möglich, »die nötige Nähe zu den anderen, wie die notwendige
Distanz zu mir« aufzubauen.[31] Durch die bewusste Parteilichkeit
mit unterdrückten und ausgebeuteten Gruppen kann Forschung
an subjektiver und kollektiver Befreiung mitwirken. Eine Orientierung an »strategischen und taktischen Erfordernissen der sozialen
Bewegung zur Aufhebung von Ausbeutung und Unterdrückung
von Frauen« (Postulat 5) kann dann die bestehende »Kultur des
Schweigens« brechen.[32] Durch die Betroffenheit wird offensichtlich, dass »Frauen in dem herrschenden Welt- und Wissenschafts-
bild nicht vorkommen« und daher das »ganze Weltbild falsch [ist],
falsch, weil es stets die im Dunkeln beläßt und aus dem gesamtgesellschaftlichen Zusammenhang ausgliedert, die ausgebeutet und
beherrscht werden: Frauen, Kolonien, die Natur«. Im Ringen um
eine angemessene Sprache für die Ausgeschlossenen bzw. das Ver-
schwiegene wird die subjektive Aneignung der individuellen und
kollektiven Geschichte denk- und machbar. Die Vergesellschaftung
dieser subjektiven Bewusstwerdungsprozesse (Postulat 6) kann die
bereits hervorgebrachten Veränderungen (der Frauenbewegung)
als Teil des kollektiven (Frauen-)Bewusstseins etablieren. Ganz im
Sinne des Slogans der Zweiten Frauenbewegung »Das Private ist
politisch« zeigt sich an diesem Prozess, dass die persönlichen Be-
ziehungsweisen mit den gesellschaftlichen Strukturen vermittelt
sind: Auf individueller, gesellschaftlicher und globaler Ebene finden
sich »ähnliche Gewalt-, Herrschafts- und Ausbeutungsstrukturen«.
Die »Analyse der Gewalt gegen Frauen, die aus den Aktionen um
Frauenhäuser erwuchs, [hat] den Zugang zum Verständnis der
strukturellen Gewalt in den westlichen Wohlfahrtsstaaten, aber
auch zur Analyse der Ausbeutung in der Dritten Welt« eröffnet.[33]

Bei der Teilnahme an und Reflexion von feministischen Aktionen und Kämpfen geht es daher letztlich um die Entwicklung einer
feministischen Gesellschaftstheorie (Postulat 7). Ziel ist, »endlich
eine geschichtlich gültige Antwort für die alte zentrale Frage zu finden, wie die Frauenunterdrückung mit der Klassenunterdrückung
zusammenhängt und wie beide aufzuheben wären«.[34] Die Bewusstwerdung könne »in den Betroffenen zur Handlung drängen« und
dadurch zu der angestrebten Veränderung der Situation beitragen.

Diese (schon weiter oben zitierte) »dialektische Bewegung« darf eben »nicht bei emotionaler Empörung, Bewußtwerdung, Kritik und Analyse« enden, denn zu einer »wirklich objektiven Erkenntnis« komme die Frauenforschung nur durch ihre Vermittlung mit der Frauenbewegung. Daher müsse Frauenforschung aus dem Elfenbeinturm hinaus auf die Straße verlegt werden und gemeinsam mit »Soziologinnen ohne Diplom« am »Kampf um eine Veränderung der unterdrückerischen Verhältnisse« teilnehmen.[35]

Die methodologischen Überlegungen in Form dieser Postulate vermitteln theoretische Reflexion mit aktivistischem Handeln, Maria Mies verwebt also erneut den Denk- mit dem Handlungshorizont (und verkehrt eine verbreitete Auffassung in ihr Gegenteil): Die Situation muss verändert werden, um sie kennenzulernen und zu verstehen (Postulat 4), denn »ohne eine Veränderung des Standortes im konkreten Sinn, ohne Praxis, ohne eine Veränderung des status quo wird kein neuer Horizont sichtbar.«[36] In einer dialektischen Bewegung von Aktion und Reflexion werden daher auf der Basis neuer Erfahrungen befreiende Handlungsmöglichkeiten eröffnet.

Das ist es. Das ist wirklich wahr. Du musst erst eine Erfahrung machen und dann kannst du reflektieren und in der herrschenden Wissenschaft geht es genau umgekehrt. Erst setzen sich Männer in Labors und schreiben auf, was sie meinen, was da gemacht werden müsste oder was falsch wäre. Und dann sollen andere Leute das tun.

Im Unterschied zu dieser patriarchal geprägten Wissenschaft vertritt feministische Wissenschaft ein Verständnis des gesellschaftlichen Lebensprozesses als Totalität, »in dem die Dinge als historisch, widersprüchlich, miteinander verbunden und veränderbar erscheinen«. Dieses Verständnis von Wahrheit resultiert aus der dialektischen Verbindung von Theorie und Praxis und geht mit einer neuen »Bestimmung des Verhältnisses zwischen Politik und Wissenschaft, Frauenbewegung und Frauenforschung« einher. »Diese andere ganzheitliche Perspektive der gesellschaftlichen Wirklichkeit ist aber nur möglich, wenn wir unsere Betroffenheit radikal zu Ende denken, d. h. wenn wir begreifen, daß die ›kleinen‹, jeweils verschiedenen Verhältnisse, in denen wir Ausbeutung und Unterdrückung (oder Befreiung) erfahren, mit den ›großen‹ Verhältnissen materiell (und nicht nur ideologisch) verknüpft sind.«[37]

Die methodischen Postulate der Frauenforschung bilden die Grundlage und die wissenschaftstheoretische Verortung all ihrer folgenden Ideen, Projekte und politischen Kampagnen. Sie sind auch die Basis für das für Maria Mies selbst wichtigste theoretische Werk »Patriarchat und Kapital«, das 1986 zuerst auf Englisch veröffentlicht wird. Ihr Bezugsrahmen in dieser Arbeit ist das »kapitalistische Patriarchat«, vor dessen Hintergrund sie die gesellschaftlichen Ursprünge der geschlechtlichen Arbeitsteilung ergründet. Auch hier stellt sie die grundlegende Frage: *Was hat das Kapital mit dem Patriarchat zu tun? Das war eigentlich meine Forschung,* ihr zentrales Thema geht weit über dieses Buch hinaus. Sie analysiert die historisch spezifischen Gesellschaftsformationen auf der Folie der internationalen Arbeitsteilung: »In dieser Teilung spielt die Manipulation der Frauen als unsichtbare Produzentinnen in der ›Dritten Welt‹ und als atomisierte, sichtbare, aber abhängige Konsumentinnen (Hausfrauen) eine entscheidende Rolle«.[38] Sie nähert sich – anders als die von ihr erwähnten Vordenker der sogenannten Postmoderne, die in ihren Analysen lediglich an der Oberfläche des Problems des kapitalistischen Patriarchats kratzen – den strukturellen Wurzeln des Problems an und legt eine »historische und theoretische Analyse der Wechselbeziehung zwischen der Frauenausbeutung und -unterdrückung und der anderer Menschen und der Natur« vor. Die »Hausfrauisierung« sei eine Strategie von Bürgertum, Staat und paradoxerweise auch der Arbeiter:innenbewegung gewesen, um die Rolle der Frau als Mutter und Gattin zu stabilisieren. Der Hausfrauisierungsprozess von Frauen sei zudem »eng und kausal« mit dem Prozess »der Kolonisierung verknüpft« und beruhe auf der strukturellen Gewalt gegen Frauen im patriarchalen System. Daher sei ein radikaler Angriff »auf das Patriarchat oder die patriarchale Zivilisation als System, dessen jüngste und universalste Äußerungsform der Kapitalismus ist«, dringend notwendig.[39]

Diese Notwendigkeit betont Maria Mies auch in der gemeinsamen Arbeit mit der indischen Aktivistin und Physikerin Vandana Shiva. Im Buch »Ökofeminismus« ist die immanente Verbindung von Ökologie und Feminismus das zentrale Thema. Die beiden Wissenschaftlerinnen beleuchten den Zusammenhang »zwischen der Gewalt, die Frauen angetan wird, und der Gewalt gegen die Natur« und arbeiten davon ausgehend an einer »Befreiung der Frauen, der Natur und unterdrückter Völker«. So sei dringend eine neue Vision notwendig, die in Form einer ökofeministischen Alternative »in den Überlebenskämpfen von Graswurzelbewegungen zu finden« sei, die »ihre Subsistenzbasis intakt und unter der eigenen Kontrolle« behält.[40]

Im *Arte*-Fernsehmagazin »Kreatur« zum Thema Ökofeminismus werden viele Ein- und Aussichten von Maria Mies für die globale Klimaschutzdebatte erkennbar, ihre ökofeministische Perspektive wird mit der *Fridays for Future*-Bewegung in Verbindung gebracht.[41] »Ökofeminismus« gilt als wichtiges Buch bei der Wiederaufnahme dieser (fast) vergessenen Diskussion aus den 1970er Jahren, die sich um die zwei Seiten *eines* Kampfes für ein gutes Leben dreht.

Die ökofeministische Perspektive ist somit die gedankliche Brücke zurück zum Dorf von Maria Mies' Kindheit. Sie begreift ihre Suche nach einem guten Leben als Spagat zwischen dem Dorf und der Welt. Die »Spannung zwischen Heimweh und Fernweh«, die sie seit ihrer Kindheit auseinanderreißt, koste zwar viel Kraft, aber habe ihr auch ihre »Lebenskraft und Lebensfreude gegeben. Trotz allem«.[42]

Anmerkungen

1 Die kursiv dargestellten Zitate stammen aus dem Interview mit Maria Mies, geführt am 4. Jänner 2020 von Birgit Buchinger und Ela Großmann in Köln. Mit dabei war die Nichte von Maria Mies, Ute Mies.
2 Mies 2010, 40
3 ebd., 162
4 Asenbaum/Kinzel 2010
5 Mies 2010, 99
6 ebd., 109
7 Mies 1992, 55
8 Mies 2010, 211
9 Mies 1992, 14
10 Interview mit Maria Mies, geführt von Gabriela Schaaf im Jahr 2013 im Auftrag des Kölner Frauengeschichtsvereins, in dessen Bestand sich der Vorlass von Maria Mies befindet.
11 Mies 2010, 41
12 Interview 2013
13 Mies 2010, 284
14 Mies 1984b, 57
15 Mies 1992, 63f.
16 Mies 1984b
17 Mies 2010, 83–93
18 Mies 1992, 55–82
19 ebd., 21, 29
20 Mies 2010, 119f.
21 ebd., 147f.
22 ebd., 155
23 Mies 1984b, 47
24 ebd., 44
25 Mies 1984a; s. auch Mies 2010, 157f.
26 Mies 1984a, 8–11
27 Mies 1984b, 41
28 Lux 2013, 4
29 Mies 1984a, 12f.; Mies 1984b, 46; Singer 2010, 200
30 Mies 1984a, 10ff.
31 Mies 1984b, 56
32 Freire 1973, 10ff.; Mies 1984a, 9–14
33 Mies 1984b, 44; Mies 1984a, 15
34 Mies 1984a, 16
35 ebd., 12f.; Mies 1984b, 47
36 Mies 1984b, 58
37 ebd., 43f.; Mies 1984a, 8

38 Mies 1992, 180
39 ebd., 22f.; 133ff.
40 Mies/Shiva 2016, 9; 311
41 Arte, Kreatur #8: Ökofeminismus, Frankreich, 2019
42 Mies 2010, 296

Literatur

Asenbaum, Maria/Kinzel, Katharina (2010), Wert und Wettex, Marxismus und Feminismus, in: Perspektiven, Magazin für linke Theorie und Praxis, linksnet.de

Frauenhaus Köln (Hg.) (1980), Nachrichten aus dem Getto Liebe, Gewalt gegen Frauen, Frankfurt: Jugend und Politik

Freire, Paulo (1973), Pädagogik der Unterdrückten, Bildung als Praxis der Freiheit, Reinbek bei Hamburg: Rowohlt Taschenbuch

Lux, Kat (2013), Über die Repräsentation der Differenz und die Kritik der marx'schen Begriffe, in: Outside the Box, Zeitschrift für feministische Gesellschaftskritik, Heft 4, outside-mag.de

Mies, Maria (2010), Das Dorf und die Welt, Lebensgeschichten – Zeitgeschichten, 2. Aufl., Köln: PapyRossa

Mies, Maria (2004), Krieg ohne Grenzen, Die neue Kolonisierung der Welt, Köln: PapyRossa

Mies, Maria (1992), Patriarchat und Kapital, Frauen in der internationalen Arbeitsteilung, 4. Aufl., Zürich: Rotpunktverlag

Mies, Maria (1986), Patriarchy and Accumulation on a World Scale, Women in the International Division of Labour, London: Zed Books

Mies, Maria (1984a), Methodische Postulate zur Frauenforschung – dargestellt am Beispiel der Gewalt gegen Frauen –, überarb. Nachdruck aus 1978, in: beiträge zur feministischen theorie und praxis, 7/1974, Heft 11, 7–25

Mies, Maria (1984b), Frauenforschung oder feministische Forschung? Die Debatte um feministische Wissenschaft und Methodologie, in: beiträge zur feministischen theorie und praxis, 7/1974, Heft 11, 40–60

Mies, Maria/Shiva, Vandana (2016), Ökofeminismus, Befreiung der Frauen, der Natur und unterdrückter Völker, Eine neue Welt wird geboren, Neuauflage, Neu-Ulm: AG SPAK

Singer, Mona (2010), Feministische Wissenschaftskritik und Epistemologie: Voraussetzungen, Positionen, Perspektiven, in: Becker, Ruth/Kortendiek, Beate (Hg.), Handbuch Frauen- und Geschlechterforschung, 3. Aufl., Wiesbaden: VS Verlag für Sozialwissenschaften, 292–301

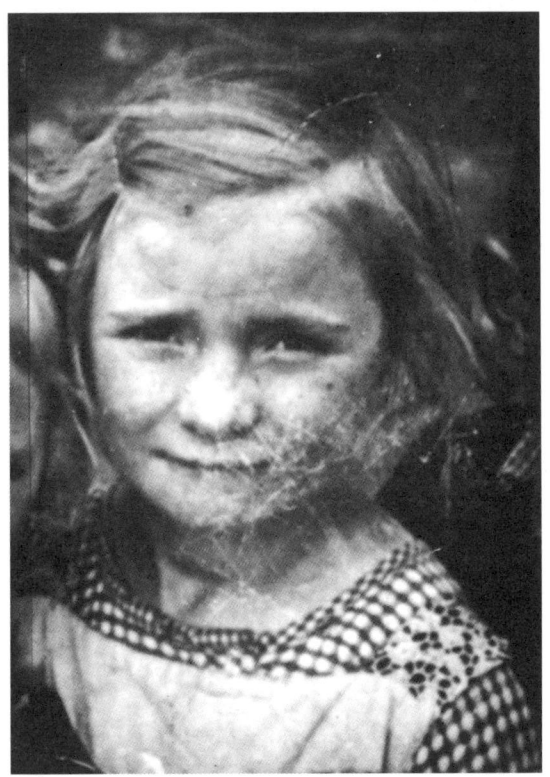

Maria Mies als Kind

Maria Mies, Den Haag 1979–82

Plakat zum Politischen Nachtgebet, 1971

Marlies Hesse (links) und Elisabeth Stiefel beim
Treffen der Reisegruppe »Auf den Spuren der Göttin«,
Frankfurt 1992

MARLIES HESSE

ist Feministin, Journalistin und Bibliothekarin. Geboren wurde sie 1935 in Peine in Norddeutschland. Sie absolvierte eine Lehre als Buchhändlerin und machte dann eine Ausbildung zur Bibliothekarin. 1961 übernahm sie die Leitung der Bibliothek des Hans-Bredow-Instituts für Medienforschung an der Universität Hamburg, wo sie erste Rezensionen über Hörspiele verfasste. Erst nach hartnäckigen Abwerbungsversuchen wechselte sie 1965 als stellvertretende Pressechefin des *Deutschlandfunks* nach Köln. Für eineinhalb Jahre übernahm sie interimistisch die Leitung. 1974 wurde sie persönliche Referentin des Intendanten, 1979 übernahm sie die Leitung des neuen Referats Aus- und Fortbildung. Nach ihrer Pensionierung war sie bis 2010 Geschäftsführerin des Journalistinnenbundes und stiftet seit 2002 den Marlies-Hesse-Nachwuchspreis.

Lasst euch nicht an die Seite drängen – Marlies Hesse

Katharina Krawagna-Pfeifer

Sie ist beharrlich. Sie ist pragmatisch und sie hat vor allem Visionen, die sie zielstrebig verfolgt. Sie hat mehrere Karrieren erfolgreich und intensiv gelebt sowie erlebt. Sie ist im Norden Deutschlands aufgewachsen und wurde in der Domstadt Köln vor vielen Jahren heimisch. Ihre Sehnsucht gilt dem Meer und sie hat es fast jedes Jahr in ihrem langen und ereignisreichen Leben besucht.

Marlies Hesse ist Feministin, Journalistin, Bibliothekarin, Organisatorin, langjährige Geschäftsführerin des deutschen Journalistinnenbundes, Stifterin eines hochrangigen Frauenpreises und nicht zuletzt Ausbilderin sowie Mentorin etlicher Journalistinnengenerationen. Eine Frau, die zweifellos viele Frauenleben geprägt hat.

Oft war sie die erste und im *Deutschlandfunk* viele Jahre lang die einzige Frau in den Führungsgremien. 1969 gelang ihr der Sprung in die Intendanz. Damals ein absoluter Ausnahmefall und noch heute keine Selbstverständlichkeit. Das hat sie vermutlich tief geprägt, obwohl Marlies Hesse über sich sagt, dass sie nie eine Diskriminierung wegen ihres Frau-Seins erfahren habe. Oder sie habe vielleicht einfach nicht bemerkt, dass sie nicht als gleichberechtigt betrachtet worden sei. Doch je tiefer sie in die mediale Welt eindrang, desto mehr störte sie die Dominanz der Männer. Kaum eine Konferenz, die von Frauen geleitet wurde; kaum ein Gremium, wie etwa der Rundfunkrat, der Verwaltungsrat oder der Programmausschuss in den öffentlich-rechtlichen Rundfunkanstalten, in der Frauen den Vorsitz innehatten. Sie sollte im Lauf der Jahre dazu beitragen, dass sich das ein wenig gerechter entwickelt hat.

Marlies Hesse gehört zur Generation der Kriegskinder. Geboren wurde sie 1935 in Peine, eine Stadt in Niedersachen mit heute 50 000

Einwohner:innen, wo sich ihre Eltern kennengelernt haben. Der Vater wird zu Beginn des Polenfeldzugs 1939 zur Wehrmacht einberufen. Um nicht allein mit der fünfjährigen Marlies zu bleiben, zieht die Mutter in das Dorf Wieren in der Nähe von Uelzen, wo die Großeltern leben. Hier verbringt Marlies Hesse selbst in den entbehrungsreichen Kriegsjahren eine behütete Kindheit ohne wirklichen materiellen Mangel, denn der Großvater ist als ehemaliger Molkereidirektor gut situiert und erhält im Ruhestand bis zu seinem Lebensende eine kostenlose Sonderzulage von Milch und Butter. Schmerzlich vermisst sie jedoch den Vater, den sie 1942 bei ihrer Einschulung, für die er eigens Fronturlaub nimmt, zum letzten Mal sieht. Es folgen lange Jahre der Ungewissheit über das Schicksal des Vaters. Erst 1955 erfahren Mutter und Tochter, dass er bereits 1946 in einem russischen Kriegsgefangenlager an Flecktypus gestorben ist.

Mitte April 1945 rücken in der Lüneburger Heide Truppen mit amerikanischen und britischen Soldaten ein. Sie erobern nach und nach die Dörfer. Das Haus der Großeltern wird beschlagnahmt und zum Hauptquartier für Offiziere. Marlies und ihre Familie werden für eine Weile bei Nachbar:innen untergebracht. Später teilen sie das Großelternhaus mit Flüchtlingen aus dem Osten. Mangel, Beengtheit und Schwarzmarkt bestimmen den Alltag. Mit der Währungsreform 1948 ändert sich das Leben schlagartig, die Zwangsrationierung hört auf und die Läden füllen sich plötzlich mit einem großen Warenangebot. Und es gibt keine Städter:innen mehr, die vorher in Scharen hamsternd durch die Dörfer gezogen sind.

Die Mutter widmet sich vollkommen der Erziehung der Tochter. Ein feministisches Vorbild ist sie nicht: *Meine Mutter hatte keinen Einfluss auf mein erst später kämpferisch entwickeltes Engagement. Ihre ganze Sorge galt einzig meinem Wohlbefinden. In ihren Ansätzen war sie vom Feminismus weit entfernt.*[1] Die Familie ist konservativ. Der Großvater, der den abwesenden Vater ersetzt, ist bestimmend. *Sein Wort hatte in der Familie großes Gewicht und forderte mir enormen Respekt ab.*

Wann Marlies Hesse sich zum ersten Mal gegen die Konventionen der Nachkriegszeit aufgelehnt hat, daran erinnert sie sich nicht. Auf die Frage, ob sie sich als Kind nicht verweigert oder als Jugendliche aufgestampft hat, antwortet sie: *Nicht, dass ich wüsste, obwohl ich mich durchaus durchsetzen konnte. Ich war ein Einzelkind, das macht viel aus. Aber dadurch, dass ich mich während meiner Kindheit viel in der benachbarten Familie eines Bäckers mit sechs Kindern aufhielt, habe ich nie Geschwister vermisst. Ich wuchs mit ihnen auf, was früh dazu führte, mich einem gemeinschaftlichen Miteinander anzupassen, statt eigene Interessen egoistisch durchzusetzen.* Dass sie jedoch durchaus rebellische Anlagen hat, zeigt die Anmerkung in ihrem ersten Schulzeugnis: »Marlies muss noch lernen, ihr Temperament zu zügeln.« Diese unvergessene Bemerkung hat dazu geführt, dass sie sich ein Leben lang bemühte, der Aufforderung gerecht zu werden.[2]

Bücher als Begleiter
Nach der Volksschule besucht Marlies Hesse die Oberschule für Mädchen in Uelzen. Sie pendelt von 1947 bis zum Ende der Schulzeit 1954 vom Heimatdorf in die Hansestadt. Erst danach erobert sie sich das erste Stück Freiheit. Sie beginnt eine Lehre als Buchhändlerin und nimmt sich ein möbliertes Zimmer in Uelzen. *Da war ich dann zehn Kilometer von zu Hause entfernt – und auch der Überaufsicht meiner Mutter entflohen.* Da ist sie bereits 18 und hatte bis dahin immer das Einverständnis der Mutter beziehungsweise der Großeltern benötigt.

Die Leidenschaft für Literatur prägt das Leben von Marlies Hesse. Schon in der Schulzeit entwickelt sie sich zur begeisterten Leserin. Sie besucht regelmäßig Buchhandlungen und die Stadtbücherei. Bereits mit 15 Jahren entdeckt sie den »Kinsey-Report«, der damals in aller Munde ist. Einem Buchhändlerlehrling, ihrer ersten großen Jugendliebe, verdankt sie Zugänge zu Jean-Paul Sartre, Simone de Beauvoir, André Gide, Albert Camus, François Mauriac und sie begeistert sich heftig für den spanischen Philosophen José Ortega y Gasset. Ihr Freund bringt ihr vor allem große Lyrik nahe: *Durch ihn entdeckte ich die Gedichte von Gottfried Benn. Seine Beratung, was sich zu lesen lohnte, erweckte in mir frühzeitig den Wunsch, selbst den Beruf der Buchhändlerin zu ergreifen, statt die Schule bis zum Abitur zu besuchen.*

59

Marlies Hesse beginnt eine Lehre als Buchhändlerin, bildet sich weiter und wenige Jahre später hält sie ihr Diplom als Bibliothekarin in Händen. In ihrer Diplomarbeit befasst sie sich mit Gottfried Benn. Und in jenen frühen 1950er Jahren beginnt Marlies Hesse mit der Gewohnheit, ihre Erlebnisse und besonders ihre Lektüre in Tagebuchkalendern festzuhalten. Die Aufzeichnung der persönlichen Erlebnisse vernichtet sie später; was bleibt sind die Notizbücher über die gelesenen Bücher und gehörten Vorträge. Sie füllen mittlerweile Regale. Die über Jahrzehnte angesammelten Notizen sind zur Legende und nicht zuletzt zur verlässlichen geistigen Begleiterin ihres Lebenswegs geworden. Nachhaltig beeinflusst und tief beeindruckt sie 1975 das Buch »Häutungen« von Verena Stefan. Marlies Hesse ist fasziniert von den Denkmustern und Stefans Körperbewusstsein. »Von ihren erzählten Erfahrungen und sprachlichen Tastversuchen über einen anderen Umgang zwischen Männern und Frauen ließ ich mich total einfangen. Damit eröffnete sich mir erstmals die Möglichkeit, eine Anpassung an männlich Wünsche und Bedürfnisse zu vermeiden.«[3] Stefans Devise »Der Mensch meines Lebens bin ich« habe sie auf ihre eigene Identitätssuche übertragen, schreibt Hesse in einer kürzlich erschienenen Rezension über »Häutungen«, es ist für Marlies Hesse eines der wichtigsten Bücher in ihrem Leben.

Das Interesse an Literatur hat nie nachgelassen und sie hat viele Schriftsteller:innen persönlich kennengelernt. Mit Hermann Hesse, dessen Bücher sie alle gelesen hat – nicht zuletzt wegen der Namensgleichheit – kommt es zu einem bemerkenswerten Briefwechsel. Sie schreibt ihm, weil ihr gesagt wird, sie sei zu jung, um seinen Roman »Das Glasperlenspiel« zu verstehen. Sie will wissen, ob der Schriftsteller diese Meinung teilt. Der antwortet, sie solle damit noch ein wenig warten. Seine Postkarte hütet die Literaturbegeisterte wie einen Schatz. Tief eingeprägt hat sich bei Marlies Hesse auch ein Besuch am Grab des Schriftstellers Wolfgang Borchert in Hamburg-Ohlsdorf mit dessen Mutter. Marlies Hesse und zwei Freundinnen waren von Borcherts Drama »Draußen vor der Tür« beeindruckt und wollten mit dem Besuch ihren Respekt ausdrücken.

So beginnt die erste Karriere der Marlies Hesse. Nachdem sie als eine der ersten Frauen in ihrem Umfeld mit Auszeichnung die Lehre zur Buchhändlerin absolviert hat, arbeitet sie in Hannover in einer Buchhandlung, wo sie die Ankaufsliste für die Stadtbibliothek zusammenstellen muss. Allmählich reift in ihr der Wunsch, selbst Bibliothekarin zu werden. Sie ergattert einen Ausbildungsplatz und schafft die Aufnahmeprüfung am Bibliothekarlehrinstitut. Hier begegnet sie einem ihrer ersten Förderer, Gerhard Maletzke, damals wissenschaftlicher Referent am Hans-Bredow-Institut und Dozent. Er bietet ihr die Leitung der Bibliothek des Bredow-Instituts an der Universität Hamburg an und so wird Marlies Hesse 1961 Leiterin der angesehenen Fachbibliothek. Sie hilft Maletzke maßgeblich bei seinem heute noch viel beachteten Standardwerk »Psychologie der Massenkommunikation«, indem sie schwer zugängliche Literatur aufspürt und die Quellen bibliografisch aufbereitet.

Die Arbeit am Institut führt Marlies Hesse allmählich zu ihrer zweiten Karriere als Redakteurin. Im Institut gibt es die Zeitschrift *Rundfunk und Fernsehen* und das »Internationale Handbuch für Rundfunk und Fernsehen«. Sie schreibt Rezensionen über Hörspiele. Ihre Besprechung des Hörspiels »Nacht aus Eis« von Elisabeth Borchers führt nicht nur zur persönlichen Begegnung mit der Lyrikerin. Die Autorin ist von der Rezension sehr angetan und es wird ein Sonderdruck davon veröffentlicht. Marlies Hesse ist als Bibliotheksleiterin erfolgreich. Sie schreibt eine Bibliografie über »Literatur in Rundfunk und Fernsehen« und wird 1964 zur Verleihung des ersten Grimme-Preises nach Marl eingeladen.

Freunde der Nacht
Hier wird der Grundstein für die dritte Karriere der Marlies Hesse gelegt. Am Rande der Preisverleihung lernt sie den damaligen Pressechef des *Deutschlandfunks*, Kurt Wagenführ, kennen. *Wagenführ, mit dem allgemein in Fachkreisen bekannten Namenskürzel ›Wgf‹ war ein absoluter Veteran des Rundfunks. Er hat den Rundfunk quasi mit entdeckt. Mit ihm verstand ich mich sehr gut und er fand es toll, eine noch so junge Kollegin – ich war damals 28 Jahre alt – zu treffen.* Kurz danach macht er ihr das Angebot, nach Köln zu kommen und mit ihm zu arbeiten. Die Bibliothekarin lehnt ab: *Ich komme nicht nach Köln. Niemals. So schön wie Hamburg ist.*

Das Berufsleben an der Hamburger Universität sagte ihr zu, bis ihr Mentor Maletzke und einige alte Vertraute das Institut verlassen. Und Wagenführ ist hartnäckig: *Jede Woche rief er einmal an und fragte, wann ich endlich nach Köln komme.* Zögernd entschließt sich Marlies Hesse, Hamburg zu verlassen. Sie wird Redakteurin in der Pressestelle des Deutschlandfunks in Köln. Vorerst in der Annahme, dass sie maximal ein Jahr bleiben wird.[4] Der Arbeitsalltag in der Pressestelle ist wesentlich hektischer ist als die Arbeit am Universitätsinstitut. Allmählich lebt sie sich ein und Köln wird zur zweiten Heimat.

Es ist die Zeit des gesellschaftlichen und intellektuellen Aufbruchs. Marlies Hesse lernt Schriftsteller:innen, Galerist:innen, Künstler:innen und Politiker:innen kennen. Für die junge Frau beginnt ein bewegtes Leben. In einer Eckkneipe am Ubierring treffen sich jeden Abend *die Freunde der Nacht.* Der enge Freundeskreis diskutiert bis in die Morgenstunden in der Kneipe von Wirt Wienand Soenius die gesellschaftlichen und politischen Entwicklungen: *Je länger ich über die einstigen Freunde der Nacht nachdenke, umso mehr wird mir bewusst, dass die gemeinsam verbrachten Stunden in der Eckkneipe zu den unvergesslichsten in meinem Leben gehören. Immer wenn ich an dem einst so vertrauten Ort vorbeikomme, überfällt mich eine leichte Wehmut angesichts der Vergänglichkeit einer nicht wiederholbaren Erlebniswelt. So manches dort nächtlich geführte Gespräch über Kunst, Literatur, Theater und Politik hat dazu beigetragen, Einstellungen zu festigen, die mir bis heute nicht abhandengekommen sind. Dass man mir meinen Glauben, dass es so etwas wie eine heile Welt gibt, damals schnell austrieb, ist nicht verwunderlich.*

Soenius bot vielen Platz. Es kamen Minister:innen, Arbeiter:innen, Museumsdirektor:innen, Literat:innen und Maler:innen, Bildhauer:innen, Architekt:innen, Journalist:innen, Student:innen sowie Politiker:innen – unter ihnen der bekannte Sozialdemokrat Hans-Jürgen Wischnewski. Mit dem Staatssekretär erörtert Marlies Hesse das Drama von Mogadischu, da er die Befreiungsaktion des entführten Flugzeugs 1977 geleitet hatte. Wischnewski will Marlies Hesse schon damals als Mitglied der SPD sehen, diese aber unabhängige Journalistin bleiben. Erst Jahre nach ihrer Pensionierung tritt sie der Partei bei. *Zu dem Schritt veranlassten mich nicht zuletzt der wachsende Populismus und Nationalismus in Deutschland und Europa, der ungleich verteilte Wohlstand und die zunehmende Spaltung der Gesellschaft.* Warum sie so lange gezögert hat? *Zwei Dinge wollte ich nie, dass man sie mir nachsagt: »Die schläft sich hoch«, war die eine Sache, und die zweite war: »Die ist politisch so festgelegt, dass die Partei oder der Kölner Klüngel sie bewusst bevorzugt«.*

Beim *Deutschlandfunk* ist die Atmosphäre freundschaftlich, fast familiär. Wagenführ, seine Frau und Marlies Hesse haben auch privat engen Kontakt. *Im Sender kannte jeder jeden. Meine Mutter kam mich öfter besuchen und lernte die Wagenführs kennen. In deren Villa hütete sie bei Abwesenheit die beiden Kinder und den Boxerhund der Familie.*

Dem Zufall ist es zu verdanken, dass Marlies Hesse 40 Jahre später nur 200 Meter von der Straße in Köln-Sürth entfernt ihr eigenes Reihenhaus bezog.

Der legendäre Wagenführ geht 1968 Jahren in Pension und Marlies Hesse übernimmt seine Nachfolge als Pressechefin des *Deutschlandfunks*. Allerdings nur kommissarisch für ein Jahr, denn sie ist der Ansicht, dass diese Aufgabe besser ein Mann übernehmen soll. Dies bereut die Feministin noch heute. »Als nach eineinhalb Jahren der gesuchte Mann gefunden wird, da bin ich zum ersten Mal aufgewacht. Bis zu diesem Zeitpunkt hatte ich immer den Standpunkt vertreten: ›Wenn man was kann, wird man was.‹ Aber ich, ich hatte einfach nur soviel Glück. Doch es dauerte sehr, sehr lange, bis ich das begriffen hatte.«⁵ Dass sie vom neuen Leiter der Pressestelle und dessen Stellvertreter in die zweite Reihe abgeschoben wird, ist eine Enttäuschung, sie überlegt sogar, nach Hamburg zurückzukehren.

Da bekommt sie das reizvolle Angebot von Intendant Reinhard Appel, als seine Referentin in die Intendanz zu wechseln. Sie schreibt seine Reden, verfasst die Protokolle für den Rundfunkrat und den Programmausschuss. *Das sind wichtige, überaus sensible Aufgaben. Wie sensibel hat sich bald gezeigt. Ich hatte zum Beispiel 1975 eine Rundfunkratssitzung protokolliert, in der Egon Bahr eine Bemerkung über die Ostpolitik der Regierung machte, die die CDU provozierte und Unmut auslöste. Es kam zur Protokollaffäre, die am Ende sogar*

*zu einer Anfrage im Bundestag führte. Meine Handnotizen wurden
vorher beschlagnahmt und wanderten vorübergehend in den Tresor
des Deutschlandfunk-Justiziars.* Die Sache geht gut aus, und als
Marlies Hesse Bahr viele Jahre später auf die Affäre anspricht, kann
sich dieser daran nicht einmal erinnern.

Appel wechselt Mitte der 1970er Jahre als Chefredakteur zum
ZDF nach Mainz. Marlies Hesse bleibt in Köln persönliche Referentin beim neuen Intendanten Richard Becker. Auf weiter Flur
die einzige Frau, wird ihr allmählich klar, dass Frauen stets in die
hinteren Reihen abgeschoben werden und kaum Aufstiegschancen
haben. Die Frauen im Sender sind zwar bestens ausgebildet, sie
legen im Vergleich zu den jungen Männern ein hervorragendes
Volontariat hin, bekommen aber meist keine Anstellung. 1975
ruft die UNO das Internationale Jahr der Frau aus, Marlies Hesse
verfasst eine Dokumentation über die Situation der Frauen. De-
fizite werden aufgezeigt und durch die Küchenhoff-Studie über die
»Darstellung der Frauen und die Behandlung von Frauenfragen
im Fernsehen«[6] untermauert. Die berühmt gewordene Schluss-
folgerung der Studie bleibt ihr gut in Erinnerung: *Männer handeln, Frauen kommen (auch) vor.*

Aktion Klartext

Das Bewusstsein der Frauen über ihre Benachteiligungen wächst.
Bereits 1976 bilden sich in den Sendern die ersten Frauengruppen,
sie verlangen eine Verbesserung ihrer Arbeitssituation. Rund 70 Journalistinnen aus der gesamten Bundesrepublik starten die »Aktion
Klartext«. Ziel ist die Gleichstellung der Frauen in den Medien, ein
realistischeres Bild der Frauen in den Medien sowie mehr Frauen
in den Gremien und in Führungspositionen der Medienanstalten.
Marlies Hesse nimmt an den ersten Herbsttreffen der Medienfrauen
in verschiedenen *ARD*-Sendern teil. Für sie, die bis dato meist die
einzige Frau in den Gremien war, ist die Welt der Frauen Neu-
land: *Ich fand das faszinierend und ich habe mich sehr rasch wohl
gefühlt. Ich habe sehr schnell deren Argumente zu meinen gemacht.
Da wurde mir zum ersten Mal klar, was Doppelbelastung überhaupt
ist. Zwar hatte ich eine Vorstellung davon, jedoch welche Konsequenzen das hatte, wie sich das auf das Berufsleben der Frauen auswirkte*

und wie schwer es war, nach der Karenz wieder reinzukommen, das war mir anfangs nicht bewusst gewesen. Das ist mir aber dann sehr schnell bewusst geworden.

Marlies Hesse beginnt im Auftrag des federführenden Intendanten Becker für die Aus- und Fortbildung von *ARD* und *ZDF* am Aufbau der »Zentralstelle Fortbildung Programm« (ZFP) in Frankfurt tatkräftig mitzuwirken. Daneben kümmert sie sich intensiv um die Aus- und Fortbildung der Mitarbeiter:innen im eigenen Sender. Als ihr die Leitung des Referats im *Deutschlandfunk* angeboten wird, zögert sie wieder, weil sie sich nicht kompetent genug fühlt. Bei einer Tagung am Bodensee lernt sie den Nachrichtenchef des *Bayerischen Rundfunks*, Walther von La Roche, kennen, der sie mit der Moderation der Tagung beauftragt. Das gibt Selbstvertrauen. Sie wird Mitverfasserin eines Rahmenkonzepts für Aus- und Fortbildung in den Sendern, das 1980 in Kraft tritt und noch immer gültig ist. Sie sorgt dafür, dass mehr Frauen als Männer ausgebildet werden. *Nachher war es sogar so, dass im Bildungsausschuss gesagt wurde, wir sollten mal mehr Männer als Volontäre ausbilden. Jahrelang hatten wir nur Frauen ausgebildet. Und das war nun wirklich mein Verdienst,* sagt die nicht zu Selbstlob neigende Marlies Hesse nicht ohne Stolz. Sie wird Mitglied der Institution »Journalisten in Europa« und gemeinsam mit Karl Geibel, dem damaligen Chefredakteur der *Stuttgarter Zeitung*, fördert sie weiter mit viel Engagement Frauen. Intendant Becker überredet sie, einen Frauenförderplan zu entwickeln. Sie arbeitet ihn bis ins kleinste Detail aus. Bevor Becker 1988 in den Ruhestand geht, sagt sie zu ihm: *»Können Sie alles als Eigenverdienst mitnehmen und damit glänzen. Hauptsache, wir kriegen es durch.« Wir haben es durchgekriegt und Becker ist heute dafür noch dankbar.* Becker hofft, dass Marlies Hesse durch die Übernahme der Leitung des Referats Aus- und Fortbildung auch nach seinem Ausscheiden beruflich gut abgesichert ist – das sollte nicht lange dauern.

Der neue Intendant, ein CSU-Mann, lässt Marlies Hesse vier Wochen nach seinem Amtsantritt kommen und sagt: *»Ich muss mal mit Ihnen reden. Ich weiß, ich kann nichts gegen Sie tun, ich habe nichts gegen Sie in der Hand. Aber ich kann Sie nicht in meiner Umgebung halten, ich muss Sie versetzen. Das ist eine Stabsstelle,* *da muss ich einwirken können. Wir brauchen da keine Leitung und keine Abteilung. Wir benötigen dafür nur einen Mitarbeiter, der die Arbeit macht. Und den haben wir ja, nämlich einen Sachbearbeiter. Für Sie muss ich nun eine neue Stelle finden. Ich kann mir vorstellen, Sie werden Programmkoordinatorin.*« Marlies Hesses Referat wird aufgelöst. *Mir hat einmal jemand gesagt, wenn man nicht weiß, was man mit einem Mitarbeiter anfangen soll, dann schafft man eine Koordinationsstelle. So bringt man die Leute unter und sie stehen finanziell gut da.*

Der neue Intendant Edmund Gruber gründet also die Koordinationsstelle und gibt ihr acht Tage Zeit, darüber nachzudenken, was sie dort machen könne. Dann warnt er noch: *»Aber denken Sie daran, bei mir können Sie nicht bleiben. Und glauben Sie mir – man weiß es ja –, wenn mir einer gegen den Fuß tritt, dann trete ich zweimal zurück.«*

Wohl oder übel findet sich Marlies Hesse mit ihrer neuen Position ab. Brüsk wird der Programmdirektor Dettmar Cramer davon in Kenntnis gesetzt. *Der Programmdirektor fiel fast vom Stuhl. Er wusste überhaupt nicht, was ich machen sollte, und so haben wir erst einmal Cognac getrunken. Dann stellte er mich in der Programmkonferenz als neue Koordinatorin zwischen kulturellem und aktuellem Programm vor. Und prompt schrie schon jemand: »Das brauchen wir nicht! Cramer soll einfach ehrlich sein und sagen, dass Hesse abgeschoben wurde, weil sie nicht in das Konzept des neuen Intendanten passt.«*

Alle sind ratlos und Marlies Hesse hat keine wirkliche Aufgabe. Sie besucht alle Konferenzen und verfasst auf Wunsch des Direktors jeden Abend einen Bericht über das Tagesgeschehen. Sie schreibt auf, was ihr an Konflikten und Ungereimtheiten auffällt. *Es ist ein Dokument, das es nirgendwo anders gibt. Das ist zum Teil Rundfunkgeschichte zum Grausen.* Hesse verwahrt das Dokument, es soll erst nach ihrem Tod ausgewertet werden. Zwei Jahre nach seiner Bestellung ist der neue Intendant wieder Geschichte, er wird wegen finanzieller Unkorrektheit abgewählt. Kommissarischer Intendant des *Deutschlandradios* wird Programmdirektor Cramer, er nimmt Marlies Hesse wieder mit in die Intendanz und bestellt sie zur Leiterin der Öffentlichkeitsarbeit.

Unterdessen dringt Marlies Hesse immer tiefer in die Frauenbewegung ein. Sie tritt der »Bewegung 6. Oktober« in Bonn bei. Einen Tag nach der Wahl am 5. Oktober 1981 gehen Frauen in den Bundestag und legen auf jeden zweiten Stuhl einen Zettel mit dem Aufdruck:»Dieser Platz gehört einer Frau.« Die Aktion wird viel beachtet und die Initiatorinnen geben auch einen Pressedienst heraus, die Initiative Frauen-Presse-Agentur, IFPA. *Da habe ich die presserechtliche Verantwortung übernommen und jahrelang jede Nummer herausgegeben und viel darin mitgeschrieben. Zur Hälfte stammt alles aus meiner Feder. Da kam es natürlich zur Begegnung mit vielen aus der Frauenbewegung.* Seither ist Marlies Hesse in der feministischen Szene hervorragend vernetzt.

Engagement für den Nachwuchs

Nach ihrer Pensionierung 1994 beginnt die vierte Karriere der Marlies Hesse. Sie übernimmt die Geschäftsführung des Journalistinnenbundes, dessen Mitglied sie seit der Gründung 1987 ist. *Gleich nach dem ersten Tag im Ruhestand habe ich am 1. April 1994 die Geschäftsführung des Journalistinnenbundes übernommen, sodass viele glaubten, ich sei die Leiterin des Vereins. Immerhin habe ich mindestens so viel getan wie die Vorsitzende und ich kann auch hier sagen, dass ich echt etwas bewegt habe. Darüber sind sich alle im Klaren.* Es ist ein Fulltime-Job. Sie arbeitet bis 2010 als Geschäftsführerin täglich acht Stunden für den Journalistinnenbund. Alle fünf Jahre koordiniert sie für Deutschland die internationale Untersuchung »Global Media Monitoring Project«[7] zur Sichtbarkeit der Frauen in den Medien, sie ist für das Thema »Wer macht die Nachrichten?« zuständig. Wie in allen öffentlichen Bereichen haben während dieser Zeit die Frauen auch im Journalismus aufgeholt. Inzwischen sind sie in allen Sparten vertreten. In allen Bereichen stieg der Frauenanteil von 1995 bis 2015 von 18 auf 28 Prozent. Die Ergebnisse der Untersuchung zeigen jedoch auch, dass die Dominanz der Männer ungebrochen ist. *Die Medienpräsenz der Frauen ist nicht zwanglos ein Zeichen von Erfolg. Oftmals ist sie nur die Illusion von Erfolg.* Jahrelang reist die Feministin kreuz und quer durch die Bundesrepublik und hält Vorträge über das Bild der Frauen in den Medien. Sie bringt eine GMMP-Broschüre heraus und stellt bei der Weltfrauenkonferenz 1995 in Peking die viel beachtete Untersuchung über das Bild der Frauen in den Medien vor. Umfangreich sind ihre Studien und Publikationen. 2001 startet ein Mentoring-Programm des Journalistinnenbundes, das jedes Jahr durchgeführt wird. Nachwuchsjournalistinnen werden von erfahrenen Kolleginnen neun Monate begleitet und durch Vernetzungstreffen gefördert.

Dem Journalistinnenbund stiftet Marlies Hesse 2002 den Nachwuchspreis »Andere Worte – neue Töne«. Der Preis ist als Ansporn und Anerkennung für junge Frauen gedacht, die abseits gängiger Rollenklischees über Männer und Frauen berichten, deren Lebensverhältnisse und Interessen *eine weniger übliche, möglicherweise kontroverse oder gar unerhörte Meinung zum Verhältnis der Geschlechter darstellen.* Der Nachwuchspreis trägt seit 2013 den Namen seiner Stifterin Marlies Hesse. Der Journalistinnenbund ehrt die Feministin 2003 mit der Verleihung der Hedwig-Dohm-Urkunde für ihr Lebenswerk. Marlies Hesse hat sich intensiv mit Leben und Werk der deutschen Schriftstellerin und Frauenrechtlerin beschäftigt, die eine der ersten feministischen Theoretikerinnen war, die geschlechtsspezifische Verhaltensweisen auf kulturelle Prägungen und nicht auf biologische Determinationen zurückgeführt hat. Nicht zuletzt Marlies Hesses Beschäftigung mit Dohm trug zur Errichtung eines Denkmals für die Schriftstellerin in Berlin bei. Ebenfalls 2003 wird sie für ihr Engagement um die Gleichstellung von Mann und Frau mit dem Verdienstorden der Bundesrepublik Deutschland ausgezeichnet.

Mit den Trägerinnen des von ihr gestifteten Nachwuchspreises hält Marlies Hesse Kontakt. Zwei von ihnen stehen ihr besonders nahe. Da ist einmal Jenny Friedrich-Freska, die mittlerweile Chefredakteurin der Zeitschrift *Kulturaustausch* in Berlin ist. Sie war die erste Hesse-Preisträgerin und wurde für ihren Beitrag im Magazin der *Süddeutschen Zeitung* ausgezeichnet, einer Gegenüberstellung »Ein Tag Junge sein, ein Tag Mädchen sein«. Friedrich-Freska beschreibt darin, was der Junge tun würde, wenn er ein Tag Mädchen wäre und umgekehrt. *Das war umwerfend. Wir haben damals sofort gesagt, wir brauchen gar nichts anderes zu sehen. Sie hat den Preis verdient.* Besonders am Herzen liegt Marlies Hesse auch die Hamburgerin Christa Pfafferott. Sie hat für den *Südwestfunk* einen Film über Frauen in geschlossenen Abteilungen von Psychiatrien gedreht. Beeindruckt ist Marlies Hesse auch von Teresa Bücker, sie war verantwortlich für das Onlinemagazin *Edition F*. Sie beobachtet die digitale Frauenszene und beurteilt sie differenziert. Bei YouTube etwa ist sie auf Videos gestoßen, die sich mit Schminktipps und anderen Lifestyle-Fragen beschäftigen, aber mit einem feministischen Ansatz. Ein Video etwa heißt »Komm mit aufs Klo«. Das sei sehr spannend, meint Marlies Hesse amüsiert.

Marlies Hesse zählt sich zur *Emma*-Generation der Feministinnen. Sie war von Beginn an bis vor Kurzem Abonnentin der Zeitschrift von Alice Schwarzer. Deren Kampf um mehr Gleichberechtigung der Frauen war zäh und dauert noch immer an. *Wenn es die Feministinnen nicht gegeben hätte, wären wir noch lange nicht so weit, wie wir jetzt schon sind. Das ist entscheidend. Daran, dass wir noch ganz, ganz viel zu tun haben, gibt es für mich überhaupt keinen Zweifel. Solange wir keine Gender-Gerechtigkeit haben, liegt noch viel Arbeit vor uns. Es liegt noch derart viel im Argen, dass noch sehr viel intensive Überzeugungsarbeit geleistet werden muss.* Das Machtgefüge männlicher Denkweisen in allen Bereichen muss nachhaltig beseitigt und bestehende Ungleichheiten müssen verändert werden. Statt nur vom »Genderwahn« zu sprechen, sollten viel mehr Frauen die gendersensible Sprache verwenden und sich nicht nur mitmeinen lassen.

Seit vielen Jahren beschäftigt sich Marlies Hesse mit den Problemen der älteren Journalistinnengeneration. Deren Hautproblem sei, dass sie es in jungen Jahren häufig versäumten, rechtzeitig für ihre Altersversorgung Vorkehrungen zu treffen. Die Folge ist Altersarmut. Marlies Hesse richtete eine Arbeitsgemeinschaft ein, die es sich zur Aufgabe machte, vor allem freischaffenden Journalistinnen dabei zu helfen, sich so abzusichern, dass sie nach einem erfüllten Berufsleben frei von Angst ins Alter blicken können.

Dass noch viel für die Sache der Frauen zu tun ist, weiß Marlies Hesse: *Der Fortschritt ist eine Schnecke*, wenn alles im bisherigen Tempo weitergeht, *dann brauchen wir noch Jahrzehnte, bis es einen Ausgleich zwischen den Geschlechtern gibt.* Dass Männer sich selbstverständlich Erziehungsurlaub nehmen und sie sich so wie Frauen für die Kindererziehung verantwortlich fühlen. Dass die Doppelbelastung gerecht geteilt wird. Dass Frauen selbstverständlich die gleichen Aufstiegschancen haben.

Den jungen Frauen rät Marlies Hesse: *Werdet bloß keine Hausfrau. Seht zu, dass ihr eine eigenständige Altersversorgung bekommt und nicht dieses ganze Dilemma durchmachen müsst, das die jetzige Generation und die Generationen vor mir erlebt haben.* Die derzeitige Generation der Erbinnen sollte sich nicht darauf verlassen, etwas zu bekommen, sondern selbst für sich sorgen. Und mit Nachdruck fügt Marlies Hesse hinzu: *Lasst euch nicht an die Seite drängen! Sagt nicht, ihr seid emanzipiert, weil ihr glaubt, die Gleichstellung sei schon erreicht. Das ist sie nicht! Kämpft wie eure Vorfahrinnen weiter um Geschlechtergerechtigkeit. Es lohnt sich! Eure Kinder und Enkel werden es euch eines Tages danken.*

Anmerkungen

1 Alle kursiv gesetzten Zitate stammen entweder aus dem Interview mit Marlies Hesse, geführt von Birgit Buchinger, Ute Dorau und Ela Großmann am 17. Februar 2019 in Köln, oder aus Antworten von Marlies Hesse auf (Nach-) Fragen der Autorin.

2 Hesse 2018

3 Marlies Hesse: »Häutungen« von Verena Stefan, palais-fluxx.de/i-am-what-i-am-because-of-marlies-hesse

4 Diese und weitere Informationen zur Karriere beim Deutschlandfunk entstammen dem Manuskript für die Abschiedsrede anlässlich ihrer Verrentung 1994. Dieses Manuskript wurde der Autorin freundlicherweise zur Verfügung gestellt.

5 Dewald 2003

6 Küchenhoff/Boßmann 1975

7 journalistinnen.de/projekte/gmmp

Literatur

Brumberg, Juliane (2019), »Spätberufene Feministin: Die Verbandsfrau Marlies Hesse«, © beziehungsweise – weiterdenken (2019), bzw-weiterdenken.de

Dewald, Gabi (2003): Laudatio anlässlich der Verleihung der Hedwig-Dohm-Urkunde 2003 an Marlies Hesse, journalistinnen.de

Hesse, Marlies (2018), Erzählcafé bei den Soroptimistinnen am 24. Oktober 2018, unveröffentlichtes Manuskript

Küchenhoff, Erich/Boßmann, Wilhelm (1975), Die Darstellung der Frau und die Behandlung von Frauenfragen im Fernsehen: Eine empirische Untersuchung einer Forschungsgruppe der Universität Münster, Stuttgart

Schmollack, Simone (2019), Frauen im Journalismus: »Ich war eine Alibifrau«. Interview mit Marlies Hesse, Taz am Sonntag, 9.3.2019, taz.de

Wochenendausflug, Lüneburger Heide 1956

Marlies Hesse in ihrem Lieblingsrestaurant Falderhof, Köln 2015

Christina Thürmer-Rohr beim Mittäterschaftskongress,
Berlin 1987

CHRISTINA THÜRMER-ROHR
geboren 1936, lebt in Berlin. Sie lehrte an der Technischen Universität Berlin
mit dem Schwerpunkt Feministische Theorie/Menschenrechte und war Gastprofessorin an der Universität Fribourg (zur Politischen Theorie von Hannah
Arendt) sowie an der Universität Salzburg (zur Gender-Forschung). Sie ist ein-
flussreiche Denkerin und aktive Mitstreiterin der Zweiten Frauenbewegung, die
mit ihren Analysen zur Beteiligung von Frauen an patriarchalen Verhältnissen als
»Mittäterinnen« maßgeblich die feministischen Debatten mitgeprägt hat. 2003
gründete sie zusammen mit Laura Gallati den Verein »forum akazie 3: Übungen im politischen und musikalischen Denken«.

Ein Denken in Kategorien der Freiheit – Christina Thürmer-Rohr

Mira Turba

Eine der prägnantesten feministischen Theoretikerinnen zugunsten »der Anderen« jenseits der Norm und Hannah Arendts politischem Denken wird während des Nationalsozialismus in Pommern geboren. Angesichts des vorrückenden Krieges und nachdem die meisten männlichen Familienangehörigen und auch ihr Vater, ein überzeugter Nationalsozialist, im Krieg gefallen sind, entschließt sich ihre Mutter kurz vor Kriegsende mit ihren beiden Kindern in den Westen zurückzukehren. Christina Thürmer-Rohr ist zu diesem Zeitpunkt acht Jahre alt. Sie findet sich in der neuen, vom Krieg bestimmten Umwelt als »Fremde« wieder, eine »Fremdheit«, die im Laufe eines Lebens neu definiert werden sollte, als *Mitgift, auf die man nicht mit Abwehr und Widerstand reagieren sollte.*[1] Sich selbst als Fremde unter Fremden begreifend, kann »Fremdheit« zur konstruktiven Bedingung der eigenen Existenz werden, jenseits von Diskreditierung oder Stigmatisierung: Dann nämlich, wenn die Einzelne beginnt, sich als Fremde als dieser Welt und Gesellschaft zugehörig und zuständig zu begreifen.

»Es gibt kein richtiges Leben im falschen«[2]

Ab 1945 lebt Christina Thürmer-Rohr mit ihrer Mutter und ihrer Schwester in der Krankenanstalt Bethel bei Bielefeld – den Von Bodelschwinghschen Stiftungen – heute mit jährlich über 230 000 Menschen mit körperlichen Beeinträchtigungen und Lernschwierigkeiten die größte diakonische Einrichtung Europas. Ein konservativ-christlich geprägter, »von der Welt weitgehend abgeschnittener Ort, eine Sonderwelt jenseits der ›Normalität‹«[3], in der nach dem Krieg neben den permanent Betreuten auch schwer

verwundete Soldaten Aufnahme finden. In den ersten Nachkriegs-
jahren können alle nur notdürftig behandelt werden, sind aber nicht
hospitalisiert und also auch überall unterwegs. So bietet sich auf
den Straßen für das Kind ein *ständig sichtbares Elend, das Rückzug
provozierte und Angst machte.*

In den Erinnerungen an diese Nachkriegszeit dominiert die
Trauer der Frauen, die der Krieg allein mit ihren Kindern zurück-
gelassen hat. Eine nie nachlassende Trauer, die permanent an den
Rändern der faktisch und physisch eng gewordenen Räume lau-
ert. Ein sehr spezifischer emotionaler Oberton, ein latentes Gefühl der Angst und der Enge. Ihrem ersten »Nein«, nach dem sie
von ihren Interviewerinnen zu diesem Band gefragt wird, ist so
zuallererst die Angst inhärent.

Den sozialen und gesellschaftlichen Ein- und Ausschlüssen, mit
denen sie konfrontiert werden, treten sie, ihre Mutter und ihre
Schwester als Einheit entgegen. Die Töchter sehen und spüren,
wie ihre jung verwitwete Mutter von den »heilen Familien« und
den scheinbar unversehrten Teilen der frommen Gesellschaft in Bethel, mit ihrer »intakten Heimat« und der »Überzeugung, verdient
davon gekommen zu sein«[4], sukzessive ausgeschlossen wird, während
sie eine Atmosphäre der Bedrücktheit einzuschließen scheint. Sie
ahnen, was Krieg bedeutet, aber nicht, was die Schuldzuweisungen
der Kirche und ihre verordnete Trauer mit ihnen selbst, ihren Müttern oder ihren Vätern zu tun haben sollten. *Die Kirche sprach viel
von Schuld, aber nicht über die realen Ursachen.* Während ihre un-
mittelbare Umgebung über die Dynamik des Kriegs und die »abwesenden und zugleich übermächtig anwesenden Toten«[5] hartnäckig
schweigt. All »das Unausgesprochene hielt einen auf Abstand«[6].

Die ersten Berichte aus dem »beschädigten Leben«[7] zirkulie-
ren; die Reaktionen quer durch die gesellschaftlichen Schichten
in den zerstörten Städten, ihrem zerstörten zivilisatorischen und
kulturellen Gedächtnis – als sei »das Vertrauen zum Leben selbst
beschädigt«[8] worden. Die Idee von Freiheit scheint vage und noch
keine relevante Kategorie zu sein. *Ich hatte noch keine Sehnsucht
nach einer anderen Welt, weil ich keine andere kannte.*

Den signifikanten Kontrapunkt zu den eher düsteren Erinnerungen an Bethel, das permanente Gefühl fehl am Platz zu sein, sich

durch eine »eingetrübte Gegenwart«[9] zu bewegen, bilden zwar nur wenige Bücher, vor allem aber ein aktives Musikleben und mit ihm ein Ausweg zur Welt hin: Mit frühen Klavierstunden und kostenlosem Orgelunterricht erschließt sich Christina Thürmer-Rohr ein neuer Aktionsraum, einer von dem aus ein »Anfangen« und mit diesem Anfangen ein »Anfreunden mit der Welt« in der Realität möglich ist. Die Musik, und vor allem die Orgel als Instrument, welches Räume weitet und in ihrer Enge und Hässlichkeit transzendiert. »Eine Schönheit, die dazu führen kann, die Freundschaft zur Welt trotz ihrer Grausamkeit nicht zu verlernen.«[10]

»Kein Ort, nirgends«[11]

Entgegen eines oft bemühten Klischees der 1950er Jahre ist das Klima an ihrer Schule eher liberal. So ist es selbstverständlich, dass alle Mädchen studieren, ihr eigenes Geld verdienen wollen und darin sowie in ihren Anstrengungen, die klaustrophobischen Verhältnisse zu verlassen, von ihren Lehrer:innen unterstützt werden. Christina Thürmer-Rohr verlässt Bethel 1956, um in Freiburg und Heidelberg zu studieren.

Zunächst pendelt sie zwischen Romanistik, Germanistik und Musikwissenschaften, um schließlich bei Psychologie und Philosophie zu bleiben. Bereits in den 1950er und frühen 1960er Jahren, also noch vor dem Einsetzen der Student:innenbewegung, birgt der existentialistische Freiheitsbegriff eine verheißungsvolle Souveränität: *Ein Freiheitsbegriff, der Menschen nicht einfach als determinierte Wesen beschreibt, sondern der versprach, dass man auch anders sein und leben kann, dass der Selbstentwurf einem selbst überlassen ist, dass wir den Selbstentwurf selbst betreiben können – ein Weg hinaus aus der quälenden Vorstellung, determiniert zu sein.*

Sie will auf einen autarken Lebensentwurf jenseits von Tradition und Herkunft hinaus, für den jede Einzelne, und nur sie selbst, verantwortlich ist, getragen von dem Willen sich in dieser Welt »anzusiedeln«, sich als »zuständig« zu erachten für diese Welt, in dieser Gegenwart, denn sie ist die einzige, die wir haben.[12]

Für eine Zeit bleibt sie noch unbeeindruckt oder zumindest nicht weiter tangiert von expliziten Erfahrungen geschlechtsspezifischer und struktureller Diskriminierung. *Ich habe endlich gemacht, was ich für richtig hielt. Und das ging eigentlich ohne größere Probleme.* Relativ frei von Hierarchievorstellungen und fatalistischen Reglementierungen (*das muss so sein, das geht nicht anders*) geht sie nach Berlin. Es sollte ein »in der Wirklichkeit [A]nkommen« werden[13] und damit auch ein politisches »Nein«. Sie kommt an in einer immer noch zerstörten Stadt. Kalt und monochrom. Mit der Mauer mittendurch. Nicht nur durch die Stadt, sondern auch durch politische und ökonomische Realitäten, durch die erstarrt wirkenden Menschen. Ihr großes Glück, so beschreibt sie es selbst, ist die Neugründung des Psychologischen Instituts der TU Berlin, wo sie nach ihrem Doktorat direkt als wissenschaftliche Assistentin einsteigen kann. So ist sie zu Beginn der Student:innenbewegung zwar selbst keine Studentin mehr, doch primär mit eben jenen befasst. Von ihnen wird sie 1967 gefragt, ob sie als offizielle Begleitung einer studentischen Delegation zum Psycholog:innen-Kongress nach Tübingen fahren wolle. Sie willigt ein, im Wissen, dass die Intention der Student:innen nicht die passive Perzeption eines konventionellen und ihrer Auffassung nach unkritischen Wissenschaftsverständnisses ist, sondern die Sprengung des Kongresses: Ein Protestakt gegen ein damals konkretes Beispiel der psychologischen Grundlagenforschung, die sich als werteneutral versteht, aber das Gegenteil davon war, was sich am Beispiel der Geruchsforschungen während des Kriegs in Vietnam zeigt. Die Forderung ist, dass die Psychologie, statt die Werteneutralität ihrer Grundlagenforschung hochzuhalten, Verantwortung für ihre Folgen übernehmen müsse. »Psychologen« müssten zu »Partisanen der Freiheit« werden, sie müssten Krieg und Gewalt ächten und parteilich für die Leidtragenden arbeiten.[14]

Die Kritik betraf die Dogmen und das teils fragwürdige Selbstverständnis der Psychologie der damaligen Zeit – unter anderem eine isolierte und isolierende Ein-Personen-Psychologie und eine primär individuumzentrierte Diagnostik. Als ihr nach der Störung des Kongresses angedroht wird, ihre Stelle als wissenschaftliche Mitarbeiterin zu verlieren, entschließt sich Christina Thürmer-Rohr dazu, die Freiheiten, die ihr ihre Position an der Universität bietet, noch entschiedener zu nutzen – in Bezug auf interdisziplinäre Kooperationsmöglichkeiten. Sie beginnt eine Zusammenarbeit mit dem Fachbereich Architektur, habilitiert sich dank eines neuen Programms für Nachwuchswissenschaftler:innen, bewirbt sich auf eine Stelle als Assistenzprofessorin und beginnt, sich primär mit Stadt, Stadtplanung und dem Wohnumfeld zu beschäftigen: Wie leben die Bewohner:innen, wie kommunizieren sie, wie entkommen sie der Einsamkeit und Isolation in den auf dem Reißbrett entworfenen Satellitenstädten? Christina Thürmer-Rohr gehört damit zu den ersten Frauen, die in dieser Form interdisziplinär kooperiert, die ihre neu gewonnenen Möglichkeiten nutzt und ihre Kooperationen und ihre Arbeitsinhalte selbst bestimmt. Sie arbeitet mit Architekt:innen und Stadtplaner:innen an Stadtbildanalysen, Sanierungsprojekten und Entwürfen kommunitärer Wohnformen.[15] Es ist eine produktive Zeit.

Ende der sechziger Jahre war eine Begeisterung spürbar, ein Aufbruch, eine Freude an der Öffentlichkeit, die Freude andere Menschen kennenzulernen. Auch ein Selbstbewusstsein, etwas verändern zu können. Der Aufbruchsstimmung an den und jenseits der Universitäten Ende der 1960er und dem Selbstbewusstsein, dass eine Änderung der gesamtgesellschaftlichen Verhältnisse möglich sei, folgt die Ernüchterung der »Bleiernen Zeit« und des »Deutschen Herbst« 1977. Die Zäsur des 2. Juni 1967 macht die in Westdeutschland latente Gewaltfrage und bis dahin theoretische Debatte über gewalttätigen oder gewaltlosen Widerstand innerhalb der Student:innenbewegung über Nacht akut. Der Schuss auf Benno Ohnesorg und der spätere Freispruch des auf ihn schießenden Polizisten setzen rhetorisch und faktisch verschärfte Diskussionen um Gewalt und Gegengewalt in Gang und initiieren sukzessive eine politische Radikalisierung.

Zu den aktiven Instrumenten der Gewalt gehört auch das verbotene Wort.[16] Zusammen mit 43 anderen Professor:innen beteiligte sich Christina Thürmer-Rohr im Herbst 1977 an der Wiederherausgabe des verbotenen *Mescalero*-Textes unter eigenem Namen. Der von Student:innen anonym verfasste Text des »*Göttinger Mescalero*« kommentiert die Ermordung des Generalbundesanwalts Siegfried Buback im April 1977 durch das »Kommando Ulrike Meinhof« der RAF in einer einleitenden Passage mit »klammheimlicher Freude«. Selbst wenn in weiterer Folge des Textes eine eindeutige Distanzierung von Terror und den eingesetzten Mitteln der Gewalt erfolgt, exkludieren rechte und sogar liberale Medien diesen Aspekt in der Zitation meist. In der darauf folgenden Anklage wegen »Verunglimpfung des Staates« und dem dazugehörigen Prozess plädiert Christina Thürmer-Rohr für eine *ehrliche und unzensierte Auseinandersetzung mit gesellschaftlicher und politischer Gewalt, um die sich damals alles drehte.* Es geht um zentrale Aspekte der Rede- und Meinungsfreiheit, um die politische Notwendigkeit, über strukturelle, erlittene wie ausgeübte Gewalt und über die Gewaltförmigkeit der Gesellschaft öffentlich, und so auch im Rahmen der Universität, zu sprechen. *Darüber sprechen und immer wieder neu nachdenken.*

Frauenbewegung und die Logik des Patriarchats

Gesellschaftliche Gewalt und Gewalt gegen Frauen wurden zum dominanten Thema der Frauenbewegung, des feministischen Lehrstoffs und feministischer Theoriebildung. Feminismus, der sich bald als eine Art politischer und intellektueller Agora charakterisieren lässt, eine neue Form der Öffentlichkeit, neue intellektuelle wie emotionale Verbindungen schaffend. Diesen implizit ist auch das Entsetzen über das System der Gewalt, seine permanente Reproduktion und Implementierung in Geschichte, Politik und Kultur. *Denn auch Teile der sich für emanzipativ haltenden 68er-Bewegung zeigten Symptome der Gewalt im Denken und im Sprechen, der Gewalt gegen Frauen, Gewalt als Zerstörung der Pluralität, Gewalt als unerbittliche Logik, die sich in der Schärfe und Härte eines Dogmatismus äußert, der keinen Widerspruch duldet und kein eigenes Denken aufkommen lässt* – keinen Raum für Andersdenkende.

Die aufkommende Frauenbewegung erkennt die Gewaltfrage als strukturelles Problem, als »Ausdruck eines geschlechtsaparten Prinzips, einer historisch monogeschlechtlichen Herrschaft zum Elend der Welt und zum Elend der Frauen – oder auch zu ihrem giftigen Profit«[17]. Patriarchatskritik wird zur fundamentalen Gewaltkritik, Patriarchat und Gewalt werden zunehmend synonym verstanden, als patriarchale Logik, als Monologik, eingeschlechtlich und antiplural. Als *Eindimensionalität des Denkens, das von Machtansprüchen getragen ist.* Feminismus bedeutete radikale Gewaltkritik und das heißt: Kritik an Gewalt in all ihren Varianten – sei sie ökologisch, ideologisch, politisch. Und zugleich: Feminismus als Wille, sich *in dieser Welt anzusiedeln. Anzusiedeln in diesem Kontext bedeutet: »Ich bin hier zuständig.« Diese Zuständigkeit ist nicht delegierbar.*

Eine Grundqualität des Politischen ist das Zusammenkommen der Verschiedenen[18], Handlungsmacht entsteht, wo Akteur:innen sich zusammentun: Die Frauen der feministischen Anfänge arbeiteten nicht nur an der Neudefinition und am Aufbruch des sozialen und politischen Raums an den Universitäten, sondern genauso an Fragen der Definitionsmacht. *Wir definierten »alle Frauen« als zu befreiende »Klasse«. Das war für die männlichen Chefdenker ein skandalöser Verstoß gegen die historisch-materialistischen Grundsätze der linken Gesellschaftstheorie und des Klassenbewusstseins.* Und gegen ihre eigene Unantastbarkeit. Den männlichen Wortführern des Sozialistischen Deutschen Studentenbunds ist eine latente Ignoranz gegenüber ihrer eigenen Rolle und Teilhabe in der Produktion und permanenten Reproduktion der gegebenen »Ordnung« eigen. Diese gilt es zu hinterfragen und anzugreifen: »Wir waren im Recht. Und unsere Überzeugungen brachten uns auf den gleichen Weg, wie unsere Gefühle. Ein Kampf für uns selbst und gleichzeitig für alle Frauen in allen Ländern. Es war ein totaler, er ließ keine einzige Lebensparzelle unberührt.«[19] Die feministische Arbeit wird für Christina Thürmer-Rohr ein Versuch, zu verstehen, und damit auch ein Verankerungsversuch in einer Welt, in der die eigene Fremdheit als bestimmende Dominante nie verschwinden sollte.

1976 habe ich an der Uni den Schwerpunkt Frauenforschung gegründet. Feministische Theorie und Praxis wollten sich ja auf nichts Bestehendes verlassen, wollten alles verändern und neu machen. Wir stellten alles infrage. Wir wollten Netze bilden, Freundschaften begründen, Öffentlichkeit schaffen, den Feminismus als eine Art Agora verstehen.

Frauenforschung bedeutet Widerstand, das Wissen, Teil eines umfassenden Kampfes gegen Ausbeutung und Unterdrückung zu sein. Frauenforschung will »an die Kämpfe von Frauen außerhalb der Universität anknüpfen, wollte sie ausfindig machen, wo sie unsichtbar waren«.[20] Das Wissensrepertoire, das jeder einzelnen Frau unabhängig von Klasse, Herkunft oder Status zu eigen ist, soll von allen und überall erarbeitet sowie allen Frauen überall zugänglich gemacht werden. In diesem Sinne ist das Persönliche nicht nur politisch, sondern wissenschaftlich. »Die Kluft zwischen eigener Erfahrung und fremder Theorie, eigener Erfahrung und fremder Praxis schob sich zusammen in der Lebenspraxis von Frauen und führte zu dem Anspruch, diese zur politischen Praxis, zur Praxis des Angriffs auf patriarchale Machtstrukturen grundsätzlich gemeinsam mit anderen Frauen werden zu lassen.«[21] Eine Praxis, die sich eher den Betroffenen verpflichtet fühlte als der akademischen Pflichterfüllung.[22]

Mittäterinnen und Täter:innen

So heterogen, reflektiert und vielschichtig der Beginn der Frauenbewegung in der BRD auch ist, so groß *die Euphorie eines antipatriarchalen Anfangs und Anfangens*, mit Beginn der 1980er Jahre zeigen sich die ersten Fragmentierungen im strategischen und emotionalen »Wir«. Die Bruchstellen der Bewegung verlaufen u. a. entlang von Repräsentationspolitik, Sichtbarkeit und Exklusion. Dem feministischen »Wir« beginnt in seiner »Unbedingtheit« eine vereinnahmende Tendenz und ein essentialistischer Ausschluss innezuwohnen. Viele Debatten der Protagonistinnen der feministischen Bewegung drehen sich um damals zentrale Aspekte des »Selbst«, des »Ichs« und der Körperpolitik. Diskussionen gezeichnet von der eigenen Situierung innerhalb einer *weißen* und europäischen Gesellschaft, die ihre Restrukturierung als multikulturelle Aufnahmegesellschaft noch nicht internalisiert hat. Und gezeichnet von einer spezifischen Leerstelle, denn sie finden so zumeist statt ohne die Berücksichtigung der vielfachen Differenzen und deren Theoretisierung. *Seit Ende der 1980er Jahre gab es zwar anhaltende und heftige Diskussionen zwischen* weißen, *schwarzen, afrodeutschen Frauen. Allerdings waren sie meist gelähmt durch Misstrauen, gegenseitige Schuldzuweisungen oder durch schlechtes* weißes *Gewissen.* Im Ergebnis dominierte eine Art intellektueller Wissensproduktion, welche die Artikulation marginalisierter Subjektpositionen sabotierte. »Die Anfangenden sahen von Herrschaftsweisen ab, die sie nicht selbst bedrückten. Sich vom Status des Opfers und Objekts in den der Handelnden zu versetzen konfrontierte nicht nur mit Chance der Freiheit, sondern auch mit Risiken des Irrtums.«[23]

Christina Thürmer-Rohr *attackiert* die »Befreiung der Frau« als exklusive »Befreiung im Singular«.[24] Die Freiheit, frei zu sein, inkludiert noch nicht die Freiheit der Anderen. Das feministische Unrechtsbewusstsein orientiert sich zuallererst am Signifikationssystem der »Ordnung der Geschlechter« und bleibt darin – aus heutiger Sicht betrachtet – dem dominanten euro- und ethnozentristischen, kolonialisierenden Blickregime verhaftet. Die Pluralität der multikulturellen Gesellschaften und die Perspektiven sowie die Lebensrealitäten nicht hegemonialer Subjektpositionen, jene von BPoC, Latinx, jene von migrantischen, jüdischen, muslimischen oder diverskulturellen Feminist:innen[25] sind zum damaligen Zeitpunkt noch nicht Bestandteil der allgemeinen diskursiven feministischen Auseinandersetzungen. Und wo doch, wird die Definitionsmacht über eben diese Realitäten und Identitäten von einer gesellschaftlich hegemonialen Position aus artikuliert.

Als würde, wer »sich zweifelsfrei auf die Seite der Unrechtsleidenden ortet, das moralische Recht gewinnen, den Eigeninteressen bedingungslos Vorrang zu geben«.[26] *Der Sündenfall lag darin, die eigene ethnozentristische oder egozentristische Position zu universalisieren.* Zu dieser Einsicht kommen einige der Protagonist:innen des *weißen* Feminismus westlicher Prägung nicht von allein: *Es war die Grundsatzkritik der schwarzen Frauen und Migrantinnen, ihre Kritik am* weißen *Rassismus.*

Trinh T. Minh-Ha beschreibt semantische und strukturelle Asymmetrien wie diese wie folgt: »You, who understand the dehumanization of forced removal-relocation-reeducation-redefinition, the humiliation of having to falsify your own reality, your voice, you know. And often cannot say it. You try and keep on trying to unsay it, for if you don't, they will not fail to fill in the blanks on your behalf, and you will be said.«[27]

Mit der Zeit und grundsätzlichen Diskussionen erst kristallisiert sich ein gestärktes Bewusstsein, eine spezifische Kritik- und Reflexionsfähigkeit in Hinblick auf das Ineinandergreifen unterschiedlicher Diskriminierungsformen heraus. Ihr anfängliches Fehlen wird in der Retrospektive als *systematisches Versagen* erkannt – ein Versagen, das wiederum die These der Mittäterinnenschaft reflektiert. Es ist jedoch auch symptomatischer *Ausdruck einer systema-*

tischen kulturellen Prägung und Herrichtung, an der die Frauen Teil haben und die wir von Generation zu Generation weiterzutragen drohen. Diese Erkenntnis und auch das Wissen um die wiederkehrenden Normierungstendenzen des Patriarchats, die Mechanismen der Marginalisierung und ihre Entwicklung können so aber auch als Appell an jede Generation verstanden werden, permanent die eigene Praxis und Perspektive sowie die dominanten Narrative der (feministischen) Geschichte und Geschichtsschreibung kritisch und selbstreflexiv zu hinterfragen und, wo aus heutiger Sicht nötig, zu dekolonialisieren.[28] Denn: *Freiheit heißt immer auch, mitzudenken, was es mit der Freiheit anderer auf sich hat, dass die eigene Freiheit an die Grenzen der Anderen und Andersdenkenden stößt. Wenn man sich das Ich als Singular vorstellt, wäre es ein monologisches Ich, dem jeder mitmenschliche Bezug fehlt.*

Die These *von der Beteiligung der Frauen als Mittäterinnen* implizierte die Kritik an einem universell gesetzten Opferstatus »der Frau« – die für viele unangenehme Frage danach, wie und in welcher Form Frauen nicht einfach nur Opfer des Patriarchats und einer männlichen Monokultur waren und sind, sondern inwiefern sie in Handlung und Haltung auch *Akteurinnen und Mitakteurinnen* wurden und so Mitverantwortung am Fortbestand von repressiven Systemen und gewaltsamen Strukturen tragen und trugen: So etwa am System des Nationalsozialismus, das Christina Thürmer-Rohr immer wieder als Ausgangspunkt der Überlegungen dient. Für die Gegenwart einer sich demokratisierenden Gesellschaft gilt es, Passivität, Duldung, Akzeptanz, Schweigen oder direkte oder indirekte Partizipation an gewaltförmigen Normierungen aufzudecken. Ebenso geht es darum, die durch Indolenz oder Indifferenz Profitierenden im Hinter- oder auch im Vordergrund des Machtgefüges vergangener wie aktueller Regime oder Staatsformen zu identifizieren, deren Systeme symbolisch für die intolerable *Geschichte und Gegenwart von Gewalt in all ihren alten und neuen Varianten* stehen. Christina Thürmer-Rohrs Kritik weist damit die feministische Tendenz zurück, Frauen pauschal als Opfer zu definieren: Opfer der Geschichte, Opfer der Verhältnisse, Opfer des Patriarchats, Opfer der Männer. *Ein generalisierter Opferbegriff schwächt die Frauen, lässt sie wieder machtlos erscheinen und verleiht den Männern eine Macht, die ihnen nicht zusteht.* Es sei eine selbst vollzogene Entmündigung. *Auch wenn eine Frau Opfer einer Gewalttat wird, muss sie nicht lebenslang ein Opfer dieser Tat bleiben. Darum geht es: Nicht Opfer bleiben, den Opferstatus überwinden.*

Diese These, dieser Begriff der »Mittäterinnenschaft«, den Christina Thürmer-Rohr prägt und der feministischen Agora zur Diskussion stellt, erweist sich alles andere als konfliktfrei. Auch wenn er der feministischen Theoriebildung, einem vitalen Politikbegriff und einer fundierten Macht- und Herrschaftsanalyse an sich immanent ist. Er ist vielen sehr unbequem. Nicht nur manche Feminist:innen der Mehrheitsgesellschaft fühlen sich in ihrer Selbstreferenzialität angegriffen. Darüber hinaus weisen vor allem die Vertreter:innen der feministisch politisierten Migrant:innen, Latinx und BPoC das »Mit-« im Kontext von Nationalsozialismus, Rassismus und Antisemitismus zurück. Dieses »Mit-« ignoriere oder simplifiziere seine Verankerungen in rassistischen und kolonialistischen Gesellschafts- und Herrschaftsstrukturen. Denn in der kulturellen Geschichte und Gegenwart seien Frauen nicht nur Mittäterinnen, sie waren Täter:innen. Sie waren in bestimmten Zusammenhängen und an bestimmten Orten durchaus dominant Agierende und Akteur:innen innerhalb von Rassismus, Kolonialismus und Ethnozentrismus und ihrer ineinandergreifenden Repressionsmechanismen. Sie waren Kompliz:innen der jeweiligen hegemonialen Macht und nationalstaatlichen Logik, und eben auch da, wo die kulturellen Macht- und Gewaltverhältnisse durch hierarchische Kategorisierungen per se andere waren. Sie hatten nicht nur Anteil an repressiven Machtstrukturen, sie trugen aktiv zu ihrer Implementierung und ihrem Erhalt bei. Sie trugen demnach *die volle Verantwortung* und seien keineswegs durch das Präfix »Mit-« zu entlasten. Ein zentraler und nicht negierbarer Aspekt, den Christina Thürmer-Rohr selbst in den noch kommenden Jahren, akademischen und pluralen Diskussionen und Debatten und bis heute nie müde wurde zu verdeutlichen. Schlussendlich sei der Begriff der Mittäterinnenschaft *kein antifeministischer Gedanke, sondern eine Aufforderung zur Analyse, zur Ehrlichkeit, zum Hinschauen, zur Konfrontation.* Als pluralistische Herausforderung an das politische und feministische Denken per se, als Aufforderung zu einer spezifischen und feministischen *Kritik an der Permanenz von Spuren einer jahrhundertelangen patriarchalen Gewalt-Logik.* Und als Imperativ, ihre *rechtliche, gesellschaftliche, moralische* Normierung nicht zu tolerieren.

In machen Reaktionen werden Symptome einer kulturellen Grundhaltung unverkennbar, durch die »den Anderen der Respekt, das volle Daseinsrecht und ihre leidvolle Geschichte mit der *weißen* Welt abgesprochen wurde«[29], ein soziales und rhetorisches Muster, primär dazu dienend, das *weiße* Selbstbild intakt zu halten, wie Robin DiAngelo es in »White Fragility« beschreibt.[30]

Es zeigt sich in den Diskussionen um die eigenen Befindlichkeiten eine fragwürdige Konkurrenz innerhalb der »Opferhierarchie«. Selbst geäußerte Schuldgefühle nehmen in dieser Hierarchie mehr Raum ein als die Fakten, um die es eigentlich geht. So wird ein Unrechtsentwurf perpetuiert, in dem sich die Mitträger:innen der eurozentristischen Dichotomien durch das vermeintlich historische Vorrecht von »der Anderen« der »eigenen Kultur« absondern.[31]

Bei allen Irritationen und (Fehl-)Interpretationen, den der Begriff der »(Mit)Täterschaft« von Frauen am Erhalt patriarchaler Strukturen bei einigen der Diskutant:innen hinterlässt, inspiriert er auch viele, in den kommenden Jahren in der Analyse weiter zu gehen. Das eigene Denken und das »der Anderen« mit Hannah Arendt zugunsten der Pluralität in ein agonistisches Verhältnis zu setzen. Denn die politische Verpflichtung, die wir durch unsere Teilhabe an dieser Gesellschaft besitzen, sollte das Ziel kennen, das Recht der Anderen, in dieser Welt zu sein, zu verteidigen, ihre Freiheit unserer gleichzustellen. Das Unterdrückungssystem der Geschlechterverhältnisse kann ab den 1990er Jahren nicht mehr als primäres oder vorrangiges Unterdrückungssystem gelten. Jedenfalls nicht exklusiv. Die Women's Studies etablierten die Kategorien *race class gender* als verschiedene, aber gleichwertige Diskriminierungsstrategien. Die Konzepte Gender, Diversity und Intersektionalität eröffnen neue Diskursräume, in denen sich die bereits bestehenden Konflikte potenzieren sollen. Wendy Brown postuliert: »Vielleicht ist es an der Zeit, erst mal das Vergangene zu betrachten, um unsere Fehler anzuerkennen. Vielleicht ist dies ein Moment des Nachdenkens.«[32] Christina Thürmer-Rohr analysiert ein paar Jahre später, inwiefern diese hierarchisierenden Kategorien, Etikettierungen und ihre Vereindeutigungen rund um den Begriff »Gender« ihrerseits je zu Diskriminierungs- und Herrschaftsinstrumentarien werden. Ob man nicht auch daraus aussteigen könne?[33] Kategorien, die einerseits Lebensläufe reglementieren, andererseits aber auch zum Ort von Zugehörigkeit werden konnten. »Die Kritik an solchen Kategorien ist zugleich eine Kritik an Identitätsvorstellungen, die unsere pluralen Zugehörigkeiten verdecken und auf vorgeprägte Orte und Definitionen festlegen.«[34] Und auch an der Implementierung dieser Thesen in den akademischen Kanon sollte Christina Thürmer-Rohr beteiligt sein. Denn: »Ein Denken in Kategorien in ein Denken der Pluralität zu überführen ist ein dialogisches Denken, das auf die Möglichkeit des Zusammenhandelns der immer Verschiedenen für ein gemeinsames Drittes aus ist, auf ein gerechtes Zusammenleben«[35], in diesem Sinne also ein *Denken in Kategorien der Freiheit* und ein Dialog, der der Negierung der Pluralität und der Eliminierung des politischen Denkens widersteht.

Christina Thürmer-Rohr ist bis heute eine der wichtigsten deutschen Feminist:innen und Denker:innen. Sie gehört einem feministisch-akademischen Kanon an, den sie maßgeblich und in zentralen Thesen antizipierte und kontinuierlich mitdefinierte. Bis heute – oder – auch heute noch.

Ihr Wissen darum, wie Dialog und Diskurs politische und soziale Realitäten ko-produzieren und strukturieren, ist entsprechend präzise und exakt. Also lässt sie Thesen, Realitäten, politische Kämpfe und Positionen der »Anderen«, vermeintlich »Fremden«, als längst und genuin egalitär in den von ihr geprägten politischen Diskurs einfließen. Zumindest dort, wo diese nicht ohnehin längst selbst die Möglichkeit ergreifen, sich innerhalb der diskursiven Praktiken und Geschichtsschreibung mit entsprechenden Gegen-Narrativen auch selbst zu positionieren. Sie inkludiert sie in Permanenz in ihre feministischen und politischen Thesenbildungen wie in ihre diskursiven und intellektuellen Auseinandersetzungen und fordert die hybriden Subjektpositionen jener, die sich zu mehr als einer Sprache, mehr als einer Kultur und mehr als einer Identität bekennen und ihre Stimmen in der Agora konsequent ein, auf dass das vermeintliche »Anderssein« seine Stigmatisierung verliere, wenn alle sich als »Fremde« erkennen würden.[36] »Der Fremde entsteht, wenn in mir das Bewusstsein meiner Differenz auftaucht, und er hört auf zu bestehen, wenn wir uns alle als Fremde erkennen.«[37] Christina Thürmer-Rohr denkt jedoch nicht nur jenseits vermeintlicher Reglementationen und Determinanten, sondern ohne Weiteres über ihre eigene Disziplin hinweg, über die Theorien des Politischen hinaus. Sie führt den mittlerweile viel zitierten und ihr zentralen Dialog im Denken wie im Handeln.

Wie bei »Außerhalb«: Die Rockband existiert von 1979 bis 1983 und besteht aus Melanie Beyer (Gitarre, Bass), Margaret Diehl (Saxophon), Hucky Porzner (Schlagzeug) und Christina Thürmer-Rohr (Piano, Synthy) – »Feminist Dark NDW« oder etwas zwischen New Wave, Indie und experimentellem Rock, mit wütenden Texten gegen die Aufrüstung, gegen die Männerwelt: »We don't need the Men«, »Wir werden euch nie lieben«, »Diese Erde ist ein riesiges Irrenhaus«. Aus anfänglichem Do-it-yourself-Enthusiasmus wird ein gefragter Gig der alternativen Musikszene, der gut mit dem politischen Leben, aber nur bedingt mit den jeweiligen Berufstätigkeiten in Einklang zu bringen ist. »Außerhalb« sollte jedoch die substanzielle Tonlage kreieren für ein anderes, interdisziplinäres Musikprojekt, Jahre später.

2003 gründen Christina Thürmer-Rohr und die Musikerin Laura Gallati »forum akazie 3: Übungen im politischen und musikalischen Denken«. Konzipiert als Verschränkung von Musik und Philosophie, arbeiten sie an Kompositionen aus Worten und Tönen entlang zentral gesetzter Parameter: Zum Beispiel erarbeiten sie ab 1994 das Projekt »Am Thema bleiben. Fugen fürs Denken Hören und Sehen«, eine Begegnung von Hannah Arendts »Übungen im politischen Denken« mit J. S. Bachs »Kunst der Fuge«. In acht Thesenpunkten treten Hannah Arendt und J. S. Bach in Dialog, indem an beide Werke die gleichen Fragen gestellt werden: nach dem »Grundgedanken«, der »Umkehrung«, dem »Anfangen«, dem »Dialog«, der »Freiheit«, dem »Fragment«, der »Kontroverse«, der »Erinnerung«. Welche Bedeutung und welches Gewicht haben bestimmte Begriffe und sich wiederholende Themen in den jeweiligen Werken der/des anderen? Welche gemeinsamen Strukturen lassen sich finden, welche Bedeutung hat ein Thema im politischen

Denken einerseits und in der Form der Fuge andererseits? Lässt sich das Denken der einen durch die Musik des anderen übersetzen und interpretieren?[38] Auch hier ist Pluralität als Bedingung des Handelns, des Denkens und seine Verankerung in der Welt ein Oberbegriff, der die späteren Improvisationen leitet. »Musik ist ja nicht aus einer anderen Welt. Mich interessiert eine Musik, die dialogisch mit ihrem Material umgeht.«[39] Musik als unentbehrliches Mittel, um die Freundschaft zur Welt nicht zu verlernen. Musik, die sich nicht in einen ästhetisierten und ästhetisierenden Raum zurückzieht, sondern die ihn transzendiert, da ihr das Potenzial zur Versöhnung mit der Realität innewohnt. Keine Kontemplation, keine Zerstreuung, sondern Musik als Disposition des Dialogs, als Ko-Autorin eines kollektiven Narrativs und als Erinnerung an »die Freundschaft zur Welt trotz ihrer Grausamkeit«.[40]

Selbst unter den »Herausforderungen des Zusammenlebens in einer Welt, die die einzige ist, die wir haben in der einzigen Zeit, die uns bleibt.«[41] In einer Zeit also, in der sich die Konflikte, aber auch die fragilen Errungenschaften einer transnational und pluralen feministischen Bewegung in Funktionalisierungsversuchen und Assimilierungstendenzen der neuen Rechten spiegeln. Einer Zeit, in der die zersetzende Parole, das Patriarchat und seine Logik seien überwunden, und diese unsere Freiheiten als solche bedroht, fanatische Agitation und antimuslimischen Rassismus zu legitimieren scheinen in einer Abspaltung und *Exterritorialisierung des Problems der Gewalt*. Einer Zeit, in der Feminismus und Ethnozentrismus, Feminismus und Rassismus sich vermeintlich nicht mehr widersprechen, in der hegemoniale, toxische Männlichkeit nicht nur salon-, sondern politikfähig wurde und auch hier und heute Frauen teilhaben an den bestehenden hegemonialen Machtstrukturen, an deren Bildung und an ihrem strukturellen und ideologischen Erhalt. Angesichts dessen braucht es eine politische und feministische Kultur, die sich nicht nur eine grundsätzliche Kritikfähigkeit zugesteht, sondern auch eine, die *versteht* oder zumindest verstehen will. Verstehen als nie abgeschlossener Prozess, als Akt der Zuwendung und Ansiedlung. Verstehen, dass »jede Macht Zustimmung braucht, eine Zustimmung, die verweigert werden kann.«[42] Verstehen, dass man sich dank einer pluralistischen und transnationalen Genealogie auf einen elementaren politischen, intellektuellen wie künstlerischen Nachlass der feministischen Bewegung beziehen kann, der permanent überprüft, aufgearbeitet und recherchiert werden will, der gegen- und queer-gelesen werden will, um immer wieder und neu in Beziehung, in Dialog zur Gegenwart gesetzt zu werden, sodass auch Zukunft mehrdimensional gedacht und gestaltet werden kann.

Anmerkungen

1 Die kursiv dargestellten Zitate stammen aus dem Interview mit Christina Thürmer-Rohr, geführt am 9. Juni 2019 von Birgit Buchinger und Ute Dorau in Berlin. Zitate in Anführungszeichen stammen, sofern nicht anders vermerkt, aus den Schriften von Christina Thürmer-Rohr.

2 Adorno 2014, 43

3 Thürmer-Rohr 2019, 264

4 ebd.

5 ebd., 263

6 ebd.

7 Adorno 2014, 11

8 Thürmer-Rohr 1983, 15

9 Thürmer-Rohr 2019, 265

10 Thürmer-Rohr 2016, 37

11 Wolf 1979

12 Thürmer-Rohr 2019,7

13 Thürmer-Rohr 1987, 7

14 Thürmer-Rohr 2019, 119

15 ebd.

16 ebd., 116

17 ebd., 123

18 Arendt 1993, 9

19 Thürmer-Rohr 1983, 20

20 Thürmer-Rohr 1984, 71

21 ebd., 72

22 Mies 1987, 47

23 Thürmer-Rohr 2019, 122

24 Thürmer-Rohr 1994, 13

25 BPoC: Black and People of Color; Latinx: Neologismus für Latinos/Latinas, der nichtbinäre Personen miteinschließt.

26 Thürmer-Rohr 1994, 147

27 Minh-Ha 2003, 152

28 Kepler/Koch 2019, 2ff.

29 Thürmer-Rohr 1994, 149

30 DiAngelo 2011, 55ff.

31 Thürmer-Rohr 1994, 150

32 Brown 2006, 148 zit. n. Thürmer-Rohr 2019, 174

33 Thürmer-Rohr 2019, 175

34 ebd., 176

35 ebd., 182

36 Thürmer-Rohr 1994, 153

37 Kristeva 1990, 208

38 Gallati 2016, 88
39 Thürmer-Rohr 2016, 36
40 ebd., 37
41 Thürmer-Rohr 2019, 7
42 ebd., 17

Literatur

Arendt, Hanna (1993), Was ist Politik?, München: Piper

Adorno, Theodor W. (2014), Minima Moralia – Reflexionen aus dem beschädigten Leben, Frankfurt am Main: Suhrkamp

DiAngelo, Robin (2011) White Fragility, in: International Journal of Critical Pedagogy, Vol (3) 54–70

Hark, Sabine/Kappert, Ines (2016), Die Freundschaft zur Welt nicht verlernen – Ein Gespräch mit Christina Thürmer-Rohr, in: Hark, Sabine/Kappert, Ines, Die Freundschaft zur Welt nicht verlernen, hg. vom Gunda-Werner-Institut für Feminismus und Geschlechterdemokratie in der Heinrich-Böll-Stiftung und Sabine Hark, 27–39

Gallati, Laura (2016), Denkerin, Schreiberin, Musikerin und Freundin, in: Hark, Sabine/Kappert, Ines, Die Freundschaft zur Welt nicht verlernen, hg. vom Gunda-Werner-Institut für Feminismus und Geschlechterdemokratie in der Heinrich-Böll-Stiftung und Sabine Hark, 85–88

Keppler, Andrea Caroline/Koch, Katharina (2019), Revolt She Said – dekoloniale und feministische Perspektiven auf 68, District Berlin, 2–7

Kristeva, Julia (1990), Fremde sind wir uns selbst, Frankfurt am Main: Suhrkamp

Mies, Maria (1978), Methodische Postulate zur Frauenforschung, in: Beiträge zur feministischen Theorie und Praxis, Heft 1, 41–63

Minh-Ha, Trinh T. (2003), Difference: »A Special Third World Women's Issue«, in Jones, Amelia (Ed.), The feminism and visual culture Reader, New York: Routledge, 151–174

Thürmer-Rohr, Christina (2019), Fremdheiten und Freundschaften, Bielefeld: Transcript

Thürmer-Rohr, Christina (1994), Verlorene Narrenfreiheit, Essays, Berlin: Orlanda

Thürmer-Rohr, Christina (1987), Vagabundinnen, Feministische Essays, Berlin: Orlanda

Thürmer-Rohr, Christina (1984), Der Chor der Opfer ist verstummt, Eine Kritik an Ansprüchen der Frauenforschung, in: Beiträge zur feministischen Theorie und Praxis, Heft 11, 71–85

Thürmer-Rohr, Christina (1983), Das Ende der Gewissheit. Ein biografischer Essay von den 50ern in die 80er, in: Courage – Berliner Frauenzeitung – 8, Heft 7, 14–23

Wolf, Christa (1979), Kein Ort. Nirgends, Berlin: Aufbau

Christina Thürmer-Rohr, 1979

Rockband »Außerhalb«, Margaret Diehl, Christina Thürmer-Rohr,
Hucky Porzner, Melanie Beyer (von links nach rechts), 1983

Christina Thürmer-Rohr, Berlin 1996

Frigga Haug bei der 10. Volksuni, Berlin 1989

FRIGGA HAUG

Die selbstbewusste, rastlose Frigga Haug ist 1937 geboren und eine marxistische Feministin, die Perspektiven schafft. Sie ist Soziologin, kritische Psychologin und sowieso eigentlich immer kritisch. Ihre bekanntesten Einmischungen sind die Opfer-Täter-These, die Methode Erinnerungsarbeit und die Vier-in-einem-Perspektive. Mit diesen betreibt sie revolutionäre Realpolitik, macht handlungsfähig und ermutigt zur Selbstveränderung. Außerdem war sie immer dabei, die Umstände zu verändern. Unter anderem mit der sozialistischen Frauenbewegung, im Argument Verlag und am Institut für Kritische Psychologie. Frigga Haug hat ihren Weg im Gehen erkundet und nie aufgehört auszubrechen, alles zu hinterfragen, nirgends reinzupassen, immer weiter zu denken und Neues zu schreiben. Obwohl für sie noch fast alle Fragen offen sind, findet sie die Unordnung in ihr in Ordnung.

Revolutionäre Realpolitik: ein Rezeptvorschlag – Frigga Haug

pimp ois

Appetithäppchen

Und damit begann die Geschichte von mir
und meiner Entwicklung als Feministin.[1]
Frigga Haug nach kann feministische Arbeit nur gemeinsam vollbracht werden, deswegen schreiben wir zu zweit. Als Studentinnen der Politikwissenschaft und Soziologie ist sie uns im Regelstudium noch nicht begegnet. Aber sie und ihr Argument und ebenso der gleichnamige Verlag sind bekannt. Wir wollen versuchen, sie zu porträtieren. Vielleicht können wir es angehen wie bei einer unserer Lieblingstätigkeiten, dem Puzzeln. Wir bauen das Porträt aus einem Berg von Büchern, unzähligen Tabs auf den Laptops, unser:unserem Mindmap und einem Interview auf La Palma. Dort lebt Frigga Haug mit Wolfgang Fritz Haug. Birgit Buchinger hat sie im August 2019 besucht, um sie zu interviewen. Mehrere Stunden sitzen die beiden, wir stellen uns vor im Garten, auf der Veranda, vielleicht sogar in einem Wintergarten? Auf jeden Fall am Meer. Jeden Vormittag nehmen sie ihre Gespräche auf. Frigga zerpflückt Birgits Fragen auf eine neckische und nüchterne Weise, ein Schmunzeln kann beim Zuhören nicht verborgen bleiben.

Als wären wir mit dabei, fühlen auch unsere Allergikerinnennäschen das flaue Sommerlüftchen, nippen an dem von Wolf servierten, frisch aufgebrühten Tee und leben uns hinein, in Frigga Haugs Theorie, Methodik und revolutionäre Realpolitik. Deswegen probieren wir die Vier-in-einem-Perspektive sofort praktisch aus. Aber nur wir zwei? Das reicht natürlich nicht, denn es braucht viele dafür. Deswegen erzählen wir unseren Freund:innen sofort von Frigga Haug.

Mit diesem Text wollen wir versuchen, Frigga Haugs Geschichten wiederzugeben, ihre Erinnerungen und was sie ausmacht. Uns ist bewusst, dass wir ihrem Leben und ihrem Wirken nicht gerecht werden können. Solch Schleimereien würde Frigga Haug aber gar nicht gutheißen, denn sie ist eine von vielen und Bewegungen entstehen erst durch die Massen, im Kollektiv. Wir wollen hier nur das Puzzle anfangen und Appetit machen, mitzubauen und dadurch sich selbst und die Umstände zu revolutionieren. Denn *wir können nicht bleiben, wie wir sind, dann können wir die Welt nicht verändern.*

»Selbstveränderung und Veränderung der Umstände«[2] ist nämlich nicht nur eine ihrer neuesten Publikationen, sondern auch ihr Lebensmotto. Aber die Umsetzung davon ist nicht leicht, denn: *Die Entwicklung des Selbst ist Luxus im Kapitalismus.*

Nein

Frigga Haug wird 1937 in Mühlheim an der Ruhr als zweites von vier Kindern geboren. Als sie vier Jahre alt ist, fällt ihr Vater im Russlandfeldzug. In der einzigen Begegnung mit ihm, an die sie sich erinnert, hat Frigga Haug »Nein« gedacht. *Aber das zählt nicht.*

Er hat gesagt, wir müssten, meine Schwester und ich, meine Mutter weinte am Kühlschrank stehend, und er sagte: »Ihr müsst jetzt furchtbar lachen, denn es ist falsch, dass sie weint, denn ich gehe jetzt in den Krieg, und das ist ganz richtig und so.«

Sie lacht nicht, denn sie findet es falsch zu lachen. Ihre Schwester ist ein *Musterbalg*, Frigga ein *Widerspruchsgeist*. Von ihrer Mutter weiß sie, dass sie *immerzu nur nein* sagt, nicht abwäscht, stattdessen mit ihrem kleinen Bruder kleine Wälder anzündet und sich nicht als nützliches Glied in die Geschwistergruppe fügt. Als *Widerspruchsgeist* widerspricht sie nicht nur den äußeren Umständen, sondern ist auch in sich selbst widersprüchlich. Noch heute beschreibt sie sich als *gespalten* zwischen einer analytischen und einer Gefühlsebene.

Nach dem Besuch des Mädchengymnasiums, in das sie als einzige zu spät kommen darf, weil ihr Schulweg aus dem Dorf so lang ist, steht bereits fest, dass Frigga Haug in Berlin studieren wird. Ihre Mutter hat schon dort studiert, nun also auch ihre Geschwister und sie. Mit einer kleinen Kriegerwaisenrente, *Sozialfraß* an der

Mensa, wie dieser inoffiziell von den Studierenden genannt wird, und kleinen Jobs, wie zum Beispiel bei Amerikaner:innen als Babysitterin für Kost und Logis und an der Uni als Hilfsassistentin, hält sie sich über Wasser. Weil sie sich mögen und nur so zusammen reisen und in einem Haushalt leben dürfen, heiratet sie schon früh einen ihrer Kommilitonen. Dann wird sie schwanger. Sie hat nicht gedacht, dass ihr das passieren würde, aber es ist klar, eine:r von den beiden braucht einen Job. Obwohl sich beide mit gleichen Qualifikationen auf dieselbe Stelle bewerben und eingeladen werden, geht ihr Partner zum Vorstellungsgespräch. Das ist einerseits unausweichlich, wegen des Umstands, dass er als Mann bessere Chancen hat, und andererseits, weil sie das Kind so liebt. Er bekommt den Job und sie ziehen in einen Vorort von Köln: *Und das war keine Wahl, die wir wirklich hatten, weil ich hätte niemals das Kind aus der Hand gegeben, auch ihm nicht. Infolgedessen war die Sache geklärt. Es war mein Kind, ich musste beim Kind bleiben. Ich wurde Hausfrau mit Kind in einem Vorort von Köln. Eine grüne Witwe. Und auch mein kulturelles Umfeld war weg, mein politisches Umfeld war weg, ich war im Dorf, Vorort, Kind, eine erträgliche Wohnung mit Garten, ein wunderbares Kind, ein freundlicher Mann, wir waren eben studentisch freundlich und liebevoll zueinander. Und er fuhr in den Sender, ich war zu Hause. Das habe ich knapp eineinhalb Jahre, fast zwei Jahre gemacht und dann hatte ich die Wahl: Entweder ich bringe mich jetzt um oder ich nehme das Kind und geh zurück nach Berlin.*

Sie muss sterben oder fliehen und damit sich selbst verändern. Der Studienfreund Wolf kommt zu Besuch, sie kennen sich vom Argument und durch Marx. *Er kam und sagte: »Du kannst hier unmöglich, es ist doch unmöglich, DU kannst doch nicht einfach im Dorf bleiben mit einem Kind« und so weiter.* Und weil das stimmt, zieht sie zu ihm nach Berlin. Weil sie katholisch verheiratet ist und es damals keine neutrale Scheidung gibt, ist eigentlich klar, dass sie das Kind nicht behalten darf. In Berlin hat aber die 68er-Bewegung schon begonnen und die Jugendwohlfahrt ist auf der Seite der Frauen.[3] So kann sie, obwohl sie als schuldig geschieden gilt, ihre Tochter behalten.

Dann kam die Fürsorge und die war feministisch. Die Frau sagte:

»Na ja, die Verhältnisse sind doch prima. Sie lieben das Kind, das ist doch in Ordnung. Außerdem ist es Ihr Kind, selbstverständlich kriegen Sie das Kind. Ich schreibe, dass die Vormundschaft über das Kind Sie kriegen müssen.«

Weil Frigga Haug in der Falle sitzt, wird sie Feministin. Etwas anderes zu wollen, nicht reinzupassen, nicht einverstanden zu sein, das zieht sich durch ihr gesamtes Leben. In diesem widerspricht sie nicht nur, sondern verändert sich selbst, die Umstände und auch uns, die Porträtistinnen.

Schwammiger Herkules

»Das Zusammenfallen des Ändern[s] der Umstände und der menschlichen Tätigkeit oder Selbstveränderung kann nur als revolutionäre Praxis gefasst und rationell verstanden werden.«[4] Dieses Zitat stammt aus der dritten These zu Feuerbach von Marx – oder vom »schwammigen Herkules«, wie ihn Volker Braun, Frigga und Wolf Haugs Lieblingspoet, in seinem Gedicht »Karl Marx« nennt. Bis 1964 ist Frigga Haug eine unerschrockene Marxistin in Theorie und Praxis. Sie findet jedoch unmöglich, dass die Arbeiterbewegung antifeministisch ist. *Nicht einverstanden sein wäre, glaube ich, die bessere Formulierung für mich und nicht zu passen auf jeden Fall. In keinem Punkt.* Auch mit und an der Universität nicht. Weil die zu studierenden Wissenschaften Frauen nicht als Subjekte darstellen und nicht von ihnen handeln, schließen sich die Studentinnen zusammen: Die Gründung eines Frauenstudiums ist notwendig, weswegen sie an der Universität Hamburg einen Lehrauftrag erkämpfen. Doch sie finden keine Lehrende, die diesen übernehmen will. Die Studentinnen mögen sie als Marxistin nicht und haben andere Vorstellungen von der Umsetzung, noch dazu ist sie verheiratet. Frigga Haug ist sozusagen der »Notnagel«, um dieses zu ermöglichen und konzipiert das Seminar schließlich so, dass alle *sechs oder sieben Lesbengruppen* erstmal darüber erzählen, was ihre Grundlagen und Ziele sind. Dies ist der Beginn der Frauenstudien 1986.

Weil auch diese Frage, ob die Theorie der Frauenbewegung zu ihrer Praxis passt, fand ich so unpraktisch und unmöglich und ausgedacht und akademisch. Das waren ja auch angehende Akademikerinnen. Aber gleichzeitig konnte ich auch nicht nein sagen, nicht in dieser

Notsituation. Die zugeteilten Räumlichkeiten sind immer zu klein, denn alle wollen in das Frauenseminar, das sich wie ein Lauffeuer verbreitet. Auch an Unis in anderen Städten bilden sich Gruppen, die das Grundstudium machen wollen, um Probleme und Zweifel gemeinsam zu studieren. *Aber in diesem Zusammenhang fehlte mir dann der Stoff, das Frauenseminar ging weiter, Semester um Semester musste ich mir was Neues ausdenken, die waren so hungrig, und ich suchte eine marxistische Theoretikerin, die sie studieren könnten und fand keine.*

Frigga Haug findet keine und denkt an Rosa Luxemburg und die bekannte These, sie habe theoretisch nichts zu Tage gebracht und die Massen überschätzt. Das will Frigga Haug überprüfen. Nach ersten Enttäuschungen über Luxemburgs Sprachgebrauch, der ein traditionelles Bild von Frauen mit Kopftuch und weiteren Klischees reproduziert, meint Frigga Haug, dass die Lektüre nicht geeignet für die Frauenbewegung ist. Nach mehrmaligem Lesen erkennt sie aber, dass hinter der blumigen Sprache mehr steckt: Die Sichtweise von Frauen als Personen, die nicht in Haus und Familie verbleiben, sondern überall auf der Welt in den unterschiedlichsten Situationen zu Hause sein können. *Und wir sind erst auf die Klischees reingefallen und dann dachten wir, aber wenn man das weiterliest, sieht man, dass ihre gesamte Kritik der bürgerlichen Frauenbewegung und der bürgerlichen Frauen kondensiert ist auf zwei, drei Sätze und die völlig in den Orkus geschickt werden. Das endet dann mit dem wunderbaren Satz:* »*Für die bürgerliche Frau ist ihr Haus ihre Welt. Für die proletarische Frau ist die ganze Welt ihr Haus, die sie deswegen wohnlich einrichten will.*«[5]

Außerdem proklamiert Luxemburg, dass sich die Selbstveränderung als unerlässlich für die Veränderung der Umstände herausstellt; sie kommt zu dem Grundgedanken, dass für die sozialistische Umgestaltung die Reife der Massen und damit das Lernen aus Erfahrung für die Selbstentwicklung notwendig sind. Somit baut auch ihre Argumentation auf Marx' These auf. »Eine Sammlung ihrer Textstellen zu diesem Thema würde allein ein kleines Buch füllen.«[6] Luxemburg unterschätzte die Massen also keineswegs, schlussfolgert Frigga Haug, was dazu führt, dass Luxemburg in der Gruppe Verehrung findet und zum Vorbild wird. Später wird

Frigga Haug Teil der internationalen Luxemburg-Gesellschaft, mit der sie um die Welt reist und 2007 ein Buch über »Rosa Luxemburg und die Kunst der Politik« schreibt. Bei den Erfahrungen zu beginnen, so wie Luxemburg, behält Frigga Haug in ihrer Theorie und Methodik bei.

Frigga Haug tritt dem Sozialistischen Deutschen Studentenbund bei – *praktisch die Spitze der aufmüpfigen Studenten*. Sie ist die siebte Frau, es gibt damals jedoch nur 35 Mitglieder. Damit sich Frauen auf der patriarchal strukturierten Uni nicht so fremd fühlen, drucken und verteilen sie Studienhefte. *Und unsere sozialistische Frauenstudium-Gruppe hat ein Frauengrundstudium entworfen. Für alle Frauen, die studieren, damit sie sich in der Universität zurechtfinden und so gleich natürlich mit Erinnerungsarbeit beginnen und die Wissenschaften, die sie lernen sollen, bezweifeln und so weiter.*

Die Frauenbewegung beginnt aufzublühen. Neben der sozialistischen entsteht eine autonome Frauenbewegung. Gemeinsam organisieren sie 1984 einen ersten Frauenkongress zum Paragraf 218, dem Abtreibungsverbot: *Das ist das erste Fest, was wir gemacht haben, wo keine Männer zugelassen waren und wir dachten, das wird vielleicht ganz fad und das war ganz wunderbar und alle Frauen begannen einander zu schätzen und zu lieben.*

Die Autonomen kritisiert Frigga Haug aber: weil sie keine Schulung haben, weil sie sich nicht mit Marx beschäftigen und weil sie somit keine Gesellschaftsveränderung vorantreiben müssen. Deswegen sei auch keine Selbstveränderung notwendig und so könnten sie bleiben, wie sie waren. Da Frigga Haug und die Sozialistinnen revolutionäre Praxis aber als grundlegend ansehen, haben sie keinen Platz mehr in der Frauenbewegung.

Hauggericht
Nach einem Film- oder Romantitel, der Frigga Haugs so reiches Leben beschreiben könnte, gefragt, antwortet Frigga Haug: *Die Unruhe des Denkens nutzen.* Diesen haben sich Studentinnen zu ihrem 50. Geburtstag für sie überlegt. Er umschreibt sowohl ihren Hunger nach Lernprozessen als auch ihren Durst danach, kritisch zu hinterfragen. Frigga Haug rechnet stets ab.

Die autonome Frauenbewegung, in der sozialistische Ideen keinen Platz mehr haben, entwickelt sich zu einer liberalen, bürgerlichen Frauenbewegung. Außer als Feindbild hat Frigga Haug dort keinen Platz. Sie übt Kritik an der üblichen Frauenforschung und daran, dass dessen Feminismus aus den USA kommt. Daraufhin schreibt sie einen, wie sie heute sagt, furchtbar schlechten Aufsatz mit dem Titel »Verteidigung der Frauenbewegung gegen den Feminismus«[7]. Rechthaberisch und allwissend, aber *du siehst aber auch, aus welcher Empörung das kam, die ja nicht von der Hand zu weisen ist.* Dadurch, dass der Feminismus aus den USA *importiert* wurde, muss er im deutschsprachigen Raum nicht selbst erarbeitet werden. Das kritisiert Frigga Haug.

Frigga Haug kritisiert inhaltlich an der bürgerlichen Frauenbewegung und der üblichen Frauenforschung, dass Frauen nur als Opfer und Männer nur als Täter angesehen werden. In dem Sinn bezeichnet sie Alice Schwarzer als eine *Totengräberin der Frauenbewegung,* gegen die sie ankämpfen muss. Nur die Männer und nichts an sich selbst zu verändern, das hält Frigga Haug für eine alberne Politik. Von dieser distanziert sie sich klar mit ihrer Opfer-Täter-These.

Mit der Forschungspraxis rechnet sie außerdem mit den Ansätzen der bürgerlichen Soziologie ab und urteilt beispielsweise, dass die Rollentheorie eine bloße Vereinfachung darstellt, die gar nicht erst den Versuch unternimmt, die Gesellschaft als Ganzes zu sehen. Durch Nachahmen und Imitation im Rollenspiel, als Vereinfachung von Interaktionen, werden Emanzipationsgedanken ins Private gedrängt, wodurch es unmöglich wird, Widersprüche sichtbar werden zu lassen. Das wiederum erschwert den Blick darauf, dass der Kapitalismus nicht alternativlos ist. Entgegen der Rollentheorie, die die Gesellschaft als Theaterstück betrachtet, will Frigga Haug mit ihrer Methode der Erinnerungsarbeit Menschen zu Forscher:innen werden lassen.[8]

Um die Selbstveränderung und die Veränderung der Umstände nicht nur auf wissenschaftlicher Ebene zu bearbeiten, rechnet Frigga Haug mittels der Vier-in-einem-Perspektive auch mit den Umständen ab und schafft dadurch Perspektiven.

Produzentinnen ihrer eigenen Unterdrückung

Da musste etwas passieren und zwar sofort. Daran, dass ein ganzes Geschlecht über Jahrtausende unterdrückt worden ist, ohne sich jemals dagegen zu wehren, glaubt Frigga Haug nicht. Deswegen kritisiert sie, dass die Frauenbewegung nur *nach den bösen Männern forschte* und durch diesen *Klagediskurs* gelähmt wird. Weil sie sich nicht erklären kann, warum sich Frauen nicht gegen diese Unterdrückung wehren, schließt sie, dass diese in irgendeiner Weise auch von ihrer Position profitieren müssen. *Sie sind Produzentinnen ihrer eigenen Unterdrückung.* Sie können also nicht bloß Opfer, sondern müssen auch Täter:innen sein. Engels geht diesbezüglich von einer ihrer Ansicht nach falschen Annahme aus: *»Die Monogamie war die weltweite Niederlage des weiblichen Geschlechts.«* Frigga Haug kommt zu dem Schluss, dass es andere Formen des Wehrens gegeben haben muss, die übersehen wurden. Und genau das muss geändert werden. *Denn es ist doch Unfug anzunehmen, dass ein ganzes Geschlecht über Jahrtausende unterdrückt wird und sich niemals gewehrt hat. Was für eine fiese und gemeine Einschätzung von Frauen ist denn das.*

Warum entscheiden sich Frauen freiwillig für untergeordnete Positionen? Diese Frage stellt sich Frigga Haug in ihrer Opfer-Täter-These. Dass kein natürlicher äußerer Zwang mehr besteht, erklärt sie zum Beispiel mit dem Aufkommen von Verhütungsmitteln zu Beginn des letzten Jahrhunderts. Frauen sind nicht mehr der weiblichen Natur ausgeliefert, sie können die Anzahl der Schwangerschaften kontrollieren und ihnen wird durch das Sterilisieren von Babynahrung eine Alternative zum Stillen geboten. Das Umsorgen der Familie ist folglich nicht mehr zwangsläufig das Aufgabenfeld von Frauen. Dass sie sich immer noch für Familienarbeit entscheiden, erklärt sich Frigga Haug damit, dass sie gemütlicher und freier als Lohnarbeit zu sein scheint. Es dabei zu belassen, wie es ist, ist bequemer, als sich zu wehren, zu entwickeln und Dinge, bei denen gelernt wurde, nicht kompetent zu sein oder sein zu dürfen, auszuprobieren.

Für den Ausbruch aus den gegebenen Geschlechterverhältnissen wird die Veränderung der Persönlichkeitsstruktur, von Haltungen und Gefühlen unerlässlich. Die Konfrontation mit dem Patriarchat ist riskant und gesellschaftliche Strukturen bieten hier keinerlei Absicherung. Um Selbstverantwortlichkeit und Ausbruch trotzdem zu verwirklichen, werden Kollektive notwendig. Kollektive mit Männern wären hierbei nicht ausreichend, weil die Umorientierung von Gefühlen, durch Spannungen aufgrund von patriarchalen Machtstrukturen, so nicht funktionieren würde. Außerdem profitieren Männer von den bisherigen Umständen, wodurch sie unmöglich unvoreingenommen sein können.[9]

Auch Christina Thürmer-Rohr (s. Porträt S. 75) betrachtet Frauen nicht nur als Opfer ihrer Umstände. Vier Jahre nach Frigga Haugs Publikationen zur Opfer-Täter-These erlangt ihre These zur Mittäter:innenschaft Prominenz. Dies ärgert Frigga Haug, wie sie heute sagt, fälschlicherweise in ihrer Eitelkeit, da die Opfer-Täter-These dadurch in den Hintergrund gerät. Gemeinsam machen sie deswegen eine Veranstaltung, bei der sie die Differenzen ihrer Theorien herausarbeiten. Sie erkennen, dass ihre Annahmen sich dadurch unterscheiden, dass Christina Thürmer-Rohr Frauen als Helfer:innen von Männern sieht, die Geschichte machen. *So. Das ist überhaupt nicht die Opfer-Täter-These. Frauen machen ihre eigene Geschichte. Das ist etwas ganz Anderes.* Ihre Ansätze variieren also darin, wie sich Frauen in die Gesellschaft hineinbauen. *Wie haben sie das gemacht? Mit Denken und Fühlen und allen Sinnen. Wie sind sie da rein gekommen?*

Zweite Einmischung: Erinnerungsarbeit

Wir müssen an der Stelle einsetzen, wo das Einverständnis der Frauen in diese untergeordnete Position geschieht. Die Frauen müssen gefragt werden, um nicht bloß *dumme Sprüche* und Überlegungen zu machen. Deswegen braucht es Frigga Haugs *zweite Einmischung*: Die Erinnerungsarbeit ist die Methode, um herauszuarbeiten, wie sich Frauen vergesellschaften. Wie kommen sie in diese Position? Die Opfer-Täter-These war ihr erster Streich und der zweite Streich folgt sogleich: Die Erinnerungsarbeit als dazugehörige Forschungspraxis. In der Gruppe werden alle zu Forscher:innen, indem sie ihre Erinnerungen teilen, diese kollektivieren, um gemeinsam erkennen zu können, welche Umstände sie umgeben. So können sie selbst zu Subjekten werden.

Also, wie haben sie sich reingebaut, damit man auf jedem Schritt sieht, wie das Einverständnis mit ihrer eigenen Produktion hergestellt wird, denn die Wahrscheinlichkeit, dass es mit Zwang geschieht, strebt gen null. Wie kommen die Frauen in ihre sexuellen Körper, also ihre Körper, wo sie sich als Sexualwesen präsentieren, wie kommen sie da rein? Zum Thema Sexualität und Herrschaft hält Frigga Haug ein Seminar mit Wolfgang Fritz Haug. *Das geht gar nicht. Sein Strang studierte Freud und die Kot-Säule und solche Sachen und wir konnten damit nichts anfangen.* Für Frigga Haug und ihre sozialistische Frauengruppe, die alle das Seminar besuchen, passt dieser Zugang nicht. Sie studieren zuerst Foucault und dann fangen sie an, ihre Erinnerungen zu bündeln. Wie Frauen zum Objekt der Begierde werden, wird damit zum ersten Versuch der Erinnerungsarbeit: *Das wird ganz lustig und harmlos,* sagt Frigga Haug im Interview auf La Palma, als sie von ihrer ersten Erfahrung mit dieser erzählt. *Also fangen wir mit Haaren an, ganz äußerlich. Alle schrieben über ihre Haare.* Im Buch »Sexualisierung der Körper« (1988), das sie mit den sozialistischen Frauen aus dem Seminar schreibt, wird der erste Versuch der Erinnerungsarbeit reflektiert. Bei diesem müssen sie feststellen, wie bereits das als harmlos erhoffte Projekt zum Thema Haare zeigt, wie dringlich der Austausch von Erinnerungen innerhalb von Frauengruppen ist.

Es geht darum, wie sich die Frauen zu Objekten der Begierde machen, wie sie selber dann plötzlich durch die Uni laufen, in der Mitte nackt, oben ganz tief ausgeschnitten und die Kleider durchsichtig oder so. Wie kommen die dahin, wie machen sie das selber? Es ist ja nicht, dass ihre Mutter sie gezwungen hat, so zu gehen, sondern eher als Widerstand.

In 17 Ländern wird heute, Jahrzehnte später, die Erinnerungsarbeit durchgeführt. Das ist gut, denn Frigga Haug ist überzeugt davon, dass alle Frauen oder eigentlich sowieso alle, und zwar überall auf der Welt, Erinnerungsarbeit betreiben sollten.

»Als ich einmal Angst hatte«.[10] Zu diesem Satz fällt jede:r wahrscheinlich eine Erinnerung ein. Das Zurückerinnern an gemachte Erfahrungen belässt Frigga Haug nicht beim bloßen Austausch derselben, sondern etabliert damit die empirische Methode Erinnerungsarbeit. Am Beispiel des Themas Angst, die auf der einen

Seite lähmend, auf der anderen Seite befeuernd für Veränderung sein kann, zeigt sie in einem ihrer jüngst erschienen Bücher »Selbstveränderung und Veränderung der Umstände«, wie diese Methodik als Grundlage von Theoriekritik, durch den Umgang mit und den Austausch von Erfahrungen dabei helfen kann, Geschlechterverhältnisse greifbar zu machen. Wenn Menschen selbst zu Forscher:innen werden, wie es in der Erinnerungsarbeit realisiert wird, und keine neutralen Objekte bleiben, dann können sie ihre individuellen Erfahrungen nutzen, um das Zusammenwirken von Produktionsverhältnissen und patriarchalen Strukturen sichtbar zu machen: Selbstveränderung und Veränderung der Umstände im praktischen Kontext also.[11] So verrät das Wahrnehmen von anzüglichen Blicken als Gewalt etwas über die Wirkung der patriarchalen Strukturen in unserer Gesellschaft. Ziel des kollektiven Erinnerns ist, statt sich zu rechtfertigen, anzupassen und zu unterwerfen, die Rolle externer Begebenheiten, wie patriarchale, auszumachen und somit Einfluss auf diese zu nehmen.[12]

Das ist der *zweite wirklich nachhaltige und wichtige Eingriff* von Frigga Haug, der zwangsläufig revolutionäre Realpolitik fordert.

Rezept

»Das ist nicht dogmatisch zu verstehen, als ob man mit einer Stechuhr in der Hand von Bereich zu Bereich gehen müsste, in keinem mehr genügend zu Hause.«[13]

Die Vier-in-einem-Perspektive entwirft Frigga Haug, in einer Gruppe von Frauen aus der Partei Die Linke, *damit nicht wieder das Feministische vergessen* wird. 2007 wird diese zur Gründung der Linkspartei erstmals vorgestellt. Leider wird sie von den Delegierten mit 47 Prozent Zustimmung knapp nicht angenommen, was Frigga Haug nicht als Niederlage betrachtet. Denn für sie ist es ein *Traumauftrag* und sie genießt den über zwei Jahre gehenden Prozess der Entwicklung im Kollektiv. (Und wir Autorinnen genießen gerade unseren Traumauftrag im Porträtistinnen-Kollektiv!) Auch heute noch gilt die Vier-in-einem-Perspektive als Leitfaden für eine neue Politik, die feministisch sein muss. »Es ist höchste Zeit unsere Utopie als orientierende Sehnsucht und politischen Kompass genauer zu formulieren.«[14]

Die Vier-in-einem-Perspektive kann als Antwort auf die Hausarbeitsdebatte gesehen werden. Frigga Haug erkennt, dass die Hausarbeit und die Lohnarbeit komplett anderen Zeitlogiken gehorchen: Fürsorgearbeit wird durch mehr und Erwerbsarbeit durch weniger Zeit besser. Deswegen ist das Zusammenführen von beiden ihrer Ansicht nach Unsinn. Bald fällt auf, dass es abseits dieser beiden Säulen noch mehr Arbeit gibt.

Der individuelle Lernprozess, die Entwicklung des Selbst also, muss zeitlich auch Platz finden. Der Mensch als Selbstzweck, wie sie diese Säule nennt, soll genauso viel Zeit einnehmen dürfen wie Lohnarbeit und Hausarbeit. Drei in Einem ist geboren. Auf Kongressen diskutiert und streitet sie darüber mit Maria Mies (s. Porträt S. 37). *Wir waren auch befreundet auf eine sehr gespannte Weise, weil ich gehadert habe mit ihren Vorstellungen, dass wir alle einzeln zurück in den Acker gehen und selbst mit eigener Hand die Kartoffeln herausnehmen, weil ich wusste, die Weltbevölkerung wird so nicht leben können.* Sie kommen zu der Erkenntnis, dass eine vierte Säule gebraucht wird. *Also muss ich auch die Gesellschaftsveränderung in diese Richtung als eigene Säule haben, das heißt, alle müssen Politik machen.* Die Vier-in-einem-Perspektive ist leicht zu verstehen und wird deswegen in vielen Ländern gelesen. Etwa in Spanien wird Frigga Haug deswegen freudig empfangen, aber es gibt auch kritische Stimmen.

»Quattro en Uno« haben sie gerufen. Das wollten sie haben und es ist für alle verständlich. Es ist eine Perspektive, konkret. Ihre Fragen sind drin aufgehoben. Alle. Man muss natürlich, wenn man versucht es durchzusetzen, jetzt kamen natürlich die männlichen Reaktionen. Das ist überhaupt kein bisschen revolutionär, weil es ja reformistisch ist und alles, der Kapitalismus ist ja dabei behalten. Wie kann man nur den Kapitalismus beibehalten, wenn man doch die Gesellschaft als Ganze verändern will und da kann ich nur sagen: »Versuch es doch mal. Das geht doch kapitalistisch organisiert gar nicht. Das wird doch sofort an alle Grenzen stoßen. Infolgedessen ist das doch eine revolutionäre Realpolitik. Du kannst real anfangen.« Aber es ist total revolutionär, wenn ein Kapitalismus mit vier Stunden Lohnarbeit und vier Stunden für eigene Entwicklung und vier Stunden für fürsorgende Arbeit und dann auch noch alle in der Politik.

Die Vier-in-einem-Perspektive ermöglicht es, in der Realpolitik zu beginnen, Prozesse revolutionär zu verändern. Sie ist nicht nur eine Politik, sondern auch eine Lebensgestaltung und eine Utopie.[15] Jede:r kann für sich im eigenen Leben anfangen und Politik von unten betreiben. So festgezurrt wie wir in den bestehenden Verhältnissen sind, ist es schwer, so zu denken. Durch die Erinnerungsarbeit erkennt Frigga Haug in einer Frauengruppe, dass obwohl die Menschen sehr wohl die Möglichkeit hätten, sich gesellschaftlich einzubringen, unterfordert sind. Diese Unterforderung wird als Überforderung wahrgenommen und wirkt blockierend.[16] Dementsprechend sind Entwicklungschancen im Kapitalismus Luxus. Für Frigga Haug ist aber zentral, dass diese Chancen allen offenstehen müssen. Die mindestens vier Bereiche können nur gemeinsam gedacht werden, undogmatisch. Die Grenzen zwischen ihnen verschwimmen und sie bedingen sich gegenseitig. Infolgedessen sei es geradezu reaktionär, die Säulen getrennt zu bearbeiten.

Auf jeden Fall ist klar: *Es braucht eine andere Politik. Aber wie, aber welche? Welche Weichen wurden übersehen? Dieser Brocken ist zu groß für mich. Ich beschränke mich auf den Lernprozess, der ist handlich genug.*

Ich finde die Unordnung in mir in Ordnung

Welche Fragen für Frigga Haug noch offen sind? *Fast alle.* Sie *war immer in allen Projekten* und wird von einer tödlichen Langeweile ergriffen, wenn sie nichts Neues schreibt. An allem zu zweifeln und das Ende erst für den Anfang zu halten, hat sie von Volker Braun, der in dem anfangs erwähnten Gedicht über Marx danach fragt, was dieser hinterlassen hat. Ihre Devise, für alles, was sie tut, lautet daher: *JA zur permanenten Unruhe.*

Frigga Haug ist es ein Anliegen, den Marxismus lebendiger zu machen. Angeregt durch Antonio Gramsci fragt sie sich, wie verschiedene Proteste zusammengeführt, Bewegungen zusammengedacht und zusammengebracht werden können. Dass alle Frauen, wie in der Erinnerungsarbeit, Expert:innen sind, kann auch mit ihm argumentiert werden, *so wie Gramsci auch erkannt hat: »Jeder ist ein Intellektueller.«* Auftrieb geben auch die Cultural Studies. Beispielsweise in der Automations- und Arbeitsforschung, die sie von 1972 bis 1987 leitet. Diese Forschungsgruppe erkennt so, dass Frauen in ihrer Forschung nicht wirklich Platz gefunden haben, ebenso wie in den Betrieben. Lediglich in Tätigkeiten, die durch den Automatisierungsprozess übrigbleiben, was ihnen erst spät als Forschungsfeld auffällt. *Wenn überhaupt, kamen Frauen nur an Resttätigkeiten vor und außerdem als Pornobilder, überall* (lacht). Sie studieren die Einsamkeit der Drucker. *Überall war die Einsamkeit des letzten Setzers an der großen Maschine und überall saßen die Frauen und machten die Schreibmaschinenarbeit für den Fotosatz mit den Fingern.* Die Automations- und Arbeitsforscher:innen fragen: *»Wieso sieht der sie als nicht anwesend? Wieso ist er einsam, wenn er 200 Frauen im Saal hat?«* Jede Frage eröffnet neue Forschungsfelder.

Frigga Haug fragt nicht, wie Männer Frauen in ihre Lage bringen, sondern wie sie das selbst machen. Sie kritisiert, dass in der MeToo-Bewegung der gleiche alte Fehler begangen wird. Der ständige Bezug darauf, wie die Männer das gemacht haben, wirkt ihrem Standpunkt nach lähmend und verwehrt den Blick auf die Veränderbarkeit der Umstände. Die Männer zu verändern wäre eine unmögliche Aufgabe, deswegen müssen wir selbst anfangen. Alle. Weil die Opfer-Täter-These handlungsfähig macht, findet sie überall Leser:innen. Sie hat sich schnell verbreitet, wurde in acht Sprachen übersetzt und Frigga Haug wird überallhin eingeladen, *außer in die Bundesrepublik und nach Österreich, wo es Wendungen gibt, wo niemand mehr irgendetwas hört.*

Du solltest dein Projekt über Mütter machen

Frigga Haug nimmt ihre Mutter überallhin mit. Sie ist auch immer bei den sozialistischen Frauengruppen dabei und denkt, dass diese das gleiche machen würden, wie sie damals, *denn sie wollten ja auch Sozialismus. Nur nicht für alle, sondern für die Elite. Wirklich nicht für alle*, erzählt sie lachend. Ihre Eltern waren beide im Nationalsozialistischen Studentenbund. Als Kommilitonen Frigga Haug auf ihren besonderen Vornamen ansprechen, fragt sie, ob diese nicht hören würden, dass es ein Name aus dem Faschismus ist.

Als Frigga Haugs Mutter 80 Jahre ist, sagt sie zu ihr, sie wäre froh, dass ihr Vater nie aus dem Krieg zurückgekehrt ist und dass ihre Kinder ihn nicht kennenlernen mussten, so wie er wirklich war. Jedes zweite Jahr musste sie ein Kind gebären und durch seinen Tod hatte das ein Ende.

Aber zusätzlich war er absolut inhuman, er hat ihr dauernd Briefe geschrieben über dieses ›niedrige Volk‹, was sie jetzt endlich ausrotten in Russland und in den Briefen wurde erzählt, dass sie bei minus 40 Grad die ganzen Menschen aus ihren kleinen Hütten herausgejagt haben, samt Kindern und am nächsten Morgen lagen sie da, steif wie Bretter. Und auf diese Weise brauchten sie nicht mal Munition zu verbrauchen für die, sondern auf diese Weise konnte man die alle umbringen, dieses ›Untervolk‹, und er hat sich dessen gerühmt.

Haugs Mutter hat die Briefe verbrannt, weil sie nicht wollte, dass die Kinder erfahren, was für einen Vater sie hatten. Frigga Haug ist gespalten, als sie das erfährt. Auf der Gefühlsebene ist sie erschrocken und auf der analytischen Ebene denkt sie: *Mensch, scheiße, was wären das für Dokumente gewesen!*

Frigga Haug findet, dass es interessant wäre, die Generation der Mütter der porträtierten Frauen in diesem Projekt zu erforschen und rät der Herausgeberin Birgit Buchinger: *Wir haben über die Notwendigkeit gesprochen, dass du eigentlich ein Projekt über die Mütter anschließen müsstest.* Sie beschreibt diese als eine um ihr Leben betrogene Generation von Kriegerwitwen. Diese mussten eine vaterlose Generation großziehen.

Eine der ersten Studentinnen und was wird daraus. Nichts. Und ein vertanes Leben, ein völlig vertanes Leben. Frigga Haug bedauert, dass trotzdem ihre Mutter das Diplom in der Volkswirtschaftslehre abschloss und ihr Leben so vielversprechend begonnen hatte, nichts aus ihr geworden ist. Zumindest was die Erwerbsarbeit anbelangt. Bis auf eine kleine Waisenrente hatte die Familie nichts. Frigga Haug ist bis heute unklar, wie es ihre Mutter doch immer wieder geschafft hat, mit prall gefüllten Taschen nach Hause zu kommen und ihre Kinder zu ernähren. Sie beschreibt sie als gleichzeitig stark und schwach, weil sie niemals ausgebrochen ist. Frigga Haug konnte ausbrechen. Vielleicht weil die Mutter dies nicht getan hat. Dann wäre ihr Leben ja gar nicht so vertan.

Man könnte annehmen, Frigga Haug stellt mit der Aussage, die Mutter habe ein vertanes Leben geführt, die Erwerbs- über die Hausarbeit. Was sie jedoch – abgeleitet aus ihren Theorien –

meinen könnte: Dadurch, dass die Hausarbeit die ganze und nicht ein Viertel der Zeit ausmacht, entsteht Privatheit: Privatheit bedeutet nicht nur eingesperrt, sondern auch ausgesperrt zu sein, aus der Gesellschaft.[17] Und diese damit nicht verändern zu können.

Vielleicht ist der Ausbruch der Mutter später passiert, durch Frigga. Sie begleitet sie ja überallhin, zu Vorträgen, Gastprofessuren, in ihre sozialistischen Frauengruppen und auf zahlreiche Reisen. Außerdem machte sie für das Berliner Institut für Kritische Theorie und den Argument Verlag die Buchhaltung und belieferte die Berliner Buchläden mit ihrem Auto. *Das Argument ist eine* militant work. *Alle arbeiten umsonst. Das hat ihr gut gefallen. Das fand sie richtig, das gehört zu ihrem Sozialismusbild, dass wir alle der Arbeit wegen arbeiten, nicht des Geldes wegen.*

Von älteren Generationen zu lernen, ist nicht nur Anspruch dieses Projekts, sondern auch von Frigga Haug. Ihre Botschaft an junge Frauen ist: *Fridays for Future, sofort sich einzugliedern*, weil es eine neue Möglichkeit ist, sich weltweit zu vernetzen und solidarisch zu sein. Es ist eine neuartige fantastische Alternative, in der die Aktivist:innen ohne Worte Antworten auf die dringlichsten Fragen der Zeit finden. *Infolgedessen sind sie gleichzeitig an einem Weltendepunkt, an einem Anfangspunkt.* Die Bewegung sei sich bewusst, für die Entwicklung der Gesellschaft verantwortlich zu sein. Frigga Haug macht Mut zur Selbstveränderung und Veränderung der Umstände und zeigt somit Perspektiven auf. Deswegen noch ein Betthupferl von ihr, während wir unser Puzzle weiterbauen: *Auf die Welt kommen heißt, nichts zu wissen, sie zu erfahren und sich nach und nach in sie irgendwie hineinzufinden und das zu versuchen und anzuecken.*

Anmerkungen

1 Die kursiv dargestellten Zitate stammen aus dem Interview mit Frigga Haug, geführt von Birgit Buchinger in der Zeit von 8. bis 11. August 2019 auf La Palma.

2 Haug 2018

3 Wir verwenden Begriffe wie sie Frigga Haug verwenden würde und schreiben daher nicht Frauen*. Frigga Haugs Gedanken dazu können in einem Gespräch mit ihr in der Zeitschrift *outside the box* nachgelesen werden. (Hofmann/Plücke 2019, 107)

4 Labica 1998, 13

5 Aus »Die Proletarierin«, *ein fantastischer Text* von Rosa Luxemburg.

6 Haug 1988, 32

7 Dieser Artikel kann im Buch »Der im Gehen erkundete Weg« (2015) nachgelesen werden.

8 Haug 2018, 31–42

9 Haug 1981

10 Haug 2018, 197

11 ebd., 178–212

12 ebd., 211–215

13 Haug 2008, 21

14 ebd., 19

15 ebd., 23

16 ebd., 10f.

17 ebd., 18

Literatur

Haug, Frigga (2018), Selbstveränderung und Veränderung der Umstände, Hamburg: Argument Verlag

Haug, Frigga (2015), Der im Gehen erkundete Weg, Marxismus-Feminismus, Hamburg: Argument Verlag

Haug, Frigga (2011), Die Vier-in-einem-Perspektive als Leitfaden für Politik, in: Das Argument, 291/2011, 241–250

Haug, Frigga (2008), Die Vier-in-einem-Perspektive, Politik von Frauen für eine neue Linke, Hamburg: Argument Verlag

Haug, Frigga (2007), Rosa Luxemburg und die Kunst der Politik, Argument Sonderband Neue Folge 300, Hamburg: Argument Verlag

Haug, Frigga (1988), Rosa Luxemburg und die Politik der Frauen, in: Haug, Frigga/Hauser, Kornelia (Hg.), Küche und Staat, Argument Sonderband 180, Berlin/Hamburg: Argument Verlag, 8–39

Haug, Frigga (1981), Opfer oder Täter? Über das Verhalten von Frauen, Studienheft 46, Berlin: Argument Verlag

Hofmann, Anne/Plücke, Virginia Kimey (2019), »Ich kann doch nicht sagen: Ihr seid fremd und habt völlig andere Erfahrungen.«, Gespräch mit Frigga Haug, in: outside the box, H7, 102–109

Labica, Georges (1998), Karl Marx, Thesen über Feuerbach, Argument Sonderband Neue Folge 243, Berlin/Hamburg: Argument Verlag

Frigga Haug (links) mit Uschi Blankenburg
und sozialistischen Frauen, 1975

Frigga Haug, 2005

*Heide Göttner-Abendroth an der Akademie
der bildenden Künste, Wien 2019*

HEIDE GÖTTNER-ABENDROTH

geboren 1941 und aufgewachsen in der DDR. Die deutsche Matriarchatsforscherin mit dem klingenden Namen ist neben vielem anderen bedeutendste Spurenleserin einer aus dem Bewusstsein verlorenen Vergangenheit, die noch nicht von Herrschaft und Unterwerfung vergiftet war. Ab 1976 Mitbegründerin der Frauenforschung, 1986 Gründung der »Internationalen Akademie Hagia«, seitdem deren Leitung. Seit 1987 zahlreiche Forschungs- und Studienreisen in alle Welt. Expertin für matriarchale Kulturen, Philosophin, radikale Verfechterin eincs anderen Miteinander, eine Unermüdliche, die dem Totschweigen weiblicher Stärke immer die ihre entgegengesetzt hat.

Archäologisch, ethnologisch, philosophisch UND spirituell denkend und handelnd, lässt sie sich weder vom Wissenschaftsbetrieb zähmen noch in ihren Anliegen und Schlussfolgerungen beirren. Eigenwillig im besten Sinn des Wortes arbeitet sie an der Vernetzung matriarchatspolitisch-feministisch bewegter Menschen weltweit. Egal wie weit man ihren Thesen folgen mag – allein ihre Beständigkeit, Beharrlichkeit und der Aufbau einer inhaltlich und finanziell unabhängigen Akademie für Matriarchatsforschung Hagia in Deutschland verdienen neben ihrer eigenständigen Forschungsarbeit Respekt und Bewunderung.

Am Anfang die Mütter –
Heide Göttner-Abendroth

Gudrun Seidenauer

Es fallen einem die Puzzlestücke nur so in die Hand[1]

Puzzleteil 1: Das Herz des Ganzen

Allzu viel ist es nicht, was die Grande Dame der Matriarchatsforschung während eines mehrstündigen Interviews in der in Niederbayern idyllisch im Grünen zwischen Wäldern und sanften Hügeln gelegenen Akademie Hagia über ihren persönlichen Werdegang verrät. Das Bedürfnis, sich zu schützen, ist groß, die Anfeindungen der Vergangenheit sind Fakt. Vor allem aber geht es ihr um Größeres, größer sogar als ihr umfassendes Werk des Erforschens, Freilegens und Neuinterpretierens von Gesellschaft, Mythologie und Historie aus weiblicher Perspektive: Eine andere Welt ist möglich – diesem Satz würde sie wohl zustimmen und ergänzen: aber nicht im Patriarchat.

Wie viele Male hat Heide Göttner-Abendroth in zahllosen Interviews, Schriften, Vorträgen wohl erklärt, dass die von ihr vertretene Matriarchatspolitik nicht die Herrschaft der Frauen zum Ziel hat? Dass es vielmehr um das Ende von Herrschaft überhaupt geht und damit auch um das Ende der Herrschaft von Männern über Frauen, in allen Facetten?

Es verwundert, dass diese so einfache und gerechtfertigte Forderung oftmals als extrem empfunden wird. Vielleicht ist sie radikal, aber nur im eigentlichen Sinn des Wortes von »an die Wurzeln gehend«. Denn die strukturelle Herrschaft im Patriarchat ist eines der bestverankerten Machtverhältnisse der menschlichen Geschichte. Kein zweites ist so tief verwurzelt und den es reproduzierenden Akteur:innen buchstäblich in Fleisch und Blut übergegangen wie dieses. Die Identifikation reicht tief, mit Ansprüchen, Überlegen-bzw. Unterlegenheitsgefühlen, mit der Anerkennung der männlich konnotierten Eigenschaften und dem Abwerten der als »weiblich« geltenden Verhaltens- und Denkweisen.

Wie kommt es zur Herrschaft des einen Geschlechts über das andere? Was war vorher? Wo gibt es das heute noch? Vor allem: Wie sollte es anders gehen? Diesen Fragen hat die Forscherin ihr Leben gewidmet. Bis jetzt, gegen Ende ihres achten Lebensjahrzehnts, ist sie dabei, sie in ihrem auf fünf Bände angelegten Hauptwerk, von denen zwei den lebenden matriarchalen Gesellschaften weltweit und drei der Geschichte matriarchaler Gesellschaften und der Entstehung des Patriarchats weltweit gewidmet sind, zu beantworten. Dafür hat sie sich intensiv sowohl mit ethnologischer Forschung – unter anderem auch in China – als auch mit archäologischer Forschung auseinandergesetzt.

»Die Menschheit besteht aus Zwei, aus Männern und Frauen. Alle traditionellen matriarchalen Gesellschaften haben dieser Grundtatsache Rechnung getragen, indem sie eine Sozialordnung von komplementärer Egalität und perfekter Balance zwischen den Geschlechtern schufen. Auch eine moderne matriarchale Gesellschaft ist so aufgebaut. Kein Geschlecht kann über das andere bestimmen oder es den eigenen Vorstellungen anpassen, auch kein Chef und keine Chefin nimmt den einzelnen Mitgliedern die persönliche Entscheidung ab. In allen Bereichen der Gesellschaft sind Frauen und Männer gleich repräsentiert.«[2]

Diese Worte lassen an Klarheit nichts vermissen. Sie misszuverstehen kann kaum intellektuelle, sondern nur emotionale Gründe haben: Was man missdeutet, kann man denunzieren. Was man denunziert, macht man im eigenen Interesse unschädlich, hier, um der Machtverteilung nicht die Grundlage zu entziehen: Diese wäre der Glaube, dass Patriarchat und Kapitalismus alternativlos seien. Heute glauben immer weniger Menschen daran. Auch so gesehen sind Heide Göttner-Abendroths Ausführungen visionär.

Dass eine menschlichere Gesellschaft nicht ohne grundlegende Neupositionierung von Frau und Mann und ohne Aufhebung der enormen ökonomischen Ungerechtigkeit zwischen den Geschlechtern, ebenso nicht ohne ein grundsätzlich anderes Verhalten gegenüber der Natur, von der wir leben, realisiert werden kann, ist offensichtlicher denn je. Heide Göttner-Abendroth hat dazu eine riesige Fülle an Material, an Interpretation und konkreten Ideen erstellt. Zudem gibt ihr Werk faszinierende Einblicke in die noch vorhandenen Reste mutterrechtlich organisierter Gesellschaften. Ihre Forschungen zu Gegenwart und Geschichte matriarchaler Gesellschaftsformen führen über die Kontinente und bis in die Steinzeit.

Die übliche Geschichtsschreibung sei »Kriegsgeschichte«, wie Heide Göttner-Abendroth im Vorwort des dritten Bandes ihres Hauptwerks schreibt: Frauen kommen darin nicht vor oder höchstens als einzelne Ausnahmeerscheinungen. Aber Frauen als die Hälfte der Menschheit sind keine Nebensächlichkeit. Denn an ihrem Schicksal zeigt sich der jeweilige Zustand der verschiedenen Gesellschaften insgesamt, das heißt, an ihrer Freiheit misst sich das Niveau der Freiheit der ganzen Gesellschaft.[3]

Puzzleteil 2: Herkunft, Spuren, Bedingungen

Eine junge Frau tritt an zum Rigorosum, der großen Abschlussprüfung ihres Doktoratsstudiums der Philosophie. Die Eltern, beide Lehrer:innen, haben vor der brotlosen Disziplin gewarnt, hätten sie gerne im selben Beruf gesehen. Nicht unverständlich: Die Familie ist Jahre vor dem Mauerbau aus Thüringen, damalige DDR, in den Westen geflüchtet, die erste Station ist Düsseldorf. Es folgen Jahre in bitterer Armut. Schulbücher, ein Füllfederhalter: zunächst nicht leistbar. Bücher werden ausgeliehen, geschrieben wird mit dem Bleistift. Nichts ist leicht. Das Gefühl, kämpfen zu müssen, ist immer schon dagewesen. Aus der Schulzeit in der DDR, von den jungen marxistischen Lehrer:innen nimmt sie das Denken in gesellschaftlichen Zusammenhängen mit, das sie ihr Forscherinnenleben lang begleiten wird. Die elterlichen Bedenken scheitern an der Dickköpfigkeit der Tochter. Nun ist die junge Mutter dabei, das Studium abzuschließen, das sie in den tief katholischen Städten Mainz und München absolviert hat. Die herkömmliche Philosophie macht sie bei allem Interesse wütend: Die Frau und ihre Denkweise kommen darin nicht vor. »La femme n'existe pas.« (Jacques Lacan)

Zudem ist sie zum zweiten Mal schwanger. Der Ehemann begleitet die Kandidatin zur Prüfung an der Universität München.

Alles läuft nach Wunsch. Im Anschluss Händeschütteln, Small Talk: Der Professor dankt dem Mann, dass er der Gemahlin erlaubt habe, die Prüfung abzulegen. Mit welch blankem Unverständnis die beiden die Kritik an ihrem *Gentlemen's Agreement* damals wohl aufgenommen hätten! Sexisten, Patriarchen, sie? Wo doch gerade sie soeben einen Beweis ihres Wohlwollens gegenüber weiblichem Können geliefert haben.

Natürlich habe sie sich geärgert, sagt die Forscherin, als sie diese Anekdote erzählt, doch derlei habe als normal gegolten. Das Studium gibt ihr, neben der bitteren Erkenntnis, wie wirkungsvoll die Frau symbolisch und konkret aus dem Wissenschaftsbetrieb und dem darin herrschenden Denken ausgeschlossen ist, auch ein Instrumentarium in die Hand, mit dem sie genau diese Praxis kritisieren wird: *Wie baut man Theorien auf, wie argumentiert man, wie sieht man, wo die Fehlschlüsse bei anderen liegen? Es war im Grunde die Wut, die mich dazu trieb. Ich hatte immer das Bild: Das sind deren Waffen, mit denen sie uns so klein machen, uns Frauen. Die Waffen will ich haben. Wofür wusste ich damals noch nicht.*

Deutschland, die späten 1960er, 1970er Jahre. Aufbruchsstimmung. 68er und Sozialdemokratie, in deren Umfeld sich dann und wann ein frauenfreundlicher Geist entfaltet. Ein halbes Jahrhundert ist vergangen. Die Dinge haben sich geändert, sagt man: Bundeskanzlerin, #MeToo, Frauenbeauftragte. Die Zeiten, in denen völlig unironisch Werbung mit dem Spruch »Zwei Fragen hat die Frau: Was koch ich morgen und was zieh ich an?« über die bundesdeutschen Fernsehbildschirme flimmern konnte, sind vorbei. Längst hat der Kapitalismus die emanzipierte Frau als ökonomischen Booster entdeckt. Der Haushaltsvorstand ist Geschichte. Vergewaltigung in der Ehe ist nicht mehr erlaubt. Frauen, die keine Ruhe geben, innerhalb und außerhalb der Institutionen. Frauen auf Chefinnenposten. Neue Männer da und dort. Von allem nicht genug. Doch immerhin. Und wenn Frauen doppelt so gut sind und in entscheidenden Momenten konziliant, erreichen sie fast genau dasselbe im System.

Auf der anderen Seite: Wer in sozialen Netzwerken die Kommentare zu »Frauenthemen« (die eigentlich Menschenthemen sind) verfolgt, kann sich keiner Illusion über das bereits Erreichte hingeben: Dieser Tage, Anfang März 2020, setzt ein deutscher Rapper via soziale Medien ein Kopfgeld auf eine junge Frau aus, die eine Kampagne von Terre des Femmes teilt. Dieser Tage liegt in Wien eine 16-Jährige im künstlichen Koma, deren gleichaltriger Ex-Freund sie mit 30 Messerstichen zu ermorden versucht hat. Diese Tage sind keine besonderen Tage. Auch an jedem anderen Tag ließen sich Extrembeispiele für die moralische Kapitulation des Patriarchats finden.

Frauenhass ist mitten unter uns. Und er tötet. Symbolisch, indem er Frauen zum Schweigen bringt. Nicht selten auch physisch. Die Zahl der von ihren (Ex-)Partnern ermordeten Frauen schreit zum Himmel und bricht einer/einem das Herz. Geschätzte 87 000 sind es laut einem UN-Bericht im Jahr 2017. Mögen diese Fakten auf den ersten Blick wegführen vom Porträt der Matriarchatsforscherin, auf den zweiten liegt die Verbindung auf der Hand: Extrem ist nicht die Forderung umfassender Gerechtigkeit und der Gleichwertigkeit der Geschlechter auf allen Ebenen. Extrem sind vielmehr die Verhältnisse, unter denen Frauen in dieser Welt leben, sowohl im Jahr 1980, als Heide Göttner-Abendroths mittlerweile zum feministischen Klassiker avanciertes Werk »Die Göttin und ihr Heros« erscheint, als auch heute. Und dies bei allen unterschiedlichen Graden weiblicher Teilhabe an Privilegien und in allen Ausformungen der Diskriminierung: von Alltagssexismus über ungleiche Bezahlung, Benachteiligung in der medizinischen Forschung bis hin zu physischen Angriffen wie Verstümmelung, Vergewaltigung und Femizid. Systemen, sowohl konkreten Institutionen als auch Glaubenssystemen und Einstellungen, die solches hervorbringen, die Legitimation zu entziehen, ist keineswegs extrem, sondern bitter nötig. Der Gesellschaftsentwurf, wie Heide Göttner-Abendroth ihn verficht, stellt dagegen die Rechte und Bedürfnisse von Frauen und Kindern vom Rand in die Mitte des sozialen Gefüges und fordert für Frauen die gleichberechtigte Verfügung über alle materiellen und immateriellen Güter der Menschheit ein.

Doch Vorurteil und Ressentiment lassen sich von Fakten und Moral nicht beeindrucken, sondern werden als unliebsame Störung des Status quo aufgefasst. Daran können weder das Wissen noch die ethische Entschiedenheit, wie sie Heide Göttner-Abendroth besitzt, etwas ändern. Es ist ihr aber maßgeblich mitzuverdanken, dass eine nicht patriarchale Gesellschaftsform als mögliche Alternative in den Blick rückt. Dieser ist stets ein doppelter: Zum einen ist er auf Geschichte und Geschichtsschreibung gerichtet, zum anderen reicht er in eine Zukunft, die nur dann menschlicher sein kann, wenn sie wesentlich von Frauen gestaltet wird.

Puzzleteil 3: Alma Pater?

1973 promoviert Heide Göttner-Abendroth in Philosophie und Wissenschaftstheorie zur »Logik der Interpretation«. Darin erprobt sie ihre im Studium geschärfte Argumentationsfähigkeit, ihre Dissertation macht Eindruck. Sie wird in den folgenden zehn Jahren als Lehrbeauftragte an der Universität tätig sein. Dennoch spürt sie auch im Rahmen dieser ersten großen wissenschaftlichen Arbeit die Beschränkung, die ihr auferlegt wird, das Kleinbleiben-Müssen, wie sie es ausdrückt. In einer Universitätslaufbahn würde es sich fortsetzen: das Angepasste, Ungefährliche. Damit will sie sich nicht zufriedengeben. Die universitäre Welt hat ihre eigenen Machtmechanismen, ihre ganz spezifischen Rituale des Aus- oder Einschließens, die mit Wissenschaftlichkeit nichts zu tun haben. Schon zu Beginn des Studiums fragt einer ihrer Professoren, warum sie – als Frau – denn überhaupt Philosophie studieren wolle. Das schwerste Geschütz, der Vorwurf der Unwissenschaftlichkeit gegenüber ihrem späteren, von den institutionellen Einhegungsversuchen befreiten Werk, wird Heide Göttner-Abendroth hart treffen. Die verweigerte offizielle Anerkennung mag Narben hinterlassen. Beirren ließ sich die Wissenschaftlerin davon nicht.

Zunächst folgen die Jahre in der Institution. Da ist sie nun, promoviert, dreifache Mutter, zwei Töchter, ein Sohn, ohne Absicherung außerhalb der Ehe. Das Paar entfremdet sich, die Welten driften auseinander: Hier die bürgerliche Kleinfamilie, das Arrangement mit der unterstützenden Schwiegermutter, dort das politische Interesse, die Anfänge ihrer Matriarchatstheorie. Für das Scheitern ihrer Ehe zeigt die Forscherin Jahrzehnte später mildes Verständnis. Wie hätte der Mann damals ihre Anliegen auch nachvollziehen sollen? Beruflich hätten sich Möglichkeiten an anderen Universitäten aufgetan. Eine Karriere im Wissenschaftsbetrieb ist für Mütter mit kleinen Kindern jedoch ausgeschlossen, ohne örtliche Flexibilität ist sie nicht zu verfolgen.

Eine Zeitlang versucht die junge Universitätslehrerin das, was sie seit dem Alter von 21 Jahren brennend interessiert und sich zu einer lebenslangen Leidenschaft entwickeln wird, in ihre Lehrveranstaltungen zu integrieren: Hinter der patriarchalen Geschichte mit ihrem schier ewigen Auf und Ab des Siegens und Verlierens, des Eroberns und Zugrundegehens gibt es Hinweise eines kaum wahrgenommenen *Anderen*. Wo es noch keine Geschichtsschreibung gibt, sind es Mythen und archäologische Artefakte, die den Weg weisen. Das Verdrängte hinterlässt Spuren. Man muss nur den Mut haben, sie zu lesen. Heide Göttner-Abendroth hat ihn. Inspirierend und wegweisend sind für sie zunächst Lektüren:

Da ist das bereits 1861 erschienene Werk »Das Mutterrecht« Johann Jakob Bachofens, in dem der Schweizer Altertumsforscher die Theorie eines historischen Matriarchats vertritt, das in der zweiten eines dreistufigen Entwicklungsmodells der modernen Gesellschaft existiert habe. Darin sei die Matrilinearität, also die Abstammungslinie über die Mutter, bestimmend gewesen und die Mutterfigur als lebensspendende Göttin verehrt worden.

Wesentlich beeindruckter ist die Wissenschaftlerin allerdings vom Werk eines Mannes, den *Der Spiegel* 1982 nicht zu Unrecht als »Guru der Großen Mutter« bezeichnet: Es handelt sich um die 1960 zunächst unter dem Titel »Greek Mythology« erschienene, an Wissen und Mythenkenntnissen überbordende Publikation des Mythenforschers Robert von Ranke-Graves: Darin wird die Große Göttin beschrieben, die in ihrer Dreigestalt als Jungfrau im Sinn einer freien, keinem Mann untertanen Frau, als lebensspendende Mutter und als Greisin oder weise Alte, der Herrin von Tod und Wiedergeburt, die wichtigsten Fixpunkte im Lebenslauf und Jahresablauf verkörpert.

Vor allem aber, und das muss Heide Göttner-Abendroth als Frau, Mutter und Wissenschaftlerin gleichermaßen in den Bann gezogen haben, bieten die Göttin und ihre geografisch weitreichenden Spuren in den alten vorchristlichen Religionen einen sozialen und spirituellen Referenzpunkt für eine andere Erscheinung der Frau, die ohne unterordnenden Bezug zum Mann besteht. Die Göttin ist – egal in welcher Gestalt – ein Spiegelbild freier Frauen, hervorgebracht von Gesellschaften, in denen auch die realen Frauen viel freier waren als in den männlich beherrschten Folgeepochen. In ihren Werken späterer Jahrzehnte wird sich Heide Göttner-Abendroth immer wieder den Spuren der Göttin widmen und akribisch freilegen, wie sie versteckt und von verschiedenen patriarchalen Religionen überformt von den Britischen Inseln bis zum Kaukasus und in hiesigen Volksmärchen, -bräuchen und -sagen überdauert haben und ihre Botschaft einer anderen Ordnung verkünden.

Während ihrer Zeit an der Universität ergänzt die junge Forscherin die Inhalte ihrer Lehraufträge zur Wissenschaftstheorie um Theorien zur Ästhetik, weil sie darin eine Möglichkeit sieht, ihr neues und aufregendes Wissen, das sie ausgehend von Ranke-Graves durch Studien historischer, soziologischer und kulturwissenschaftlicher Quellen erweitert, in den akademischen Diskurs einzubringen. Dort jedoch hat es keinen Platz. Es kann nicht sein, was nicht sein darf. Deutungshoheit ist allemal Diskurshoheit und vice versa.

Heide Göttner-Abendroth schildert die Jahre innerhalb der Institution als sehr einsame. Zudem fordern die permanente Mehrfachbelastung als Wissenschaftlerin, Ehefrau und Mutter gesundheitlich ihren Tribut. Währenddessen arbeitet sie unablässig weiter an ihrem großen Projekt einer umfassenden Theorie der matriarchalen Gesellschaftsformen. Sie weiß um die politische Brisanz dieser Forschung: Allein die Entkoppelung von Herrschaft und sogenannter natürlicher Gegebenheit birgt ungeahntes Potenzial und könnte die emanzipatorische Bewegung ungeheuer ermutigen, mehr noch, ihr eine Richtung geben. Dialogversuche über ihren Forschungsgegenstand innerhalb der etablierten universitären Hierarchie gehen ins Leere, aber Studentinnen sind begeistert und interessiert. Nach dem Seminar diskutieren diese im Café weiter, fordern von den Institutionen lautstark Frauenforschung ein. Der riesige blinde Fleck der fehlenden weiblichen Perspektive ist in allen Disziplinen zu finden. Im Rahmen der Zweiten Frauenbewegung, die damals entsteht, nehmen Wissenschaftlerinnen und Studentinnen engagiert die Arbeit auf und stoßen immer wieder an die Grenzen der Institution. Um Heide Göttner-Abendroth wird sich in den 1980er Jahren eine Szene bilden, gleichwohl wird sie angefeindet, bisweilen von Studenten bedroht. Gemeinsam mit anderen ist sie aktiv: Es gibt Tagungen, Sessions, Frauensommerunis. Die neue Frauenforschung blüht auf. Hochaktiv sind die Universitäten in Berlin, Frankfurt, Bielefeld und München. Wenn auch ziemlich singuläre Fachfrau auf dem Gebiet der Matriarchatstheorie, allein ist sie mit ihren Ideen nicht mehr.

Die Linke hält sich zurück. Der Mensch möge frei nach Brecht zwar dem Menschen ein Helfer werden, der Mensch der Genossen ist und bleibt aber vor allem ein männlicher. Ein matriarchaler Entwurf von Gesellschaft ist da keine Option. Eher einer Obsession durchgeknallter »Emanzen«, die das Evangelium von Haupt- und Nebenwiderspruch nicht verstanden haben. Wie selbstredend der Ausschluss der Frau auch in den emanzipatorischen Bewegungen jener Jahrzehnte ist, lässt sich an ihren Schlüsseltexten gut ablesen: Wer hat schon moniert, dass in Bertolt Brechts Gedicht »Fragen eines lesenden Arbeiters« die totgeschwiegenen Frauen nicht ein einziges Mal erwähnt werden, wo doch der gesamte Text vom Totschweigen derer handelt, die allen gesellschaftlichen Reichtum erschuftet haben? Auch Martin Luther Kings wunderbarer »Dream«, die legendäre Rede aus dem Jahr 1963, ist ein Traum, in dem sowohl Sklavenhalter als auch Sklaven ausschließlich Söhne zu besitzen scheinen, die dereinst »am Tisch der Brüderlichkeit« zusammensitzen sollen. Welcher Platz ist ihren Frauen, Müttern, Töchtern und Schwestern vorbehalten?

Muttersein, *das zählt nicht*, so Heide Göttner-Abendroths lakonischer Befund. Weder für die Karriere noch in der Politik. Im Gegenteil. Es war und ist, so fundamental auch immer für das Fortbestehen jeder Gesellschaft, ein Hindernis bei allem, was eine Frau sonst noch interessieren könnte. Unter dem gesellschaftlichen Druck einer fortschrittlichen Themenführerschaft ändert sich an der Universität einiges. In den 1980er Jahren gibt es eine Phase, in der die Türen offen sind, die starre Institution ist teilweise überrumpelt von den vehementen Forderungen und die Allmacht der Talare durch jahrelange Proteste von Studierenden aus den linken Bewegungen geschwächt.

Die Stoßrichtung der Frauenbewegung ist jedoch uneinheitlich, die Interessen der Akteurinnen differenzieren sich. Mit der

Dominanz dessen, was Heide Göttner-Abendroth den »Gleich-heitsfeminismus« nennt, geraten die Entwürfe, die das herrschende System überschreiten, ins Abseits. Der Gleichheitsfeminismus, der sich im Wesentlichen auf die Forderung nach gleichberechtig-tem Zugang zu vorhandenen Ressourcen, Stellen und Institutio-nen beschränkt, hat viel Positives bewirkt, meint Heide Göttner-Abendroth. Was damit zu erreichen ist, bleibt aber bestenfalls ein Patriarchat mit weiblichem Gesicht, wie zum Beispiel mit dem der von ihr geschätzten deutschen Bundeskanzlerin Angela Merkel. Das ist nicht genug, war es ihr nie.

Puzzleteil 4: Die Akademie
Irgendwann bietet die Institution keine Perspektive mehr für die bekannte Feministin. Zuerst kommt das innere Ade: Ihre Habilitationsschrift verfasst sie, wird sie aber nicht mehr einreichen. Etwas anderes muss beginnen: Leben, Forschen, Arbeiten und Lehren brauchen die Verwurzelung an einem neuen Ort ohne vorgegebene und festgefahrene Strukturen. Denken, Erfahren und Fühlen, Intellektuelles und Spirituelles sollen dort in geistiger Frei-heit zusammenkommen. Nichts kann wichtiger sein.

Die Teilnehmerinnen am Erkenntnisprozess sollen beileibe nicht nur Akademikerinnen sein. Sie hatte immer auch die vielen anderen Frauen im Auge, betont Heide Göttner-Abendroth. Also die normale Durchschnittsfrau mit Durchschnittsbildung, die be-merkt, dass etwas am System nicht stimmt. Matriarchatsforschung und -politik sollen nicht im »Elfenbeinturm« stattfinden und noch weniger dort verbleiben.

1985 ist schließlich der Zeitpunkt für das gekommen, was Heide Göttner-Abendroth als den *Sprung ans andere Ufer* bezeichnet. Sie verlässt München, die Universität, ihre Ehe. Mit den drei halb-wüchsigen Kindern zieht sie nach Niederbayern. Sie haben sechs Hektar Land zur Verfügung, der Hof wird ihr nach der Schei-dung zugesprochen. Mit gleichgesinnten Frauen – anfangs sind sie zu sechst – baut sie eine Subsistenzlandwirtschaft auf und stellt ihre neue Lehrtätigkeit auf die Beine. 1986 wird die »HAGIA. Internationale Akademie für moderne Matriarchatsforschung und matriarchale Spiritualität« gegründet. Die Betreiberinnen wollen unabhängig sein und sind es bis heute. Zu Beginn ist es ein Sprung ins Unbekannte und ohne Netz. Die 1980er sind eine feministische Gründerinnenzeit: Frauengesundheitszentren, -verlage, -buchhandlungen und -cafés entstehen in vielen Städten. Heide Göttner-Abendroth hat Lehraufträge an Unis, deren Studentinnen sich für sie stark machen. Sie wird Gastprofessorin in Kanada und Österreich. Aber auch vor österreichischen Bäuerinnen spricht sie von Matriarchatspolitik, der Großen Göttin, ihrer Entmachtung und deren fatalen Folgen für Frauen und Natur.

Bei aller Wertschätzung der Gleichberechtigungsbestrebungen ist es doch ein von ihr so bezeichneter »Differenzfeminismus«, den die Philosophin vertritt: Es ist wesentlich, das patriarchale System in jeder Hinsicht zu überschreiten und die mütterlichen Werte wie Pflegen, Fürsorge für alle, perfekte Gegenseitigkeit und gegenseitiger Respekt, Friedenserhaltung, die für Frauen und Männer gelten, wieder einzuführen, statt dass Frauen heute den patriarchalen Werten von Wettbewerb, Konkurrenz, Egoismus und der Macht der Stärkeren nachlaufen. In der herkömmlichen Frauenpolitik mit ihrer Fixiertheit auf die Kleinfamilie und auch in manchen feministischen Zugängen werden die Mütter schlicht wieder übergangen, obwohl Mütter und Kinder die Zukunft der Gesellschaft sind.

Der Gendertheorie mit ihrer Auffassung von Geschlecht als vorwiegend sozialer Konstruktion steht sie kritisch gegenüber. Sie weist darauf hin, dass eine Frau spätestens dann, wenn sie Mutter wird, merkt, dass ihr Geschlecht nicht nur eine Konstruktion ist, sondern auch eine biologische Grundlage hat. Wie mit Mutterschaft umgegangen wird, ist wieder ein soziales Konstrukt – doch dieses Thema lässt die Gendertheorie aus.

Der Vorwurf der Mütterfeindlichkeit in unserer Gesellschaft trifft auch heute ins Schwarze. Das Ideal des Neoliberalismus ist die junge, disponible und flexible Arbeitskraft. »Weiblich« darf sie sein, wenn sie billig und verfügbar genug ist. Nicht vereinbar damit sind die Forderungen an Zeit, lebenspraktischer sowie mentaler Kraft und Empathie, die die Mutterschaft stellt.

Ein Anliegen der Akademie ist die Verbreitung und Diskussion alternativer Lebensmodelle wie das Zusammenleben in mütter-

und kinderzentrierten Gemeinschaften, die auch sozial eingestellte Männer einschließen – nicht zuletzt auf der Grundlage der Sichtung gegenwärtiger Matriarchate. Alleinerziehende Mütter mit ihrer chronischen Überforderung gäbe es in einer matriarchalen Ordnung nicht, auch keine verlassenen Kinder und Jugendlichen, einsame Singles und alte Menschen. Das spricht alle Frauen an, auch wenn sie nicht Mütter sind, und ebenso Männer, die sich sowohl von den Privilegien als auch den Zumutungen eines patriarchalen Männerbilds befreien wollen. Auch sie leben besser in einer Gesellschaft, die den genannten mütterlichen Werten folgt und ganz ohne »Geschlechterkampf« auskommt.

Im Programm der Akademie, die bis heute besteht und von der Gründerin gemeinsam mit der Ärztin Cécile Keller geleitet wird, finden sich sowohl für Frauen als auch für Männer mehrjährige Studiengänge. Sie bieten eine Ausbildung zu moderner Matriarchatsforschung an.

Zum spirituellen Teil gehören Heiltänze, matriarchale Mysterienfeste, spirituelle Heilkreise: Attraktiv für die einen, wenig zugänglich für eher akademisch oder traditionell politisch orientierte Frauen, vielleicht auch Angst auslösend. An der Akademie HAGIA soll der Gegensatz zwischen Intellekt und Emotion versöhnt und der Bezug zur Göttin bzw. zu Göttinnen als spirituelle Essenz vielfältiger Fähigkeiten von Frauen und ihrer Ermächtigung (wieder) erfahrbar werden, die das Patriarchat auf vielfältige Weise untergraben hat. Die Göttin zu feiern, kann stärken – und macht gleichzeitig angreifbar: Esoterik, Rückwärtsgewandtheit und ideologische Forschung, darunter lassen sich die meisten Vorwürfe subsumieren. Sie selbst steht dem mittlerweile gelassen gegenüber. Frauen die Möglichkeit zu eröffnen, die starken Frauenbilder der Göttinnen-Spiritualität zu verinnerlichen, wie es in der internationalen Göttinnen-Bewegung in vielen Ländern geschieht, das ist es ihr allemal wert.

Dennoch, ein offener und nicht autoritätshöriger Blick ist wichtig und nötig. Leider mangelt es auch in feministischen Kreisen am Bewusstsein darüber, dass gemeinsame Ziele immer über das Trennende zu stellen sind. Konkurrenz, Rechthabenwollen und Grabenkämpfe nützen längerfristig nur dem patriarchalen Status quo. In Europa könne man es sich nicht erlauben, zugleich

Wissenschaftlerin und spirituelle Lehrerin zu sein, sagt Heide Göttner-Abendroth. Man kann es nicht, darf es nicht – und sie tut es
doch und ist es doch. Weil sie es kann, will und für richtig hält.

Puzzleteil 5: Gegenwind
Bei der Sichtung des Wikipedia-Eintrags zur Matriarchatstheorie
fällt in den Kommentaren zu Heide Göttner-Abendroths Werk eine
überwiegend kritische bis ablehnende Grundhaltung auf. Die Argumente weisen eine gewisse Gleichförmigkeit auf: Man behauptet
die mangelnde Verifizierbarkeit ihrer Erkenntnisse, das Fehlen von
Beweisen, Zirkelschlüsse sowie eine ideologische Herangehensweise
an die Quellen, die sich gegen Kritik immunisiere.

Ist der Verdacht, dass abgelehnt werden könnte, was das eigene
Weltbild nachhaltig verstört, tatsächlich ein Immunisieren gegenüber Kritik oder nicht doch ein berechtigter Einwand? Und muss
er nicht für beide Seiten gelten? Es trifft gerade für die akademische Welt zu, die sich nach wie vor auf die geistige Unabhängigkeit beruft (und sich gelegentlich allerhand darauf einbildet), dass
junge Forscher:innen sehr genau überlegen müssen, welchen Theorien und Zugängen sie sich widmen, sprich, auf welches Pferd sie
setzen. Ist es das »Falsche«, Unerwünschte, Verfemte, tauchen gewisse Reizbegriffe darin auf (und Matriarchat ist gewiss ein sol-
cher), schadet dies der Karriere massiv. Das wissen alle, die im
Wissenschaftsbetrieb etwas werden wollen. Im System kann man
sich als junge:r Wissenschaftler:in das Aus-der-Reihe-Tanzen nicht
leisten. »Unwissenschaftlich« ist leider bisweilen ein Kampfbegriff
geworden. Genaues Hinsehen, wann er wie wofür eingesetzt wird,
bleibt unverzichtbar.

Die Abschwächung oder Aufgabe einer Theorie und Erforschung
des Matriarchats wird von feministischen Wissenschaftlerinnen als
Folge der zurückgehenden Frauenbewegung interpretiert und, noch
entscheidender, als Ausdruck der Abwehr gegenüber ihrer gesellschaftspolitischen Brisanz. Ein anderer Blick auf die Geschichte
fördert anderes zutage und ermutigt eine andere Vorstellung der Zukunft mit allen gesellschaftspolitischen Konsequenzen. Natürlich ist
es keine »interesselose« Wissenschaft, die Heide Göttner-Abendroth
betreibt. Doch auch das, was im traditionellen Wissenschaftsbetrieb

abgesegnet wird, ist es keineswegs und schwebt nicht losgelöst über dem Zeitgeist oder existiert unabhängig von handfesten Interessen. Allein die Vergabe von Forschungsgeldern und -aufträgen ist politisch.

Dass in der englischsprachigen Ur- und Frühgeschichte sowie auch in der Ethnologie die Matriarchatsthese ab Mitte der 1960er Jahre mehrheitlich aufgegeben worden sei und in der westdeutschen Archäologie seit 1945 keine Rolle mehr spiele, wie uns der Wikipedia-Eintrag zur Matriarchatstheorie wissen lässt, spricht noch lange nicht gegen sie.

Puzzleteil 6: Vernetzungen

Ab dem Jahr 2000 tritt auch die HAGIA ins digitale Zeitalter ein und ihre Gründerin weiß die sich auftuenden Möglichkeiten zu nutzen: Die von Heide Göttner-Abendroth initiierten Weltkongresse zur Matriarchatsforschung, von denen bisher drei in Luxemburg, Texas/USA und der Schweiz stattfanden, dienen dem Austausch und der Verbindung zahlreicher Wissenschaftlerinnen, die zuvor lange Zeit isoliert voneinander geforscht hatten. Nicht zuletzt an der gegenseitigen Unterstützung der indigenen Vertreter:innen der rund 20 verbliebenen matriarchalen Gesellschaften, wie zum Beispiel die Gemeinschaft der Mosuo in Südwestchina, die heute aus etwa 260 000 Menschen besteht. Kein mir bekanntes Geschichts- oder Geografiebuch für die Schule räumt übrigens auch nur die Möglichkeit des Bestehens einer matriarchalen Gesellschaft in der Vergangenheit ein oder weist auf deren Existenz hier und heute hin.

Puzzleteil 7: Sich ein Bild von jemandem machen

»Jeder Mensch erfindet sich früher oder später eine Geschichte, die er für sein Leben hält.« Dieses berühmte Zitat aus Max Frischs »Mein Name sei Gantenbein« spricht von der nicht schließbaren Lücke zwischen Erzähltem – vielleicht überhaupt Erzählbarem – und Wahrheit. Ja, die! Eine Problemzone ohne Ende. Wenn nun das, was wir selbst über uns und unser Leben berichten, schon so dermaßen fragwürdig ist, wie ist es dann möglich, dem Leben (und Werk) eines anderen Menschen auch nur annähernd gerecht zu werden?

Natürlich ist es das nicht: nicht im Sinne einer alles Wichtige auslotenden Stimmigkeit. Ich behaupte, dass die allermeisten Biografien mehr oder minder gelungene Lügengeschichten sind, deren »Wahrheiten« sich nach meist unbewussten und oft trivialen Bedürfnissen richten. Deshalb mag ich auch Biopics nicht besonders, selbst wenn sie gute Filme sind. Die Kategorie Fiktion scheint mir ehrlicher und aussagekräftiger. Denn sie lässt keinen Zweifel daran, dass immer irgendeine Variante einer Held:innengeschichte erzählt wird.

Ich habe auch hier ein bisschen eine Heldinnengeschichte erzählt. Beim Schreiben trifft man eine Unzahl von Entscheidungen: oft unwissend, aber niemals zufällig. Ich bin weder Philosophin noch Historikerin, sondern nähere mich der Person und dem Werk als sympathisierende Feministin und als Autorin. »Heide Göttner-Abendroth« zählt zu den klingenden Namen der Feministinnen der Generation vor mir. Als junge frauenbewegte Frau Mitte der 1980er Jahre hörte ich ihn immer wieder. Zur Göttin und ihrem Heros fand ich damals jedoch nicht. Ich war nicht Mutter und der Gedanke, eine zu werden, lag mir fern. Ich konnte Mutterschaft mit wenig Positivem besetzen, was sicher subjektive, aber auch viele gesellschaftliche Gründe hatte. Mein Blick richtete sich vor allem aufs Negative, auf die Verheerungen an Menschen nicht zuletzt durch das Patriarchat, und Spiritualität war mir nach einer katholischen Sozialisation prinzipiell verdächtig. Ich möchte damit zeigen, auf welch subjektiver und emotionaler Basis die Anziehungskräfte auch gegenüber theoretischen Konzepten wirksam sind. Es gehört zu den menschlichen Grundirrtümern, die eigene Rationalität zu überschätzen und zu glauben, dass sie das Fundament unserer Überzeugungen bildet. In einem Aufsatz habe ich folgenden Satz gefunden, der mir sehr gefällt:

»Aus der Reflexion auf die intersubjektive Biographie ergibt sich die bewusste Parteinahme für die Sache der Frau als der eigenen Sache, d. h. die Formulierung des Prinzips der Parteilichkeit. Parteilichkeit meint hier: die positive Parteinahme für die Abschaffung aller Arten der Unterdrückung der Frau und die Verstärkung des Widerstandes gegen die allgemeine und spezifische Unterdrückung.«[4]

Heide Göttner-Abendroths konsequente Parteinahme für die Sache der Frau und ihr Mut, Konventionen hinter sich zu lassen, beeindrucken und ermutigen. Die Erinnerung daran soll wach bleiben. Das »Vergessen« der Lebensleistungen und Pionierinnenarbeit von Frauen, die Geschichtslosigkeit durch das Verschweigen von allem, was Frauen geschaffen haben, zählt schließlich zu den leisen, doch sehr effizienten Mechanismen der Unterdrückung. Zum Abschluss noch ein kleiner Sidestep in mein eigentliches Metier, die Literatur: Mein erstes Buch war eine Sammlung von Anagramm-Gedichten, das sind Texte, die aus der Umstellung der Buchstaben eines gegebenen Wortes oder Satzes bestehen. Surrealist:innen wollen darin eine dem Traum vergleichbare Tür ins Unbewusste und zu verborgenen Bedeutungen gefunden haben, Anagramme aus Namen zu erstellen war in der Barockzeit ein beliebter Zeitvertreib – eine Versuchung, der ich bei DIESEM Namen einfach nicht widerstehen kann:

HEIDE GÖTTNER-ABENDROTH = O ERHEBET DER GÖTTIN HAND!

Am Ende ein schöner Imperativ an uns alle.

Anmerkungen

1   Die kursiv dargestellten Zitate stammen aus dem Interview mit Heide Göttner-Abendroth, geführt am 17. Juli 2019 von Birgit Buchinger und Ute Dorau in einem kleinen Ort in Niederbayern.
2   Göttner-Abendroth 2008, 60
3   Göttner-Abendroth 2019, 10
4   Göttner-Abendroth 1984, 36

Literatur

Bachofen, Johann Jacob (1861), Das Mutterrecht, Eine Untersuchung über die Gynaikokratie der alten Welt nach ihrer religiösen und rechtlichen Natur, Stuttgart

Göttner-Abendroth, Heide (2019), Geschichte matriarchaler Gesellschaften und Entstehung des Patriarchats, Bd. III, Westasien und Europa, Stuttgart: Kohlhammer

Göttner-Abendroth, Heide (2008), Der Weg zu einer egalitären Gesellschaft, Prinzipien und Praxis der Matriarchatspolitik, 1. Aufl., Klein Jasedow: Drachenverlag

Göttner-Abendroth, Heide, »Das Matriarchat II, 1. Stammesgesellschaften in Ostasien, Indonesien, Ozeanien«, 1991 und 1999, »Das Matriarchat II, 2. Stammesgesellschaften in Amerika, Indien, Afrika«, 2000, Stuttgart: Kohlhammer. Beide Bände erschienen zuletzt überarbeitet und ergänzt.

Göttner-Abendroth, Heide (1984), Zur Methodologie von Frauenforschung am Beispiel der Biographie, in: feministische beiträge zur theorie und praxis, Bd. 11, 2., Köln: Eigenverlag für sozialwissenschaftliche Forschung und Praxis, 35–39

Göttner-Abendroth, Heide (1980), Die Göttin und ihr Heros, Die matriarchalen Religionen in Mythos, Märchen und Dichtung, München: Frauenoffensive, Neuerscheinung 2011, Stuttgart

Kirsch, Hans-Christian: Ein Guru der Großen Mutter, in: Der Spiegel, 7.6.1982, spiegel.de

von Ranke-Graves, Robert (1960), Griechische Mythologie, Reinbek bei Hamburg: Rowohlt

Film: Gudrun Frank-Wissmann (2011), Ein Leben für die Moderne Matriarchatsforschung, Rüsselsheim: Christel Göttert Verlag

Heide Göttner-Abendroth mit 16 Jahren

Heide Göttner-Abendroth als Leiterin der Akademie HAGIA
auf Studienreise, Ägypten 1990

Ute Remus bei der Buchvorstellung »Bloß nicht auf Sand bauen« in der Buchhandlung Karola Brockmann, Brühl 2013

UTE REMUS

Schauspielerin, Radio-Sprecherin, Sozialreporterin, Redakteurin, Autorin, Civis- und Kurt-Magnus-Preisträgerin, Alleinerzieherin, ihr Leben lang frauenbewegt. Neben einer Karriere am Theater schrieb Ute Remus Sozialreportagen für die *Courage*, schuf neue Radioformate von und für Frauen im *WDR* und initiierte hinter den Kulissen mit ihren Kolleginnen Gleichstellungsberichte zur Situation der Mitarbeiterinnen. Ute Remus engagiert sich in vielfältigen Frauen-, Friedens- und Umweltgruppen, das Lesetheaterstück »Tuvalas rappende Idee« ist ihr Beitrag im Einsatz gegen die Klimakatastrophe. Ihre bewegte Kindheit und Familiengeschichte hat Ute Remus, die 1941 mitten im Zweiten Weltkrieg in Hamburg zur Welt kam, in ihrem Buch »Bloß nicht auf Sand bauen« verewigt.

Wachsam in den Alltag – Ute Remus

Nicole Schaffer

Ute Remus ist sowohl in Theater, Rundfunk und Prosa als auch in der bildenden Kunst, in Psychotherapie sowie Körperarbeit zu Hause. Sie nimmt sich im Interview zurück, was das *Label Feminismus* betrifft. Als *komplette Feministin* könne sie sich nämlich nicht bezeichnen. Auch sei sie weder eine der *großen Aktivistinnen* noch eine *Anführerin* gewesen. Ihre Nähe zu feministischen Utopien kann sie aber nicht leugnen und letztendlich war es die Erfahrung der Frauenbewegung, die sie bestimmt hat. *Bestimmt, erheitert und verändert!* Die Frauenbewegung, von der Ute Remus erzählt, ist egalitär, vielfältig und selbst in der streitbaren Auseinandersetzung lustvoll, besteht aus unzähligen Netzwerken und Querverbindungen auf Augenhöhe sowie vielen Treffen, Konferenzen und Publikationen. Und Ute Remus wird, vom Theater und vom Rundfunk kommend, je nach Lebensphase unterschiedliche Plattformen und Formate zur Vermittlung der frauenbewegten Inhalte finden.

Die Bühne als Traum

Mein Gott, ich wäre am liebsten auf die Bühne geklettert! Auf der Schulbank habe ich die sterbende Evita Peron gemimt oder den brüllenden Herodes.[1]

Die Familiengeschichte, Mutter Klara kam von einem pommerschen Bauernhof und Vater Kurt Remus war Apothekersohn aus Berlin, verarbeitet Ute Remus in ihrem Buch »Bloß nicht auf Sand bauen« (2013) – ein Rat, den ihr Großvater Hermann Schneider 50 Jahre nach seinen Tod im Traum gegeben hat. Es ist die Geschichte einer Zeit, die von großen Kriegen, Wirtschafts- und Landwirtschaftskrisen, tiefer Armut, aber auch von persönlichen Verlusten und gefallenen Söhnen ebenso geprägt ist wie vom Nationalsozialismus und Judentum – die Großmutter stammte aus einer christlich-jüdischen Familie. All das zeichnet die Kindheit von Ute Remus, die mitten im Zweiten Weltkrieg in Hamburg zur Welt kommt, aus. Dazu noch das Gefühl von Flucht und Mangel, die Kriegsverletzungen und der frühe Tod des Vaters. Es ist aber vor allem der sehr frühe Tod ihrer Schwester Erdmuthe, an dem sie sich *abarbeitet*. Erdmuthe stirbt im Alter von neun Jahren in Polen – neun Monate später erblickte die kleine Ute das Licht der Welt. Ute Remus wächst also mit dem Vermächtnis auf, mit ihrem Dasein *wieder etwas gutmachen zu müssen*. In »Bloß nicht auf Sand bauen« wird sie von »Himmelskind. Kriegskind« erzählen.[2]

Auch wenn Mutter und Bruder andere Vorstellungen für das Leben der jungen Ute haben (Fremdsprachenkorrespondentin, Büroarbeit, Heirat, Kinder), verfolgt diese schon früh ihre eigenen Interessen, was in den 1950er Jahren keineswegs selbstverständlich ist. Der frühe Kontakt zum Künstler:innenpaar Käthe und Emil Kritzky und zum Prießecker Kreis, dessen Künstler:innen in der Heimvolkshochschule in Göhrde/Wendland Interessierten *Sehen, Zeichnen, Malen* nahebrachten, schuf für Ute Remus gleichermaßen Kreativ- wie Fluchtorte und war darüber hinaus *eine Schule fürs Leben*. Im Laufe des Interviews wird offensichtlich, dass Literatur, Theater und Kunst ihr Leben lang als Inspiration für ihre Arbeit dienen.

Die Familie Remus ist arm, nach dem Tod des Vaters wohnt Ute mit ihrer Mutter und ihrem Bruder in einer Gartenlaube ohne Wasseranschluss. An den 13 Jahre älteren Bruder wird des Öfteren *das erzieherische Machtwort* delegiert. *Es passte ihm nicht, dass ich so viel träumte, statt zu lernen.* Dass Ute Remus noch vor dem Abitur die Schule verlässt, ist für Mutter und Bruder gleichermaßen eine *Katastrophe*. Um dem Zuhause zu entkommen, geht Ute Remus als Au-pair nach Frankreich, wo sie das Französischdiplom macht, ganz andere Lebensverhältnisse kennenlernt und sich von »Les Mémoires d'une jeune fille rangée« einer Simone de Beauvoir[3] elektrisieren lässt. Zurück in Deutschland finanziert sich Ute Remus mit diversen Büro- und Fabrikjobs sowie einem Stipendium der Hansestadt Hamburg die dreijährige Ausbildung an der Schauspielschule Margot Höpfner und beginnt am Jungen Theater Hamburg zu spielen.

Mehrfache Öffentlichkeit

In den 1960er Jahren lebt Ute Remus in Baden-Baden und fährt beruflich mehrgleisig: Zum einen ist sie als Sprecherin und Moderatorin beim *Südwestfunk* tätig, wo sie erste Sozialreportagen verfasst. Zum anderen hat sie am Stadttheater Baden-Baden einen Vertrag als Schauspielerin und ist im Bereich Dramaturgie für Öffentlichkeitsarbeit und Werbung zuständig. Für das Stadttheater konzipiert und organisiert Ute Remus 1969 auch das skandalträchtige »Be-In« (gemeinsam mit Reinhold Böhm), den *etwas anderen Theaterabend* für 600 Jugendliche, an dem Popkultur auf die bürgerliche Theater- und Musikkultur trifft. *Einer der Höhepunkte war das Pop-Orchester, das vom Schnürboden auf das klassische Jugendorchester traf – am Schluss spielten sie »All you need is love« zusammen.* Allerdings wissen die jugendlichen Besucher:innen wenig mit der Werbung im Theater anzufangen – Remus hat nicht wenige Baden-Badener Firmen als Sponsoren für das Theaterhappening gefunden – *und als einer ins Mikro schrie »Werbung ist Scheiße, Kapitalismus ist Scheiße!«, war der Aufruhr da und die Feuerwehr kam. Man fürchtete um die Bestuhlung im Rokoko-Theater. Die Baden-Badener Jugend war etwas rebellisch geworden.* Die Kritiken für das Theaterevent sind zwar nicht schlecht, allerdings wird der Vertrag von Ute Remus nach dem Sponsorenecho nicht verlängert und auch die Nachrede schien nicht die beste zu sein: *Ich wurde übel beschimpft und kriegte Erde in den Auspuff meines alten Diesels gestopft.*

Aber auch in privater Hinsicht verändert sich in dieser Lebensphase einiges. 1966 kommt ihr Sohn Niko zur Welt. Der Vater ist Journalist beim *Südwestfunk*, den Ute Remus meint aufgrund der Schwangerschaft heiraten zu müssen – die Ehe wird nach einem dreiviertel Jahr wieder geschieden. Mit dieser Trennung sind Gewalt, versuchte Kindesentführung, nicht gezahlte Alimente verbunden. Zudem will sie in andere Lebenswelten eintauchen, die nicht mehr von geschlechterhierarchischen, dysfunktionalen Beziehungen und beruflicher Schlechterstellung gegenüber Partnern und männlichen Kollegen geprägt sind. Denn auch diesbezüglich hat Ute Remus genügend Erfahrung gesammelt: *Ich habe meinen Lebensgefährten mitgenommen, das heißt den Termin gemacht in der Redaktion, die für* Popshop *verantwortlich war. Wir hatten einen*

Vorschlag für eine neue Sendereihe Beat und Lyrik, *den stellten wir den beiden Redakteuren vor – und mit wem haben sie gesprochen, als wir bei ihnen im Büro saßen? Ausschließlich mit Reinhold, der auch gleich das große Wort führte. Für die beiden Herren war ich immer noch die ehemalige Sprecherin, die kleine Sozialreportagen machte, meine Theaterkarriere haben sie nicht mitgekriegt. Darauf hatte ich wirklich keine Lust: An der Seite eines Mannes so eine Rolle zu spielen.*

Zeit für Aufbrüche

Vor diesem Hintergrund wirken Ute Remus' Beschreibung der persönlichen und gesellschaftspolitischen Aufbruchstimmung in den späten 1960er und 1970er Jahren umso befreiender, so vieles scheint möglich! 1970 entscheidet sie sich für einen Umzug nach Köln, das im Gegensatz zu Baden-Baden drei Sendeanstalten sowie eine »Kinderladen-Bewegung« bieten kann – Ute Remus sucht ja für ihren Sohn einen guten Ort zum Aufwachsen. *So kam ich ins Funkhaus und konnte beim* Frauenfunk *vom* WDR *Guten Tag sagen.* Der *Frauenfunk* und die Redaktion *Familie und Gesellschaft* werden seit 1962 von Magda Gatter geleitet, einer der ersten Rundfunkjournalistinnen im *WDR*, die mit ihren neuen Ansätzen den Rundfunk für Frauen revolutioniert, indem sie die Rationalisierung von Hausarbeit, Politik und Gesellschaft zum Thema macht. Bekannt ist sie unter anderem für das *WDR 2*-Magazin *Daheim und unterwegs*; 1971 hatte sie gemeinsam mit ihrer Mitarbeiterin Gerda Hollunder – *die beiden waren ein gutes Gespann* – die Sendung *Dampftopf* kreiert, mit der sie die Arbeitswelt der Frauen ins Programm brachten. Ute Remus bleibt hinsichtlich Frauen- und Parteipolitik vorerst auf Distanz, sie fühlt sich nur angesprochen, wenn es um die Rechte von Frauen geht, um Alleinerziehende oder um Antidiskriminierung – auch aus eigener Erfahrung. *Ich passte in die 1970er Jahre mit meinem Leben, war auch alleinerziehende Mutter und nicht auf Rosen gebettet. Ich wusste, was sich in der Frauenbewegung abspielte. Das begann mit dem Paragrafen 218 und ging weiter bis zur Gewalt in den Familien. So entstanden die Frauenhäuser, in Köln angestoßen von Maria Mies und ihren Studentinnen.* Maria Mies (s. Porträt S. 37), damals Professorin für Sozialpädagogik an der Fachhochschule Köln, bringt gemeinsam mit ihren Studentinnen das tabuisierte Thema Gewalt gegen Frauen an die Öffentlichkeit, sie initiieren Straßenaktionen und gründen den Verein Frauen helfen Frauen. 1976 wird das erste Kölner Frauenhaus eröffnet.

Auch Ute Remus *schmeißt sich ins Getümmel*. Sie wird zweite Vorsitzende des Republikanischen Clubs (RC). Heute fragt sie sich zwar wieso, trotzdem soll ein kurzer Blick auf den RC als neue Organisationsform und seine Arbeitskreise für Frauen geworfen werden, weil diese den Boden für Folgeaktionen aufbereiten. 1967 entstehen die RCs als Alternative zum parlamentarischen Repräsentativsystem. Bei der Gründung wird nur eine Frau, die Ökonomin Carola Möller, in den Vorstand gewählt, später sollten 1969 Roshan Dhunjibhoy und 1972 Ute Remus in den Vorstand folgen.[4] Zuvor hatten im Jahr 1968 die Frauen innerhalb des RC Köln den »Arbeitskreis Frau und Gesellschaft« gegründet, der sich unter anderem für herrschaftsfreie Beziehungen und die Selbstbestimmung von Frauen über Schwangerschaft und Sexualität einsetzt; Rollenbilder in der Gesellschaft und Arbeitsteilung zwischen den Geschlechtern werden ebenso diskutiert wie Gegenmodelle zur gängigen Kindererziehung. Und obwohl er wie viele der RC-Arbeitskreise nur kurz existierte, wurde eine Beratungsstelle für »Fragen der Geburtenkontrolle« geschaffen, die als Wegbereiterin für Aktionen rund um die »Aktion 218« im Jahr 1971 angesehen werden kann. Ute Remus erinnert sich darüber hinaus auch an den *RC-Arbeitskreis Verhütung, dass wir eifrig Protokolle verfasst haben und die auch mit den linken Männern im RC diskutiert haben. Später habe ich eingesehen, dass Frauen unter sich ganz anders reden und reden können.*

Durch die fortschreitende Parzellierung in diverse linke Kleingruppen und die getrennten Wege, die Frauen und Männer dabei gehen, verliert der RC immer mehr seine Stellung als inkludierendes politisches Forum. Aber in den initiierten Organisationen wie Beratungsstelle und Kinderladen manifestierten sich Alternativen zu von Männern dominierten Diskussionsforen und Aktionen.

Von eben diesem Kinderladen des Sozialistischen Kinderkollektivs übernimmt Ute Remus den Vorsitz – und gerät ins Schwärmen, als sie von dieser Zeit erzählt: *Alles war neu – wie wir miteinander geredet haben und wie wir gelebt haben. Theorie und Praxis gehörten zusammen. Wir haben ein Haus besetzt für den Schülerladen, und das Dach selber gedeckt – ich will nicht angeben, immerhin habe ich Ziegel gereicht.* Raubdrucke zur neuen, antiautoritären Erziehung und zur Sexualpolitik (Summerhill, Wilhelm Reich) werden ebenso diskutiert wie Marx und Engels: *Tagsüber haben wir Dienste im Kinderladen gemacht und abends saßen wir noch zusammen, mit dem »Floh de Cologne«, das war die linke Kabarettgruppe in Köln, und haben Marx und Engels gelesen, auf den kleinen Stühlchen sitzend.* Ziel ist, im steten Widerspruch zu allen Autoritäten zu stehen – *Contestation permanente! –, alles zu hinterfragen* und die bürgerlich-patriarchale Familie zu sprengen. *Aber damals habe ich das Philosophieren an die Männer delegiert, bis ich entdeckt habe, dass ich auch selber denken kann.*

Es soll für Ute Remus in dieser Dekade der Aufbrüche aber weit über das Diskutieren, Philosophieren und die Rezeption von Theorien hinausgehen, denn gerade die Verbindung von Theorie und Praxis ist ihr ein Anliegen: die Vermittlung von feministischen, frauenpolitischen und emanzipatorischen Inhalten in die Öffentlichkeit und in den Alltag von Frauen (und Männern). *Ich habe beobachtet. Ich habe wahrgenommen, aufgenommen, weitergegeben und vermittelt.* So verfasste Ute Remus auch Sozialreportagen für die Frauenzeitschrift *Courage,* deren Nullnummer 1976 erscheint.[5] Die *Courage* ist ein überregionales, linksfeministisches, autonomes Blatt, das sich als selbstverwaltetes Projekt bis 1984 halten kann.[6] Für Ute Remus steht die *Courage* für eine egalitäre Frauenbewegung, für eine Zeit, in der sich die Aktivistinnen und Feministinnen mit ihren unterschiedlichsten Ansätzen gegenseitig inspirieren und weiterbringen. *Wenn ich daran denke, wer da alles bei der* Courage *war, neben Sabine Zurmühl und Sibylle Plogstedt: Gisela Bock, Barbara Duden, Irene Stoehr … Mit* Emma *hatte ich es weniger, weil da ja eine Power-Feministin Frontfrau war. Wir haben in Gruppen zusammengearbeitet, gestritten, wir sind uns begegnet und haben das gefeiert.*

Auch die *regenbogenfarbenen »beiträge zur feministischen theorie und praxis«,* die 1978 bis 2008 erscheinen, stehen für den inspirierenden Austausch zwischen Wissenschaft, Theorie und der Praxis der Frauenbewegung. Die Zeitschrift wird zuerst im Rotationsverfahren, ab 1983 dann vom Verein Sozialwissenschaftliche Forschung und Praxis für Frauen in Köln herausgegeben. Die beiden Wissenschaftlerinnen Erika Knabe und Theodossia Pavlidou gehörten dazu, mit ihnen wird die *WDR*-Frauengruppe später zusammenarbeiten. *Es gab immer Querverbindungen. Und ungeheuer viele Publikationen, Konferenzen und Treffen. Von einem Treffen in Paris habe ich noch eine Ausgabe von einer Autorinnengruppe, erschienen im Verlag Frauenpolitik – ein internationales Frauentreffen, Pfingsten 1977. Spontan bin ich in Köln in den Bus gestiegen, ohne zu wissen, was mich erwartet: Der erste internationale Frauenkongress – sehr aufregend, weil die portugiesischen, spanischen, italienischen Frauen und zum ersten Mal auch die von mir bewusst wahrgenommenen afrikanischen Frauen von Arbeitsverhältnissen und Ausbeutung berichteten. Alles ziemlich chaotisch, aber wie ein Vorläufer der Weltfrauenkonferenz in Peking.*

Neue Rundfunk-Formate

Nicht nur in den Printmedien, auch im Rundfunk manifestieren sich in den 1970ern Themen und Anliegen der Frauenbewegung in immer größerem Ausmaß. Als *großen Vertrauensbeweis* bezeichnet es Ute Remus, dass Gerda Hollunder und Magda Gatter sie in die Redaktion des *WDR 2* holten, als Hollunder *1975 zum »Jahr der Frau« als Referentin ins Familienministerium von Katharina Focke (SPD) ging.* Ute Remus hatte »Szenen einer Ehe« von Ingmar Bergman (1973) gesehen und fand das improvisierte Miteinanderreden hochinteressant: *Da konnte man doch auch im Radio was mit anfangen!* Mit *Alltagskonflikte* schuf Ute Remus ein neues, interaktives Sendeformat, das Alltagsprobleme von Frauen, *wie Pünktlichkeit oder Unordnung, bis zu existenziellen Problemen im Zusammenleben, dem sexuellen Missbrauch von Kindern und der Gewalt gegen Frauen*, thematisierte und bei dem die Hörer:innen selbst anrufen und zu Wort kommen konnten. Das richtige Format für die Zeit, denn *die Telefonleitungen liefen heiß, die Sendereihe wurde ein Erfolg* und Ute Remus wurde 1975 fest angestellt. Für *Alltagskonflikte* erhält Ute Remus den »Kurt-Magnus-Preis für Nachwuchs« sowie den Civis-Preis für die Sendung *Mit so einem gehst du?* über eine deutsch-türkische Liebe.

Ute Remus scheute nicht davor zurück, brisante oder tabuisierte Themen aufzugreifen. In lebhafter Erinnerung ist jene Alltagskonfliktesendung über die Methoden der »Lebensschützer« wie *Embryos in Spiritus im Glas*, für die Ute Remus heftig angegriffen wird. Die Redaktion hält zu ihr, der Intendant jedoch droht mit einer Rüge, die Ute Remus auch erhält, was in Folge Erica Fischer (s. Porträt S. 191) in der *Kölner Stadtrevue* dazu veranlasst, dies *als politische Reaktion zu werten*. Ute Remus kommt als Redakteurin *nochmal glimpflich davon*, die Konflikte hinter den Alltagskonflikten schaden dem Erfolg der Sendereihe nicht, die Einschaltquoten bleiben gut. Erst nach 20 Jahren, 1994, wird die Sendung im Zuge einer Programmreform abgelöst, *offenbar war die Zeit reif für ein feministisches Format*. Ute Remus' neues halbstündiges Frauenmagazin *Abwasch* bei *WDR 5* – *mit der netten Unterzeile »tut auch Männern gut«* – startet im Jänner 1995 *und hatte ausdrücklich Frauen im Blick, als Protagonistinnen und Hörerinnen*. Noch im selben Jahr kann *Abwasch* mit einem Feature zur Weltfrauenkonferenz in Peking 1995 auftrumpfen, das Ute Remus gemeinsam mit Sibylle Plogstedt aufgenommen hatte. *Wir kamen frisch aus Peking zurück und produzierten schon am nächsten Tag die halbe Stunde: »Seht die Welt mit den Augen einer Frau – Weltfrauenkonferenz Peking«, mit Aufnahmen von internationalen Begegnungen, brandaktuell und feministisch.*

Wichtig ist Ute Remus, dass mit ihren Sendungen, die sie gemeinsam mit freien Mitarbeiterinnen produziert, Impulse für Austausch und Vernetzung unter Frauen gegeben wurden, die bis zu diesem Zeitpunkt wenig mit der Frauenbewegung zu tun haben. In Brühl etwa entsteht an der Volkshochschule eine Frauengruppe namens Alltagskonflikte, die sich über ihr Leben als Hausfrauen und berufstätige Frauen austauschen. Ein egalitärer Zugang zur Frauenbewegung also, der sowohl auf persönlicher als auch auf gesellschaftlicher Ebene Bewusstsein für die Belange von Frauen schafft, den großen Wert der (unbezahlten) Arbeit von Frauen vermittelt und vor allem deren Selbstbewusstsein stärkt. Eine Zusammenfassung der zweimonatigen Bestandsaufnahme der Hausfrauensituation im *WDR* ist bereits 1977 in der *Courage* zu finden, in der die Geschichte der Hausarbeit, Arbeitsorganisation und Rationalisierung im Haushalt, Lohn für Hausarbeit, Urlaubsgeld,

Rente und vieles mehr diskutiert wurden. »Warum gibt es eigentlich keine eigenständige Alterssicherung für Hausfrauen, warum werden nicht einmal die Zeiten der Kindererziehung als Ersatzzeiten anerkannt? Wir waren uns alle einig, dass Hausarbeit in ihrem Wert völlig ungenügend anerkannt wird.«[7]

Ute Remus ist heute überzeugt, dass mit *Alltagskonflikte* und *Abwasch* einiges in Bewegung gesetzt wurde, weil nebst Bestandsaufnahmen auch stets Lösungsmöglichkeiten aufgezeigt wurden. Wichtige Impulse lieferten dabei die stets wechselnden interessanten Gesprächspartnerinnen, etwa Ingrid Riedel, die zur Wirkung von Märchen sprach, oder Verena Kast, eine ebenfalls *unkonventionelle Jungianerin*, die mit ihr die Ambivalenz der Treue diskutierte: »Die Treue zu mir und die Treue zu Dir, wie verträgt sich das?« Ute Remus selbst macht in den 1990er Jahren eine Kurzanalyse sowie eine Ausbildung in Psychodrama. Um Abstand vom stressigen *WDR*-Job zu bekommen, nimmt sie ein halbes Jahr frei, um bei »Frauen lernen Leben«, einer feministischen Kölner Frauentherapieeinrichtung, mitzuarbeiten. Obwohl die psychotherapeutischen Weiterbildungen sie *persönlich weitergebracht haben*, eckt Ute Remus das eine oder andere Mal in der *oft unpolitischen Therapieszene* mit ihren Ansprüchen an – indem sie zum Beispiel einen politisch reflektierten Sprachgebrauch fordert. *Als jemand statt von Zwangsarbeitern von Gastarbeitern in der Nazizeit redete, habe ich heftig widersprochen. Das wurde auch noch gerechtfertigt, ich müsste diejenige reden lassen, es sei ihre Angelegenheit. Ich habe manchmal Menschen vor den Kopf gestoßen mit meiner Meinung.*

Ihre politischen Ansprüche bringt Ute Remus auch in ihrem Engagement für Frieden und gegen Atomkraft zum Ausdruck. 1981 nimmt sie etwa an der Friedensfahrradrallye Aktion Gegenwind, 1983 mit ihrer Frauengruppe Saturn am Frauenfriedenscamp gegen Raketenstationierung im Hunsrück teil. Dabei ist es nicht einfach, die Redaktionsagenden im *WDR*, das Engagement in Frauengruppen und die friedenspolitischen Aktivitäten getrennt zu halten. *Gerda war da streng, als ich die Proteste gegen die Raketenstationierung als Thema vorgeschlagen hatte: Das müsse man trennen. Das war schon ein Dilemma.*

Frauen in den Medien

Nicht nur vor, auch hinter den Kulissen hat Ute Remus ihre frauenbewegten Spuren im Rundfunk hinterlassen. Da der von Ursula von Welser 1976 vorgelegte »Bericht zur Lage der weiblichen Mitarbeiter im WDR« zu keinen wesentlichen Veränderungen in der Situation der Frauen führt, wird 1977 von der neu konstituierten *WDR*-Frauengruppe eine Fortschreibung der Untersuchung angeregt, »mit der Zielvorgabe, die Ergebnisse in Handlungskonsequenzen umzusetzen.«[8] Wissenschaftlich wird das Projekt von Erika Knabe und Theodossia Pavlidou vom Verein für sozialwissenschaftliche Forschung und Praxis für Frauen begleitet. Das Frühwerk organisationaler Gleichstellungsarbeit in den Medien ist umso beeindruckender, wenn man bedenkt, dass sich die Mitglieder der Arbeitsgruppe – von der Tontechnikerin bis zur Sachbearbeiterin – für dieses Forschungsprojekt nebst ihrer Erwerbstätigkeit weit über ihre Fachexpertise hinausgehende sozialwissenschaftliche Kompetenzen aneignen mussten. *Das war wieder ein Kraftakt von Kolleginnen aus verschiedenen Bereichen.*

Die Studie beschäftigt sich unter anderem mit den Frauen- und Männeranteilen in den jeweiligen Vergütungsgruppen (VG), die Ergebnisse sind vielleicht nicht überraschend, aber dennoch alarmierend: *Die größte Anzahl der Männer befand sich damals in der VG II, während sich die größte Anzahl der Frauen in der VG VII befand. Das heißt, die meisten Männer haben doppelt so viel verdient.* Zusammengefasst konnte die Studie bestätigen, dass im *WDR* der 1980er Jahre Frauen weitaus weniger Karriere machten als Männer. Das Alarmierendste ist – aus Sicht der Autorin – jedoch, dass sich die betriebliche Gleichstellungsarbeit trotz vieler Fortschritte, trotz der (partiellen) Institutionalisierung insbesondere in Institutionen der öffentlichen Hand (siehe etwa Gender Mainstreaming, Gender Budgeting) nach 40 Jahren mit nahezu denselben Herausforderungen auseinanderzusetzen hat: Mit einem weitaus schmaleren Spektrum für Karrierewege und Aufstiegschancen für Frauen, mit geringer Repräsentanz von Frauen in Leitungsfunktionen und hochdotierten Berufsgruppen und daraus resultierenden Einkommensunterschieden, mit einer ungleich höheren Doppelbelastung durch Beruf und Familie für Mitarbeiterinnen. Und auch damals wurde die Quote als eine mögliche Form von Entwicklungsmaßnahme diskutiert.

Zurück in die 1980er Jahre: Die Studienautorinnen können unabhängig von den ernüchternden Studienergebnissen eine ungemein positive Wirkung des umfassenden Forschungsprojekts feststellen, die zur Stärkung und Ermächtigung der Frauen beiträgt: »Zusammenfassend lässt sich ohne Euphorie sagen, dass die Geschichte dieses Projekts zugleich auch die Geschichte eines wachsenden Bewußtseins bei vielen Kolleginnen ist und die Geschichte eines wachsenden Selbstbewußtseins.«[9]

Trotz oder gerade wegen des stets notwendigen Engagements zur Verbesserung der Situation der Frauen im *WDR* bzw. generell in den Medien ist Ute Remus ein lustvoller Zugang wichtig. *Ich habe mit Senta Trömel-Plötz einen Workshop im* WDR *veranstaltet, der allen Spaß gemacht hat und bei dem sie als Linguistin uns, den Wortfrauen, einige Ungereimtheiten bewusst gemacht hat. Wir haben unter anderem festgestellt, dass es erst sehr spät, ab 1972, eine Nachrichtensprecherin im* WDR *gab. Aus Verlegenheit. Weil der Sprecher nicht kam.* Dem folgend verfasst Ute Remus einen Kommentar über die ersten deutschen Nachrichtensprecherinnen, Wiebke Bruns bei der Sendung *Heute* im *ZDF* 1971, 1976 kam mit Dagmar Berghoff die erste *Tagesschau*-Sprecherin. *Und bei Berghoff wurde, wie bei Bruns, die Kleidung in der Presse kommentiert.* »Sie trug ein graues Kleid mit Punkten und Blumen gemustert, darunter einen schwarzen Rolli«, *denn zu viel Sex würde die Männer irritieren.*

Mit dem Hörfunk-Feature *Männer machen das Programm und wir sind ihnen dabei behilflich* landen Ute Remus und Kolleginnen aus allen *WDR*-Sparten 1978 *einen kleinen Coup.* Da das Sprechen von Nachrichten in den Redaktionen, insbesondere in den Sparten Politik und Sport, mehrheitlich den männlichen Sprechern zugestanden wird, holen sie die zwölfjährige Anne ins Studio. *Anne hat im Studio dem Nachrichtensprecher den Mund zugehalten und dann sehr flott selber die Nachrichten verlesen. Das war natürlich nicht live. Die Sendung – ein 105-Minuten-Feature – wurde von einigen Programmobersten vor der Ausstrahlung abgehört. Aber es war nichts zu beanstanden.*

Von der Wachheit im Alltag

Ich möchte so gern daran glauben, dass diese Welt sich zum Guten ändert. Verändern wird sie sich. Der Ansatz von Ute Remus, Utopien, Erfahrungswissen und Alltag zu verbinden und engagierte Personen unabhängig von Status und Alter zu vernetzen und dem Ganzen eine Öffentlichkeit zu geben, lässt sich auch mit der 2017 in Brühl ins Leben gerufenen Veranstaltungsreihe »Wind der Veränderung« vortrefflich nachvollziehen. Hier werden Themen wie Klimakatastrophe, Wachstumswahn oder MeToo-Bewegung verhandelt. *Unsere Gäste waren und sind keine hochdotierten Expertinnen, uns interessiert der persönliche Einsatz und das angesammelte Wissen – und das findet sich sehr oft bei Frauen. Den Anfang hat eine junge Frau aus dem Hambacher Forst gemacht, die vom Widerstand gegen die Braunkohlebagger berichtet hat. Wir waren atemlos beim Zuhören!*

Ein Jahr später kann Ute Remus die Aktivistin und eine weitere junge Baumbesetzerin für ihr »Tuvala«-Stück gewinnen, das im Wendland aufgeführt wird; gemeinsam mit drei politisch engagierten Freundinnen und ihr selbst als Tuvala. Etwaige Generationengrenzen sollen keine Rolle spielen, wenn es darum geht, mutig für Veränderung einzutreten, um gemeinsam die Welt zu retten. *Ist es eine Utopie, mit der jungen Generation ins Gespräch zu kommen, die uns aufgerüttelt hat für die Zukunft unseres Planeten?* Immerhin wurde die ökologische Krise von Feministinnen schon früh erkannt – Stichwort Kampf gegen *Atomkraft, Aufrüstung, verstrahlte Lebensmittel* – dementsprechend sind sie vernetzt. Jetzt geht es darum, die unterschiedlichen Alterskohorten zusammenzubringen, um sich für dieselben Themen und Ziele zu engagieren. »Tuvalas rappende Idee« ist Ute Remus' Beitrag im Einsatz gegen die Klimakatastrophe, 2018 als szenische Lesung im Bonner Frauenmuseum uraufgeführt.

»Die Eiskappen schmelzen, die Niederschläge fallen, landunter in Holland. Die Sektkorken knallen und die Kapitalisten lallen: Surf auch du auf Tuvalu!« Ausgangspunkt ist Tuvalu, ein Inselstaat im Pazifischen Ozean, der bei jeder Sturmflut in den Fluten zu versinken droht. *Als ich Anfang der Nullerjahre auf Arte eine Dokumentation sah, war das für mich ein Fanal, und prompt meldete sich Tuvala als*

70-jährige Umweltaktivistin und Katzenliebhaberin, die von ihren Einnahmen als Klofrau lebt. Ihr gelingt es, die gepflegte »Agentur 50 plus« rappend aufzumischen. Tuvala hat eine Gegenspielerin: Kitty, die Chefin von der Wellnessagentur. Es ist ein Stück mit zwei Heldinnen, die gleichzeitig Antiheldinnen sind.

Im Zuge der Weltklimakonferenz in Bonn 2017 kommt es übrigens zu einem berührenden Kennenlernen, durch Zufall und doch, wie es scheint, vorherbestimmt, indem Ute Remus im Bonner Frauenmuseum auf Kuata Masioto aus Tuvalu traf, einer der Delegierten von den Pazifikinseln. *Wir lagen uns in den Armen und sie schenkte mir eine Muschelkette.*

Bis heute kreiert Ute Remus Theaterstücke und Hörbücher, bei denen Frauen im Zentrum stehen – *meine Nähe zu feministischen Utopien kann ich also nicht leugnen.* Diese Form der Biografiearbeit bezeichnet sie als *Würdigung*, die ihr besonders bei der in Auschwitz ermordeten Künstlerin, Kunsthistorikerin und Journalistin Luise Straus-Ernst oder bei der israelischen Bewegungstherapeutin Miriam Goldberg ein großes Anliegen ist. Goldberg ist Ute Remus eine *großartige Lehrerin, die über die Körperwahrnehmung Prozesse in Gang setzte, die immer noch nachwirken.* Ute Remus hatte das Glück, sowohl Schülerin als auch Interviewerin sein zu dürfen. »Von der Wachheit im Alltag« hieß das Feature zu Goldberg (1990), was auch hervorragend Ute Remus selbst, ihr Werk und ihre Lebens- und Arbeitsphilosophie beschreibt.

Anmerkungen

1   Die kursiv dargestellten Zitate stammen aus dem Interview mit Ute Remus, geführt am 5. Jänner 2020 von Birgit Buchinger und Ela Großmann in Köln.
2   Remus 2013, 208
3   de Beauvoir, Simone (1958), Mémoires d'une jeune fille rangée, Paris. Auf Deutsch erschienen als: Memoiren einer Tochter aus gutem Hause.
4   Franken 2019
5   Remus 1977b
6   Notz 2006
7   Remus 1977a, 36f.
8   Becher et al. 1981, 5
9   ebd., 11

Literatur

Becher, Vera/von Bönninghausen, Inge/Remus, Ute/Schwarz, Karin/Wilhelm, Ursula/Zimmermann, Rita; unter wissenschaftlicher Mitarbeit von Knabe, Erika und Pavlidou, Theodossia (1981), Die Situation der Mitarbeiterinnen im WDR, Auszug aus der Studie, Köln

Franken, Irene (2019), Die erste Frauengruppe der Neuen Frauenbewegung in Köln – der AK Frau und Gesellschaft im Republikanischen Club Köln e. V., digitales-deutsches-frauenarchiv.de

Kramarae, Cheris (1984), Nachrichten zu sprechen gestatte ich der Frau nicht, Widerstand gegenüber dem öffentlichen Sprechen von Frauen; daran anschließend: Ute Remus, Kommentar über die deutschen Nachrichtenfrauen, in: Trömel-Plötz, Senta (Hg.), Gewalt durch Sprache, Frankfurt am Main: Fischer, 203–232

Notz, Gisela (Hg.) (2006), Als die Frauenbewegung noch Courage hatte, Die »Berliner Frauenzeitung Courage« und die autonomen Frauenbewegungen der 1970er und 1980er Jahre, Reihe Gesprächskreis Geschichte Heft 73, Dokumentation einer Veranstaltung am 17. Juni 2006 in der Friedrich-Ebert-Stiftung, Berlin

Remus, Ute (1977a), »Da könnt' ich ja mal Urlaub machen«, in: Courage: Berliner Frauenzeitung, 2 (1977), H. 8, 36/37

Remus, Ute (1977b), »Vorm Boxen hat er uns Captagon gegeben: Anzeige gegen Kölner Boxmanager«, in: Courage: Berliner Frauenzeitung, 2 (1977), H. 12, 4–6

Remus, Ute (1990), »Von der Wachheit im Alltag«, Sendedatum 24. 8. 90/ NDR 4; gedruckt: Rundbrief der Heinrich-Jacoby-Elsa-Gindler-Stiftung, (2008), 10, 25–27

Remus, Ute (2003), Sollst je du sollst du Schwänin auf dem Ozean: Hommage an Lou Straus-Ernst, 1893 Köln – 1944 Auschwitz, CD

Remus, Ute (2013), Bloß nicht auf Sand bauen, Weilerswist: Verlag Ralf Liebe

Trömel-Plötz, Senta (Hg.) (1984), Gewalt durch Sprache, Frankfurt am Main: Fischer, 203–232

Ute Remus, Brühl 2014

Ute Remus als »Puppe Pauline« – Weihnachtsmärchen
im St. Pauli Theater, Hamburg 1962

Ute Remus mit Intendant Günther Penzoldt beim Be-In
im Theater der Stadt, Baden-Baden 1969

Irene Stoehr, Frauenfest 1980

IRENE STOEHR
ist Historikerin, Soziologin, Wissenschaftlerin, Publizistin. Geboren 1941 in
Schlesien im heutigen Polen, wuchs sie in Berlin auf und studierte dort in den
1960er Jahren Soziologie an der Freien Universität. Sie widmete sich zunächst
der sozialwissenschaftlichen Forschung, später vor allem der Geschichte der
Frauenbewegung in Deutschland. Sie wurde auch selbst Teil dieser Bewegung:
durch ihre Schriften, ihre redaktionelle Arbeit bei der Zeitschrift *Courage* oder
mit der Gründung der Zeitschrift *UNTERSCHIEDE*. Sie ist Mitbegründerin
des FFBIZ (Feministisches Frauenforschungs-, -Bildungs- und -Informations-
Zentrum) und forscht bis heute zum Thema.

Widersprüche, Ambivalenzen und Verschrobenheiten – Irene Stoehr

Maria-Amancay Jenny

Irene Stoehr gibt Birgit Buchinger und Ute Dorau im Juni 2019 ein Interview, als Expertin für Frauenbewegung, als Frau ihrer Zeit und ihrer Generation. Diesem Interview folgen einige E-Mails, Rückmeldungen, Freigaben und Nichtfreigaben von Texten, vieles Lesen und Schreiben sowie auch so manches Missverständnis. Es ist ein herausfordernder Austausch, aus dem dieser Text entsteht: eine Vorstellung. Es geht um eine Annäherung und Einordnung von Irene Stoehrs Ansätzen und Grundgedanken, um sie aus einer heutigen Perspektive für uns, die »jüngeren Feminist:innen«, zugänglich zu machen. Eben »damit der Faden nicht reißt«…

Ihre Texte und ihr Denken sind geprägt von Komplexität, Detailliertheit und Genauigkeit. »Mich faszinieren vor allem die Widersprüche«[1], hält Irene Stoehr fest. Diese Widersprüche als solche sichtbar zu machen, anzuerkennen und von diesem Ort aus weiterzudenken, das sehe ich als ihren originären Ansatz an.

Die Anfänge

Irene Stoehr kommt aus einem *relativ liberalen*[2] familiären Umfeld, ihr Vater ist Journalist, ihre Mutter Hausfrau. Anstatt den Vorstellungen der Eltern zu entsprechen und Studienrätin zu werden, entscheidet sich Irene Stoehr für das Studium der Soziologie, das schon 1961 *sehr modern* war. *Mein Studium wurde stark von dem sogenannten Positivismusstreit geprägt, der die akademische Soziologie und Philosophie an der FU in den 1960er Jahren beherrschte. Theoretische Auseinandersetzungen haben mich schon vorher fasziniert, und hier ging es um nichts weniger als die richtige Gesellschaftstheorie bzw. die richtige Methode für Gesellschaftsanalyse.* Während sich die meisten

Mitstudierenden in Berlin für die Kritische Theorie der Frankfurter Schule positionierten – *Positivismus war geradezu ein Schimpfwort* – *ein Synonym für mangelnde Gesellschaftskritik,* interessiert sich Irene Stoehr auch für andere, *angeblich systemstabilisierende* Gesellschaftsanalysen: *Hinter diesen Positionen standen auch verschiedene politische Bekenntnisse: das Plädoyer für die Überwindung des gegenwärtigen (kapitalistischen) Gesellschaftssystems samt seiner repressiven Institutionen einerseits (z. B. bürgerliche Kleinfamilie, Ordinarienuniversität), dem auch die Studentenbewegung folgte, und das Eintreten für eine liberale Demokratie andererseits, wie sie grundsätzlich in Westeuropa und den USA verwirklicht war, aber in Richtung auf »offene Gesellschaft« – ein Begriff von Popper – verbesserungsbedürftig sei.* Sie konnte beiden Positionen etwas abgewinnen: *Ich war also – wie noch oft in meinem späteren Leben – ambivalent.*

Die Universität ist damals noch von einem konservativen Klima geprägt. *Man sagte zum Beispiel »Herr Kommilitone« und »Sie« und »Wie der Kommilitone richtig gesagt hat«. Doch das änderte sich allmählich.* Irene Stoehr will nach zwei Jahren ihres Studiums eine Gruppe gründen, in der studienbegleitend gelesen und Texte vordiskutiert werden sollen. *Und obwohl es die Frauenbewegung noch nicht gab, war es für mich ganz selbstverständlich, dass ich nur Frauen angesprochen habe. Ich habe auch eine Kommilitonin gefragt, die ich bewunderte, und weiß noch, wie herb enttäuscht ich war: Sie wollte wissen, wer alles teilnimmt, und als ich ihr die Namen nannte, fragte sie nur: »Wird das eine Strickstrumpfrunde?«*

Die Gruppe wird schließlich gegründet. Es werden Texte diskutiert und analysiert, Prüfungen vorbereitet und – im Rahmen eines progressiven Versuchs mit einer anderen Studentinnengruppe – auch gemeinsam und äußerst erfolgreich abgelegt. *Das war sehr schön. Denn vorher fühlte ich mich doch ziemlich isoliert. Es war ja überhaupt nicht so in den Seminaren, dass man da zusammenkam. Die Gruppe war auch ein Versuch, ein bisschen Kontakt zu kriegen.*

1965 heiratet Irene Stoehr, das Paar zieht gemeinsam in eine neu gebaute Trabantenstadt in Berlin-Spandau, die sehr weit von der Universität entfernt ist. In West-Berlin herrscht damals Wohnungsnot. *Das hat mich schon räumlich aus dem studentischen Leben entfernt, aus dem ja auch die Frauenbewegung entstand.* Wenige Jahre später, 1968, hat Irene Stoehr einen schweren Verkehrsunfall. *Der Unfall hat mich für länger aus dem Leben gerissen, und es war ausgerechnet der Sommer und Herbst 1968, also die Zeit der Studentenbewegung und auch schon der Abgrenzung der Frauen im SDS von den männlichen ›Revolutionären‹. Sie hatten den Aktionsrat zur Befreiung der Frau gegründet, aus dem später u. a. die Gruppe »Brot und Rosen« hervorging.*

Sie selbst kommt erst vier Jahre später, inzwischen geschieden, in Berührung mit der Frauenbewegung. Ein Freund – also *peinlicherweise ein Mann* – hat sie damals auf die Existenz des Berliner Frauenzentrums aufmerksam gemacht. *Da bin ich dann sofort hin. Und wenn ich es pathetisch ausdrücken wollte, würde ich sagen: Das hat meinem Leben eine Richtung gegeben. Bezeichnenderweise habe ich auf den Veranstaltungen im Frauenzentrum vor allem eine ebenso ungewohnte wie wohltuende Kommunikation genossen, die schlicht davon geprägt war, dass keine Männer dabei waren, auf die sich das Interesse der Frauen hätte richten können. Und dass die Frauen neugierig aufeinander waren und einander mit Zuwendung begegneten.* Bisher ist sie die geschlechterhierarchische Kommunikation an der Universität gewohnt, in der sich Frauen, wenn überhaupt, gegenseitig nur als Konkurrentinnen wahrnehmen. *Das war es übrigens auch, was für mich gewissermaßen das Erweckungserlebnis der Frauenbewegung ausmachte: Nicht so sehr der Widerstand gegen den Paragraf 218 oder andere frauenpolitische Dinge. Sondern dass die Kommunikation so anders war. Das hat sich später allerdings leider geändert.*

Die »Lohn für Hausarbeit«-Kampagne

1973 geht Irene Stoehr zunächst mit einem Lehrauftrag, aus dem nach einem Semester eine feste Stelle wird, an die neu gegründete Fachhochschule für Sozialpädagogik und Sozialarbeit nach Hildesheim. *Ich sollte u. a. Soziologie und Empirische Sozialforschung lehren; das ließ sich sehr gut an »Frauenfragen« behandeln. Außerdem habe ich damals entdeckt, dass die Geschichte der Sozialarbeit auch eine Geschichte der Frauenbewegung war, die ja später praktisch mein Lebensthema geworden ist.*

Während ihrer Zeit in Hildesheim, wo es übrigens bereits in den frühen 1970er Jahren eine aktive Frauenbewegung gibt, fährt sie

regelmäßig nach Berlin, um an den Vorbereitungen der 1. Sommer-
universität 1976 für Frauen an der Freien Universität teilzunehmen.
*Dort bekam ich einen sehr wichtigen Impuls für mein Interesse an
Frauengeschichte, nämlich den Vortrag »Arbeit aus Liebe, Liebe als
Arbeit. Die Entstehung der Hausarbeit im Kapitalismus« von Gisela
Bock und Barbara Duden. Der war für mich geradezu eine Offenbarung. Gerade wir Feministinnen gingen doch davon aus, dass die
Frauen ›seit ewigen Zeiten‹ unterdrückt wurden und die meisten Frauen
›schon immer‹ Hausfrauen gewesen seien. Stattdessen erfuhr man:
Das ist ziemlich neu. Der private Haushalt und mit ihm die Haus-
frauenrolle kamen erst mit der Industrialisierung, dem Kapitalismus,
auf.* Dieser Zusammenhang zwischen dem kapitalistischen Wirt-
schaftssystem und der unbezahlten Arbeit der Frauen, diese in den
geschichtlichen und ideologischen Kontext der Industrialisierung
und des Kapitalismus zu setzen, fasziniert Irene Stoehr. *Dabei, so
die These von Bock und Duden, sei die Hausfrau sozusagen die wichtigste Säule des Kapitalismus. Nicht etwa der Lohnarbeiter. Das gefiel
mir besonders, weil es eine marxistische Kritik am Marxismus war.*

Im Anschluss an den Vortrag formiert sich mit einigen britischen
und italienischen Kolleginnen die internationale Kampagne »Lohn
für Hausarbeit«, die konkrete politische Forderungen stellt: nicht
weniger als die Bezahlung der Hausarbeit durch den Staat. *Lohn für
Hausarbeit fand ich u. a. deshalb faszinierend, weil es so weitreichend
und zugleich so simpel war. Man konnte es als schlichte, aber über-
zeugende Tagesforderung verstehen oder/und als Leitmotiv einer radikalen Gesellschaftstheorie. Es gefiel mir auch wegen seiner scheinbaren
politischen Widersprüchlichkeit. Auf der einen Seite würde und sollte
Lohn für Hausarbeit tatsächlich die kapitalistische Wirtschafts- und
Gesellschaftsordnung ›umstürzen‹, weil diese auf der un- oder unter-
bezahlten Reproduktionsarbeit beruhten (wie wir damals sagten; heute
sagen wir Care-Arbeit). Auf der anderen Seite schien diese Forderung
das bestehende Geschlechterverhältnis zu bestätigen, ja sogar die Haus-
frauenrolle festzuschreiben, die der Feminismus doch gerade abschaffen
wollte, und die Hausfrau stattdessen mit einem ansehnlichen Gehalt
auch noch zu ›belohnen‹. Dies war der Haupteinwand der meisten
Feministinnen in diesen 1970er Jahren. Wir dagegen waren fest davon
überzeugt, dass der Kapitalismus zusammenbrechen würde, wenn alle*

bisher unbezahlte Reproduktionsarbeit der Frauen vom Staat bezahlt werden müsste. Außerdem erkannten wir einen Zusammenhang zwischen der Unbezahltheit (und Unbezahlbarkeit!) einer Arbeit und der Selbstverständlichkeit, mit der sie – quasi als naturgegeben – verrichtet wurde. D. h. umgekehrt gingen wir davon aus, dass sich Frauen des Wertes ihrer Arbeit überhaupt erst bewusst würden, wenn sie dafür einen Lohn erhielten. Und dass dies auch eine Voraussetzung dafür war, diese Arbeit verweigern (z. B. bestreiken) zu können.

Die Kampagne führt zu zahlreichen kontroversen Auseinandersetzungen in den feministischen Reihen. *Aber wir konnten die Frauenbewegung nicht auf unsere Seite bringen. Im Gegenteil. Wir blieben eine kleine Minderheit darin, die zudem noch heftig bekämpft wurde.* 1977 wird es auf der 2. Sommeruni noch diskutiert (»Frauen als bezahlte und unbezahlte Arbeitskräfte«), doch bald werden andere Themen priorisiert. Schließlich löst sich die Kampagne auf, ohne ihre Forderungen realisiert zu haben.

Zurück nach Berlin

Im Herbst 1977 geht Irene Stoehr gemeinsam mit ihrer Freundin, die ebenfalls ihren *Job geschmissen* hatte, von Hildesheim zurück nach Berlin. *Ich hatte in Hildesheim zwar eine Professur auf Lebenszeit, wollte aber in das brodelnde Zentrum der Frauenbewegung zurück und wollte auch Forschungsarbeit machen, was in Hildesheim schwierig war.* Außerdem hätte damals niemand gedacht, dass es einmal schwierig sein könnte, einen Arbeitsplatz zu finden, so Irene Stoehr rückblickend. In Berlin bewirbt sie sich auf eine Assistenzstelle am Otto-Suhr-Institut (Politische Wissenschaften an der FU Berlin): *Ich hatte Glück und habe die Stelle bekommen. Sie war sehr begehrt. Dieser Job – das war Frauenbewegung pur. Da gab es Selbsterfahrung in Gruppen, die ihre Erkenntnisse in großen Plenen zusammentrugen. Die Gruppen fanden in privaten Wohnungen statt, aber die Plenen waren an der Uni. Also bei mir ging es nicht mehr ganz so bewegt zu wie bei meiner Vorgängerin Ingrid Schmidt-Harzbach. Ich kam ja aus Hildesheim mit dem großen Interesse, Frauengeschichte zu vermitteln, und diese dafür erst einmal zu erforschen, und ich wollte sowohl die Ressourcen (z. B. Archive) und Arbeitsbedingungen in Berlin dafür nutzen.*

Hier findet sie nun also für fünf Jahre Zeit und Raum, sich der historischen Frauenbewegung in Deutschland im 19. und 20. Jahrhundert zu widmen. Die Entdeckung dieses Lebensthemas steht auch in Zusammenhang mit der »Lohn für Hausarbeit«-Kampagne. Im Zuge dieser Auseinandersetzung entdeckt Irene Stoehr die *streitbare Feministin* Käthe Schirmacher, die *bereits 1905 die »Frauenarbeit im Hause« als eine im nationalökonomischen Sinn »produktive Tätigkeit« bezeichnet und tatsächlich ihre »Besoldung« gefordert hat. Im Verband Fortschrittlicher Frauenvereine, der Organisation der radikalen (bürgerlichen) Frauenbewegung, stieß sie mit dieser Forderung auf ähnliche Ablehnung wie wir sieben Jahrzehnte später in der feministischen Öffentlichkeit. Ihre Kritikerinnen, die darauf vertrauten, dass der technische Fortschritt die Hausarbeit überflüssig machen würde, haben sie als rückschrittlich abgetan und riefen die Fabriksarbeiterin als die Frau der Zukunft aus. Käthe Schirmacher war eine schillernde Persönlichkeit. Sie war eine radikale Feministin und später eine militante Nationalistin. Solche Widersprüche reizten mich.* Zur Schrift »Die Frauenarbeit im Hause. Ihre ökonomische, rechtliche und sociale Wertung« von Käthe Schirmacher verfasst Irene Stoehr einen Aufsatz, der ihre erste Veröffentlichung in der feministischen Frauenzeitschrift *Courage* wurde.[3]

Nach Auslaufen der befristeten Assistenzstelle wird sie für zwei Jahre *Courage*-Redakteurin, bis zum – aus finanziellen Gründen erzwungenen – Ende der Zeitschrift. Danach lebt Irene Stoehr *mehr oder weniger prekär.* Neben Lehrveranstaltungen arbeitet sie in verschiedenen Forschungsprojekten mit diversen Institutionen zusammen. *So habe ich mich dann weiter von Projekt zu Projekt gehangelt.* Die Themen, mit denen sie sich in Bezug auf die Frauenbewegungen des 19. und 20. Jahrhunderts auseinandersetzt, sind ebenso vielfältig wie komplex: So analysiert sie zum Beispiel die politische Geschichte des Allgemeinen Deutschen Frauenvereins zwischen 1893 und 1933[4] sowie das Konzept der »Organisierten Mütterlichkeit« der deutschen »gemäßigten« Mehrheitsfrauenbewegung vor 1933[5]. Sie beleuchtet die komplexe Rolle der Frauenbewegung im Zuge der nationalsozialistischen Machtübernahme 1933[6] und analysiert später mit einer Kollegin die inzwischen äußerst umfangreiche Frauen- und Geschlechterforschung zum

Nationalsozialismus[7]. Immer wieder beschäftigt sie sich mit den Generationenproblemen von Frauenbewegungen. Seit etwa der Jahrtausendwende konzentriert sich ihre Forschung auf Geschlechterverhältnisse und Frauenpolitiken im Kalten Krieg der 1950er und 1960er Jahre. Dabei geht es etwa um die scheinbaren Paradoxien eines – wie Irene Stoehr es nennt – »feministischen Antikommunismus« sowie eines feministischen Pazifismus traditionell katholischer Prägung.

Das Frauenbewegungsgeschehen

Irene Stoehr ist, wie sie es selbst beschreibt, in das Frauenbewegungsgeschehen *wenn überhaupt – vor allem schreibend und diskutierend involviert.* Dies schließt neben der gelegentlichen Initiierung von und/oder Beteiligung an aktuellen Debatten die aktive Beteiligung an Gründungen von Einrichtungen oder Zeitschriften ein. So sollte etwa im Jahr 1978 nach dem Vorbild der US-amerikanischen Women's Studies Center ein staatlich finanziertes Zentralinstitut für Frauenstudien an der Freien Universität Berlin entstehen. Gemeinsam mit einigen anderen Uni-Frauen bekämpfte Irene Stoehr diesen Plan vehement, *weil wir verhindern wollten, dass Frauenforschung »vom Staat« kontrolliert wird. Ich habe dazu den streitbaren Artikel »Auf dem Weg in den Staatsfeminismus« geschrieben, der im Januar 1978 in der linksradikalen Zeitschrift* alternative *erschienen ist.* Als Alternative gründet sie zusammen mit anderen Frauen das FFBIZ: Frauenforschungs-, -bildungs- und -informationszentrum. Der ambitionierte Gedanke ist, eine Art außeruniversitäre Universität zu schaffen, an der Akademikerinnen und Nichtakademikerinnen gemeinsam arbeiten, forschen, lernen und lehren sollen. Neben der Dokumentation der Frauengeschichte soll auch Raum für die pädagogische Arbeit sein, das Zentrum ist als Ort der herrschaftskritischen Wissensproduktion gedacht.[8] *Das war die Alternative. Beides hat es dann gegeben. Aber das FFBIZ ist mehr eine Art von Volkshochschule geworden. Und vor allem ein Frauen-Archiv. Der Gegensatz autonom oder staatlich finanziert hat sich schon in den 1980er Jahren überlebt.*
Weiter gehört Irene Stoehr der Berliner Frauenfraktion an, die 1987 gegründet wird und einen Versuch darstellt, Frauen aus der

autonomen Frauenbewegung mit Parteien- und Gewerkschafts-frauen und später zur Wendezeit mit Frauen aus der DDR zu-sammen zu bringen. *Wir waren 1989 in Weimar zu einem der vielen runden Tische für eine neue Verfassung. Es herrschte einerseits eine große Aufbruchsstimmung. Andererseits merkten wir bereits, dass es sich weitgehend um Scheindiskussionen handelte, denn die Integra-tion der DDR in die BRD stand schon fest, bevor sie ausgesprochen wurde. Gleichzeitig kam ein gegenseitiger Frust zwischen Ost- und Westfrauen auf, mit dem wir bis heute zu tun haben. Die ehemalige Courage-Chefin Sibylle Plogstedt hat etwas später einen Film mit und über uns, die Berliner Frauenfraktion, gemacht. Da ist zu sehen und zu hören, wie wir dasitzen und so richtig ablassen durften, was uns an den Ostfrauen störte. Der Film ist ziemlich spannend, unter anderem, weil Vorurteile mit komplizierten Einsichten eine teils ent-larvende, teils erhellende Mischung abgeben.*

Auch wenn für Irene Stoehr die Frage nach dem unterschied-lichen Geschlechterverhältnis in Ost und West nach wie vor offen ist, sieht sie eine der wichtigsten Differenzen darin, *dass die Feminis-tinnen im Osten offenbar nicht verstehen, was an der Frauenbewegung im Westen eigentlich so wichtig gewesen sein soll. Dass es nämlich eine ganz andere Art von Kommunikation war, wenn Frauen unter sich zusammen waren. Ich würde wetten, dass keine von ihnen verstehen würde, dass in einen Frauenbuchladen keine Männer kommen durf-ten. Vielleicht liegt es daran, dass wir das brauchten – und sie nicht. Das gibt mir natürlich zu denken. Formale Gleichberechtigung wäre ja keine ausreichende Voraussetzung dafür, vermutlich hat diese sich aber in der DDR deutlicher materialisiert und ist deshalb selbstver-ständlicher geworden.*

Schließlich bereitet sie im Jahr 1990 gemeinsam mit Eva Maria Epple die Herausgabe einer Frauenzeitschrift vor, die zwischen dem Frühjahr 1991 und dem Herbst 1994 in 14 Nummern erscheint. Die Zeitschrift wird *UNTERSCHIEDE* genannt, wobei mit dem Untertitel eine breite Leserinnenschaft angesprochen werden sollte: *Auf diesen Untertitel waren wir ein bisschen stolz – nicht nur, weil er sich wie ein Gedicht sprechen lässt:* »*für Lehrerinnen und Gelehrte, Mütter und Töchter, Gleich- und Weichenstellerinnen; Freundinnen, Tanten und Gouvernanten aller Art*«. Dieses Projekt hat für ihre fe-

ministische Biografie *eine ziemliche Bedeutung: Die wenig spezia-*
lisierte gemeinsame Arbeit an der Herstellung und Gestaltung eines
originellen ›Produkts‹ gehört zu meinen besten Erfahrungen feminis-
tischer Berufsarbeit, was sie natürlich – weil unbezahlt und neben-
bei – gar nicht war.

»Schwestern von gestern«

In ihrer wissenschaftlichen Auseinandersetzung interessiert sich
Irene Stoehr im Laufe der Jahre zunehmend für die sogenannte
»bürgerliche« Frauenbewegung, und hier noch besonders für deren
»gemäßigten Flügel«. Dieser wurde etwa durch die prominenten
Wortführerinnen Gertrud Bäumer und Helene Lange vertreten.
Der schillernden Figur von Gertrud Bäumer widmet sie sich in
mehreren Texten, sowohl aus einer sozialwissenschaftlichen Perspektive[9], aber auch in einer bewusst witzig-provokant formulier-
ten »Klatsch&Tratsch«-Kolumne in der *Courage* anlässlich Gertrud
Bäumers 30. Todestags[10]. Für die meisten Feministinnen der 1970er
Jahre sind diese Vorgängerinnen jedoch keine Vorbilder, so Irene
Stoehr, zu antiquiert und befremdend wirken ihre Argumentations-
linien, die sich auf Konzepte wie etwa »Mütterlichkeit« stützten und
bewusst den Unterschied zwischen Frauen und Männern betonten.
Man muss verstehen: Es gab ein großes Bedürfnis, sich mit den da-
mals neu entdeckten »Schwestern von gestern« zu identifizieren und von
ihnen zu lernen und war nun entsetzt darüber, dass die große Mehrheit
der damaligen Frauenbewegung nicht nur altmodisch aussah, sondern
scheinbar auch altmodische Positionen vertrat. Sie forderte zwar glei-
che Rechte, aber nicht weil Frauen gleich waren, sondern gerade weil
sie sich von Männern unterschieden und sie deshalb etwas Eigenes in
Politik und Gesellschaft einbringen konnten. Glücklicherweise gab es
aber noch einen – wenn auch viel kleineren – radikalen Flügel der
deutschen bürgerlichen Frauenbewegung, dessen Vertreterinnen – z. B.
Anita Augspurg und Minna Cauer – von den meisten frauengeschichts-
interessierten Feministinnen der 1970er Jahre sehr bewundert wurden,
obwohl sie längst nicht so militant wie die britischen Suffragetten für
das Frauenstimmrecht gekämpft hatten.
Irene Stoehr erläutert anhand dieser Erzählung ihr Geschichts-
verständnis: *So wollte ich selbst nicht an die Geschichte herangehen.*

Ich wollte nicht unbedingt entdecken, dass Frauen vor mir schon damals >ihrer Zeit weit voraus< – wie es immer so schön heißt – etwas gewusst oder propagiert haben, wofür wir heute (auch) eintreten. Ich wollte vielmehr vor allem verstehen, warum Frauen früher andere Wege gegangen sind und andere Lösungen gefunden haben als wir es heute tun oder erwarten würden. Es geht mir darum, die Vergangenheit nicht durch die Suche nach Identifikationsmöglichkeiten zu instrumentalisieren, was mir selbst auch nicht immer gelungen ist. Ich plädiere deshalb dafür, Frauenpolitiken, die erst einmal fremd erscheinen, nicht gleich zu bewerten, sondern genauer und in ihrem Kontext zu verstehen, das heißt auch, sich von denen, die scheinbar von meinem aktuellen Standpunkt aus alles >richtig< gemacht haben, erst einmal heuristisch zu distanzieren.

Auf die Frage, was junge Frauen aus der Geschichte der Frauenbewegung lernen können, schwenkt sie auf eine Metaebene: *Die Aufforderung, aus der Geschichte zu >lernen<, ist mir allerdings nicht unbedingt sympathisch, denn wenn man ihr folgt, übersieht man leicht, was an der Vergangenheit gerade deshalb so kostbar ist, weil es unwiederbringlich ist. Ich glaube, dass wir vielleicht eher lernen sollten, Einzigartiges um seiner selbst willen zu schätzen, anstatt nach seinem Nutzen für unser aktuelles politisches Handeln zu fragen. Dem fallen natürlich auch alle Verschrobenheiten zum Opfer, um deretwillen ich (Frauen-)Geschichte oft so spannend finde. In den scheinbar konventionellen* Frauenorganisationen der 1950er Jahre entdeckt Irene Stoehr etwa einen *ganz eigenwilligen Typ der politischen Frau. So präsentierte sich Theanolte Bähnisch, die erste deutsche Regierungspräsidentin und Präsidentin des 1949 gegründeten Deutschen Frauenrings*[11]*, gerne mit Spitzen- oder Rüschenkragen und figurbetonten Kleidern zur hochgesteckten Lockenfrisur und teilte mit anderen Wortführerinnen der politischen Frauenorganisationen eine Vorliebe für modische Hütchen. Diese Frauen grenzten sich äußerlich wieder deutlicher vom anderen Geschlecht ab, um sich umso stärker in die bislang den Männern vorbehaltenen Politikbereiche einzumischen. Ich habe sie »Staatsbürgerinnen in Pumps« genannt. Sie haben unter Politik nicht etwa in erster Linie Fraueninteressenpolitik verstanden, sondern die Mithilfe der Frauen bei der Etablierung einer westlichen Demokratie. Für Frauenrechte hatten sie ihre Expertinnen oder sie unter-*

stützten z. B. sozialdemokratische Juristinnen wie Elisabeth Selbert, die federführend den Gleichberechtigungsartikel in das westdeutsche Grundgesetz gebracht hat. Viele andere gesetzliche Fortschritte für Frauen in den 1950er Jahren haben die Rechtsexpertinnen der bundesrepublikanischen Frauenbewegung erarbeitet und durchgesetzt – z. B. die Reform des Familienrechts (Aufhebung des »Stichentscheids« des Vaters in Familienangelegenheiten).

Mit ihrem Verständnis und ihrem Zugang zu verschiedenen Frage- und Themenstellungen vertritt Irene Stoehr immer wieder Ansätze, die nicht dem Mainstream der feministischen Debatten folgen. Ein Beispiel ist das »Müttermanifest« von Feministinnen der damals neuen Grünen Partei in den 1980er Jahren. Darin werden die autonomen Feministinnen dafür kritisiert, dass sich die Frauenbewegung nur um kinderlose Frauen kümmert. *Ich habe mich übrigens auf der Seite des Müttermanifests positioniert, obwohl ich ja eine überzeugte Kinderlose war. Das hatte auch damit zu tun, dass der Gründungskonsens der feministischen Frauenbewegung, nämlich mehr zu wollen als nur das, was die Männer schon haben, zu verschwinden drohte. Es ging dem »Mainstream-Feminismus« – diesen Begriff gebrauchte ich damals immer häufiger – in meiner Wahrnehmung zunehmend um Gleichheit oder – forscher – um den »Griff zur Männlichkeit«, wie Alice Schwarzer auf einer Großveranstaltung ebenso treffend wie entlarvend ausrief. Das fand ich bestenfalls langweilig. Mir und anderen war mehr daran gelegen, dass Frauen sich andere Ziele setzten, nicht weil sie biologisch anders waren, sondern anders sozialisiert und deshalb andere wertvolle Erfahrungen in die Politik einbringen konnten. Das »Müttermanifest« hat eine selbstbewusste Frauenpolitik dieser Art in die Diskussion gebracht.*

In diesem Zusammenhang kommt Irene Stoehr auf das Verhältnis vieler Feministinnen zu Hausfrauen zu sprechen. Besonders problematisch findet sie hier die *feministische Arroganz gegenüber sogenannten nicht emanzipierten Frauen, also Hausfrauen. Ich kenne viele nicht berufstätige Hausfrauen, Mütter, die ganz toll sind, von denen viele aus ihrem Leben etwas gemacht haben, gerade weil sie nicht den Zwängen der Berufstätigkeit ausgesetzt waren. Die witzig, belesen und interessant sind, Gesprächspartnerinnen. Wenn ich mit denen sprach, dachte ich oft: Wie werden die angesehen in ›meiner Frauenbewegung‹?*

Auch in Hinblick auf die Geschichtsschreibung der Frauenbewegungen vertritt Irene Stoehr eigene Positionen. Sie geht auch
nicht damit d'accord, dass *immer nur von einer Ersten und einer
Zweiten Frauenbewegung die Rede ist, nämlich der Ersten zwischen
1865 und 1933 und der Zweiten ab ca. 1968. Dazwischen gibt es offenbar nichts, was das Label Frauenbewegung verdient. Und dass es vor
der Ersten noch andere Frauenbewegungen gegeben haben könnte, wird
gar nicht in Erwägung gezogen. Das halte ich für ziemlich arrogant.
Ich fände es auch problematisch, Kriterien dafür zu entwickeln, wer
sich zur Frauenbewegung zählen darf. Wenn sich Gruppierungen selbst
dazurechnen, respektiere ich das in der Regel.* So würden die west-
deutschen Frauenorganisationen der 1950er Jahre, zu denen Irene
Stoehr seit über 20 Jahren forscht und schreibt, von Feministinnen nicht als Frauenbewegung wahrgenommen bzw. anerkannt.

Radikal oder gemäßigt?

Auf die Frage, was ihrer Meinung nach aus dem Fundus ihres
Schaffens und ihrer Aktivitäten die zwei, drei wichtigsten gesellschaftlichen Entwicklungen sind, die sie angestoßen oder mit-
initiiert hat, antwortet Irene Stoehr zunächst zögerlich: *Ich weiß
wirklich nicht, wie man den eigenen Einfluss einschätzen kann.* In
der Folge benennt sie jedoch drei unterschiedliche Aktivitäten:
Die Gründung des FFBIZ als wichtiges *feministisches Gedächtnis*[12], die Kampagne »Lohn für Hausarbeit« und – *eventuell* – ihre
Publikationstätigkeit zur Geschichte der Frauenbewegung.

Auch wenn »Lohn für Hausarbeit« zwar die *damaligen Main-
stream-Feministinnen* nicht überzeugen konnte, ist es gelungen, *das
Bewusstsein über den Skandal der unbezahlten Hausarbeit in der Gesellschaft* zu wecken. Dieses Bewusstsein *ist in immer mehr Bereiche
eingedrungen und bis heute von unterschiedlichen politischen Projekten
aufgenommen und weiterentwickelt worden: Von der 1979 gegründeten
Deutschen Hausfrauengewerkschaft über die Mütterzentrumsbewegung
in den 1980er Jahren bis hin zu der aktuellen Care-Bewegung.*

Ein besonderes Anliegen betrifft ihre wissenschaftliche Arbeit
zur Geschichte der Frauenbewegung: *Vor allem möchte ich durch
Veröffentlichungen und Lehre dazu beigetragen haben (und beitragen!),
dass der Blick auf die Geschichte der Frauenbewegung weniger stereo-*

*typ und weniger von bestimmten Vorstellungen und Vorurteilen ge-
leitet ist. Ich finde z. B., dass zu sehr durch die Brille von heute gesehen
wird, was frau als radikal empfindet – und radikal wird dabei selbstverständlich positiv besetzt.* Deshalb war die laut Selbstbezeichnung
radikale (bürgerliche) Frauenbewegung, als Feministinnen sie in den
1970er und 1980er Jahren entdeckten, die ›gute‹ Frauenbewegung.
Die ›gemäßigte‹, die konservative dagegen, war die schlechte, an der
man sich auf keinen Fall orientieren darf. Heute beobachtet sie an
manchen Publikationen, dass differenzierter über den *Komplex
Frauenbewegung und ihre Adressatinnen* geschrieben wird, wiewohl
selbstverständlich offenbleibt, so Irene Stoehr weiter, inwiefern sie
selbst mit ihren Arbeiten dazu beigetragen hat.

Den Faden aufnehmen

Eines der zentralen Themen in den Texten von Irene Stoehr
ist die Frage nach den (Dis-)Kontinuitäten und Brüchen in der
Geschichte der Frauenbewegung, besonders deutlich wird dies in
ihrem Beitrag »Feministische Generationen und politische Kultur.
Die Frauenbewegung als Generationenproblem«: »Mein Interesse,
nach Generationen in der Neuen Frauenbewegung zu fragen, ist
unabhängig von der erwähnten Wendekonjunktur entstanden,
wenn es auch zunehmend von ihr inspiriert wird. Es folgte dem
Bedürfnis, nach über 20 Jahren eigener Partizipation die Möglichkeit einer Tradierung und Veränderung der Frauenbewegung zu
klären: Wie wird Feminismus von den Jüngeren fortgesetzt? Was
wird wiederholt? Was heißt überhaupt das Gleiche in veränderten
gesellschaftlichen Rahmenbedingungen? Was kommt ›Neues‹ hinzu,
was wird ›abgelegt‹, und wie ist das auf spezifische altersbedingte
Erfahrungen zu beziehen?«[13]

Im Interview formuliert Irene Stoehr auch einen Wunsch, an
uns: *Ich wünsche mir allerdings, dass junge Feministinnen die Frauenbewegungen vor ihnen zur Kenntnis nehmen in ihren Widersprüchen
und Vielfältigkeiten, möglichst ohne Vorurteile, positive oder negative.*

In meinem (virtuellen) Austausch und meiner Auseinandersetzung mit Irene Stoehr konnte ich vieles entdecken, was für uns
›Junge‹ von Bedeutung ist. Nicht alles hat hier Platz. Vieles regt
zum vertiefenden Recherchieren, zum Weitersuchen und Weiter-

denken, zur kritischen Auseinandersetzung an. Allein schon vermeintlich kleine sprachliche Feinheiten, die bei mir als Leserin ein Schmunzeln auslösen, deuten an, wie viel mehr hier noch bei ihr zu entdecken, nachzulesen ist. Wie zum Beispiel der literarische Untertitel der von ihr mitbegründeten Zeitschrift *UNTERSCHIEDE. Zeitschrift für Lehrerinnen und Gelehrte, Mütter und Töchter, Gleich- und Weichenstellerinnen; Freundinnen, Tanten und Gouvernanten aller Art* oder der Begriff der »Staatsbürgerinnen in Pumps«. Mit einem klaren, unerschrockenen, sicherlich mitunter auch einem streitbaren Blick legt Irene Stoehr Ungeklärtes und nach wie vor Konflikthaftes offen: Dieses reicht von der *feministischen Arroganz gegenüber sogenannten nicht emanzipierten Frauen, vor allem Hausfrauen* bis hin zum Verhältnis und dem Verhalten der west- und ostdeutschen Feministinnen nach der Wende, beides bis heute nicht geklärt, einer Aufarbeitung harrend.

Erkennbar ist auch, dass es Irene Stoehr dabei auch um (Selbst-) Kritik der Frauenbewegung geht. Ein bemerkenswertes Beispiel: *Ja sicher, es stimmt, dass sich der Feminismus nur an ganz bestimmte Frauen gewendet hat. Zu Beginn der Neuen Frauenbewegung, die ja zum Teil im Marxismus verwurzelt ist, wollten viele Feministinnen unbedingt die Arbeiterinnen als revolutionäres Subjekt gewinnen, und einige haben sich frühmorgens mit Flugblättern vor die Fabriktore gestellt. Die Lieschen Müllers hinter den Toren haben wir trotzdem nicht erreicht, aber die nicht berufstätigen Lieschen, die Familienfrauen, wollten ›wir‹ niemals erreichen, es sei denn als Opfer häuslicher Gewalt (und das, bitte nicht missverstehen, war und ist ein großes Werk der Frauenbewegung!). Mit den kleinen Angestellten, den Verkäuferinnen und Krankenschwestern hatten wir auch nicht allzu viel im Sinn. Ich glaube, das Elitäre und vielleicht auch zunehmend Unsolidarische am modernen Feminismus manifestiert sich nicht zuletzt in der zunehmenden Bedeutung der Zielsetzung, Frauen in Führungspositionen zu bringen, als ob es sich um das feministische ›Endziel‹ handelt.*

Inspirierend wirkt Irene Stoehr als Wissenschaftlerin und Expertin mit ihren – neue Sichtweisen und Nuancen zutage fördernden – Pionierarbeiten zur Geschichte der historischen Frauenbewegungen im 19. und 20. Jahrhundert, mit ihrer spezifischen Form der Involviertheit in die Frauenbewegung, vor allem mit ihrer offenen Haltung den Widersprüchlichkeiten und Ambivalenzen gegenüber, nicht zu vergessen die Bedeutung der Wertschätzung diverser *Verschrobenheiten.*

Das Zulassen von Unterschieden, das Akzeptieren von Diversitäten und verschiedenen Zugängen zu Feminismus ist auch derzeit von großer Aktualität (siehe zum Beispiel die kontrovers geführten Debatten zur Transsexualität im Feminismus, zur Sexarbeit oder zur feministischen Mutterschaft). Aus der Auseinandersetzung mit Irene Stoehrs Werk wird jedoch auch diesbezüglich die historische Dimension deutlich: Die unterschiedlichen Zugänge und Interessen sind in allen Epochen der Frauenbewegungen präsent. »Feminismus« oder »Frauenbewegung« lassen sich nicht auf ›die einzige, richtige Idee‹ festschreiben. Das würde einer emanzipatorischen, selbstbestimmten Zielsetzung auch von Grund auf widersprechen. Ebenso wird deutlich, dass der Blick zurück um einer kritischen Bestandsaufnahme willen notwendig ist, von der aus weiter gedacht oder neu angefangen werden muss. Denn, so formuliert Irene Stoehr ihre Botschaft an uns junge Frauen weiter: *Also erfinden sollen sie schon, das kann man ihnen nicht ersparen. Neu erfinden und nicht übernehmen.*

Dieser Wunsch ist herausfordernd und anspruchsvoll. Neben einem ständigen Hinterfragen empfiehlt er eine kritische Grundhaltung den sozialen und politischen Entwicklungen und sich selbst gegenüber. Dass die Antworten auf dieses Hinterfragen nicht immer nur angenehm oder einfach sein können und auch nicht immer auf ein breites Verständnis stoßen, das wird bei Irene Stoehr offensichtlich. Leider hat die Popularität von Komplexität auch in der Gegenwart nicht zugenommen. Vielmehr scheint es regelrecht einen Drang zur Vereinfachung, Abkürzung und simplen Darstellung von möglichen komplexen Antworten zu geben.

Anmerkungen

1   Meyer-Renschhausen 2019
2   Die kursiv dargestellten Zitate stammen aus dem Interview mit Irene Stoehr, geführt von Birgit Buchinger und Ute Dorau am 11. Juni 2019 in Berlin sowie aus schriftlichen Kontakten.
3   Stoehr 1981
4   Stoehr 1990
5   Stoehr 1983/1987
6   Stoehr 1983
7   Lanwerd/Stoehr 2007
8   Klarfeld 2018
9   Stoehr 2006
10 Stoehr 1984
11 Dachverband der westdeutschen Frauenorganisationen nach dem Vorbild des Bund Deutscher Frauenvereine, 1893–1933
12 Heute heißt es FFBIZ – Das feministische Archiv; ffbiz.de.
13 Stoehr 1996, 82

Literatur

Alle Beiträge aus der Courage: Bibliothek der Friedrich-Ebert-Stiftung, Bonn, library.fes.de/courage

Erler, Gisela (1987): Das Müttermanifest, Thesenpapier 1987

Heying, Mareen (2021), Lohn für Hausarbeit, Alte Kämpfe, aktuelle Forderungen, wirfrauen.de

Klarfeld, Roman Aaron (2018), Gesammelter Feminismus, Das Berliner FFBIZ, in: Werkstatt Geschichte, Heft 75, S. 43-48

Lanwerd, Susanne/Stoehr, Irene (2007), Frauen- und Geschlechterforschung zum Nationalsozialismus seit den 1970er Jahren, Forschungsstand, Veränderungen, Perspektiven, in: Gehmacher, Johanna/Hauch, Gabriella (Hg.), Frauen- und Geschlechtergeschichte des Nationalsozialismus, Fragestellungen, Perspektiven, neue Forschungen, Innsbruck: StudienVerlag, 22-68

Meyer-Renschhausen, Elisabeth (2019), Der Hausbesuch: Im Haus der Kutscherin, in Taz, 13. 09. 2019, taz.dc

Mehl, Friederike (2020): FFBIZ – das feministische Archiv, in: Digitales Deutsches Frauenarchiv, digitales-deutsches-frauenarchiv.de

Perincioli, Cristina (2020), Die sieben Sommerunis 1976–83, feministberlin.de

Stoehr, Irene (2012), Friedensklärchens Feindinnen, Klara-Maria Fassbinder und das antikommunistische Frauennetzwerk, in: Paulus, Julia/Silies, Eva Maria/Wolf, Kerstin (Hg.), Zeitgeschichte als Geschlechtergeschichte, Frankfurt am Main: Campus Verlag, 69-91

Stoehr, Irene (2006), Professionalität, weibliche Kultur und »pädagogischer Eros«, Gertrud Bäumer als Sozialpädagogin, in: Baader, Meike Sophia/Kelle, Helga/Kleinau, Elke (Hg.), Bildungsgeschichten, Geschlecht, Religion und Pädagogik der Moderne, Festschrift für Juliane Jacobi zum 60. Geburtstag, Köln [u. a.]: Böhlau, 195–216

Stoehr, Irene (1998), »Feministischer Antikommunismus« und weibliche Staatsbürgerschaft in der Gründungsdekade der Bundesrepublik, in: Feministische Studien, Heft 1, 1998, 86–94

Stoehr, Irene (1996), Feministische Generationen und politische Kultur, Die Frauenbewegung als Generationenproblem, in: Zentrum für Interdisziplinäre Frauenforschung der Humboldt-Universität zu Berlin (Hg.), Politische Kultur – Demokratie – Geschlechterverhältnis, 81–98

Stoehr, Irene (1993), Frauenbeziehungen und Modernisierung, Zehn Thesen, in: L'Homme: Europäische Zeitschrift für Feministische Geschichtswissenschaft. Jg. 4/1993, Heft 1, 100–105

Stoehr, Irene (1990), Emanzipation zum Staat? Der Allgemeine Deutsche Frauenverein – Deutscher Staatsbürgerinnenverband (1893–1933), Pfaffenweiler: Centaurus Verlagsgesellschaft

Stoehr, Irene (1983a), Machtergriffen? Deutsche Frauenbewegung 1933, in: Courage: Berliner Frauenzeitung, Jg. 8/1983, Heft 2, 24–32

Stoehr, Irene (1983b), »Organisierte Mütterlichkeit«: zur Politik der deutschen Frauenbewegung um 1900, in: Frauen suchen ihre Geschichte: historische Studien zum 19. und 20. Jahrhundert, München: Beck 221–249

Stoehr, Irene (1981), Ein sozialpolitischer Treppenwitz?: Lohn für Hausarbeit 1905, in: Courage: Berliner Frauenzeitung, Jg. 6/1981, Heft 5, 34–39

Irene Stoehr in ihrer Wohnung, einem umgebauten Kutscherhaus, Berlin 2019

Irene Stoehr (rechts) beim Kongress »Frauen und Männer im geteilten Deutschland« der Böll-Stiftung, Berlin 1999

Irene Stoehr, Irland 1976

Helma Sick, 2004

HELMA SICK

Feministin, Unternehmerin, Kolumnistin, Autorin und Rednerin. Geboren 1941
in einer Kleinstadt im Bayerischen Wald geht sie trotz heftiger Widerstände
ihren Weg: Von der Chefsekretärin zur Geschäftsführerin des ersten Münchner
Frauenhauses wird sie schließlich Grande Dame der Finanzberatung. Ihr Engagement gilt bis heute der finanziellen Unabhängigkeit von Frauen als Grundvoraussetzung für ihre Befreiung.

Die Würde und das Geld – Helma Sick

Sissi Banos

Hand aufs Herz, liebe Feminanzen: Wer von uns hätte gedacht, dass eine Frau wie Helma Sick einmal einen wichtigen Platz in der Ahninnenreihe jener Frauen einnehmen würde, die Großes dazu beigetragen haben, bestehende Macht- und Herrschaftsverhältnisse zu erkennen und aufzubrechen?

Helma Sick, die bereits in den 1980er Jahren, zur selben Zeit, als wir uns die Köpfe über Kapitalismus und Patriarchat heißgeredet haben, die erste Finanzberatung für Frauen gründet, obwohl dieser Berufsstand zu dieser Zeit einen denkbar schlechten Ruf hat.[1] Die Männer in der Branche lachen sich tot: *»Frauen und Geld ... so was Blödes.«*[2] Doch auch in der Frauenbewegung stößt sie auf Unverständnis: *Früher ging es bei Diskussionen um Frauenthemen immer eher um Beziehungen und Eigenständigsein, Loslösen, Selbsterfahrung, solche Dinge. Aber Geld, das war schnöde. Gar über eine FINANZIELLE Eigenständigkeit nachzudenken, war damals fast absurd.*

Helma Sick, die seit Mitte der 1990er regelmäßig eine »Geldseite«[3] für die Frauenzeitschrift *Brigitte* schreibt und darin Frauen Tipps gibt, wie sie am besten ihr Geld anlegen. Für *Brigitte* schreiben, na ja, das ließ sich frau noch eingehen. Mehr oder weniger heimlich lasen wir die Zeitschrift ja auch, aber zu solch vermeintlichen Upperclass-Themen schreiben, wo es uns doch nur um unbedingte schwesterliche Gleichheit ging ...

Helma Sick, der es in ihren Beratungsaktivitäten von Anfang an darum geht, ihren Kundinnen deutlich zu machen, dass Geld weder gut noch schlecht ist und den Charakter nicht verdirbt, sondern dass es darauf ankommt, was man mit Geld macht, denn »nur mit Geld ist es möglich, unabhängig zu sein und zu bleiben.«[4]

Helma Sick, die stolz darauf ist, dass es ihr gelungen ist, *mehr*

Bewusstsein dafür zu schaffen, wie wichtig Geld ist – als Schlüssel für mehr Unabhängigkeit und Gleichberechtigung der Geschlechter. Unter dem Banner »Ein Mann ist keine Altersvorsorge«⁵ kämpft sie dafür, dass Frauen ihre Absicherung selbst in die Hand nehmen. Sie wird zur Pionierin und ›Grande Dame der weiblichen Finanzberatung‹, zur gefragten Rednerin, Autorin, Interviewpartnerin und nicht zuletzt bekennenden Feministin – als Wachrüttlerin und zugleich Anklägerin der politischen Situation und gesellschaftlicher Stereotype, die Frauen benachteiligen.

Aufgeben kam nie infrage

Dieser Erfolgsweg war Helma Sick nicht vorgezeichnet. Wie sie im Interview und in ihrer Autobiografie mit dem Titel »Aufgeben kam nie in Frage« (2018) über ihr Leben berichtet, bewegt und geht zu Herzen. Aus ihrem eigenen Frauenleben, auch aus eigenen harten und erschütternden Lebenserfahrungen, schöpft sie immer wieder für ihr späteres Engagement für Frauen. Es ist die Geschichte einer Frau, die trotz aller gewaltsamer Erfahrungen nie den Mut verliert.

Ihr Weg beginnt in der Kriegs- und Nachkriegszeit im tiefsten Bayerischen Wald, in einer Zeit, als die Devise für Mädchen lautet: *Du heiratest so schnell wie möglich und bis dahin gehst du ins Büro.* Die Mutter versucht mit psychischen und physischen Mitteln alles, um sie klein zu halten:

Ich hatte nur Minderwertigkeitsgefühle. Von meiner Mutter hatte ich ja nur gehört: »Du bist nichts, du kannst nichts, du taugst nichts.« Alles, was ich machte, war falsch. Sie saß da abends und hat mich immer so angeschaut. »Mein Gott, bist Du hässlich« oder »Mein Gott, ob Du nochmal einen Mann finden wirst?« Ich kam gar nicht auf die Idee, eigene Wünsche zu entwickeln. Ja, sie war mir gegenüber wirklich grausam. Sie hat mich oft geschlagen, mit allem, was gerade da war. Das war schlimm und dazu noch ihre gemeinen, erniedrigenden Bemerkungen.

Eine der großen Triebfedern in ihrem Leben ist der Wunsch, es der Mutter heimzuzahlen und ihr zu beweisen, dass sie nicht Recht hatte mit ihrem: »*Du bist nix, du kannst nix, du wirst nix.*« Diese Wut beschreibt sie nicht als destruktiv: *Die Wut kann einen beflügeln. Ich wollte nie zerstören, ich wollte aufbauen, mich selber.*

Erst viele Jahrzehnte später erkennt sie mit Hilfe der Psychoanalyse, dass der Hass der Mutter nicht ihr, sondern dem Vater galt, der seine Tochter jahrelang sexuell missbraucht hat: *Da habe ich erst begriffen, dass meine Mutter gewusst haben muss, was mein Vater mit mir macht, und dass ein Teil ihres Hasses gegen mich gerichtet war. Diese mörderischen Schläge haben eigentlich ihm gegolten: Sie hat mich, seine Prinzessin, geschlagen, bis ich wimmernd am Boden lag.*

Die Erkenntnisse aus der Psychotherapie bezeichnet Helma Sick rückblickend als »die beste Investition meines Lebens«[6], haben sie doch letztendlich trotz all ihrer Schwere dazu geführt, dass sie heute sagen kann: *Ich reise mit leichtem Gepäck. Ich lebe das schönste Leben, das ich je hatte, weil ich mich den Dingen gestellt und sie nicht versteckt, vergraben habe.*

Von früher Jugend an sehr wach

Schon in jungen Jahren sieht sie viele Dinge, die – auch wenn sie sich noch nicht zu einem Gesamtbild zusammenfügen – ein starkes Gefühl für Ungerechtigkeit und den Wunsch nach Rebellion in ihr entstehen lassen: *Ich empfand es als extrem ungerecht, wie ich behandelt wurde. Weil ich ein Mädchen war.*

Mit 16 Jahren sagt sie zum ersten Mal NEIN, nämlich als der Bruder tanzen gehen will und von ihr verlangt, dass sie ihm die Schuhe putzt: *Da bin ich ausgeflippt. Nein! Das mache ich nicht! Das kommt überhaupt nicht infrage, ich bin doch nicht sein Aschenputtel!*

Der Vater stirbt ein Jahr später und Helma Sick wird zugunsten des Bruders um ihr Erbe geprellt. Solche Geschichten begegnen ihr später in ihrer Beratungspraxis immer wieder: *Der Junge kriegt alles, die Mädels können dann schauen, wo sie bleiben.*

Von Jugend an bekommt sie auch mit, was Frauen in einer Partnerschaft aushalten, *weil sie nicht weggehen können, weil sie kein Geld haben: Ich hatte eine Tante, die war Bäuerin. Sie wurde von ihrem Mann mindestens einmal die Woche grün und blau geschlagen, wenn er betrunken aus dem Wirtshaus kam. Er hat sie dann mitsamt ihrem Bettzeug aus dem Haus geworfen. Sie schlief zwei Nächte im Stall und ging dann wieder zurück zu ihm. Damals war ich ungefähr 16 und habe sie gefragt: »Warum machst du das, warum lässt du dich so behandeln?« und da weinte sie und sagte: »Was soll ich tun, ich*

habe ja nichts.« Da kommen mir heute noch die Tränen, weil ich das
so schlimm finde: diese Würdelosigkeit, sich so etwas bieten lassen zu
müssen, weil man nichts hat.

Dasitzen und klagen – das bin ich nicht!

Helma Sicks *erster Ausflug* nach München Ende 1950er Jahre, ein
erster Ausbruchsversuch aus der familiären und provinziellen Enge,
scheitert an Geldmangel und den damaligen Moralvorstellungen –
wegen einer Liebschaft fliegt sie aus ihrer Bleibe, einem Jugend-
wohnheim. Zurück in ihrem Heimatort sucht sie sich getreu ihres
Credos»*nicht lange jammern, sondern überlegen, was ich tun kann«*
eine Stelle als Sekretärin und steigt bald zur Chefsekretärin auf.

*»Ich bin ganz sicher, dass Sie viel mehr können. Machen Sie sich
doch auf den Weg, gehen Sie nach München. Hier ist kein Feld für
Sie.«* Nie zuvor hatte ein Mensch so etwas zu mir gesagt! Ich war
begeistert, habe es noch mal gepackt – und dann ging es richtig gut
los. Diese moralische Unterstützung durch den Aufsichtsratsvor-
sitzenden ihrer Firma – das erste wertschätzende Lob, das sie in
ihrem Leben erfährt – und ihr Erfolg im Job lassen sie im Jahr
1970 einen neuen Umzugsversuch starten, nicht ohne sich vorher über einen für damalige Verhältnisse spektakulären Nebenjob
finanzielle Reserven für Notfälle aufzubauen: Sie bietet in Dorf-
gasthöfen Schreibmaschinenkurse für junge Bäuer:innen, an, was
bis dahin noch niemand und schon gar nicht eine Frau gewagt
hat. Die Seminare finden regen Zuspruch, ausschließlich bei Jung-
bauern, denn die sind es, die damals den Schriftverkehr erledigen.
*Ich hatte Plakate aufgehängt, ans Kirchentor, ans Wirtshaus, bin dann
über Land gefahren. Damals war der Bayerische Wald dünnst besiedelt,
das war wirklich unheimlich. Es konnte nur im Winter sein, weil die
Bauern im Sommer ja keine Zeit hatten. Ich habe nicht viel verlangt,
aber es reichte, um ein bisschen Reserve aufzubauen.*

Nach ihrer Ankunft in München tritt sie – als erster öffentlicher
Akt der Rebellion – aus der Kirche aus und in die SPD ein. Über
die Jusos kommt sie in Berührung mit der Studierendenbewegung.
Sie besucht Diskussionsveranstaltungen und Seminare, die – auch
wenn vieles für sie zunächst unverständlich ist – ihren politischen
Horizont erweitern:

Alles, was ich da hörte, war hochinteressant. Und nachdem dauernd von Karl Marx und dem »Kapital« die Rede war, habe ich ein Marx-Seminar besucht. Ich hatte für die Marx-Seminare zu wenig Vorbildung, habe zu wenig verstanden. Marx ist ja schwere Kost! Außerdem bin ich dauernd eingeschlafen, weil ich so müde war. Ich habe ja gearbeitet den ganzen Tag. Die anderen waren alles Studenten.

In den Seminaren lernt sie ihren späteren Ehemann kennen, eine Beziehung, die ein Vierteljahrhundert gutgehen wird, so lange bis sie, wie sie lakonisch sagt, *ein bisschen zu erfolgreich* wird: *Ich sage immer, es war gut und schön zwischen uns, solange ich Eliza Doolittle war und er Professor Higgins. Er fühlte sich gut darin, mir, der ehemaligen Sekretärin, die nicht mal Abitur hatte, etwas beizubringen. Aber dann, als ich regelmäßig für* Brigitte *schrieb, die ersten beiden Bücher von mir in den Buchhandlungen lagen, ich auch immer bekannter wurde – das hat er nicht verkraftet. Ab dem Zeitpunkt hat er sich immer wieder Freundinnen gesucht, die so offensichtlich da standen, wo ich früher einmal war, also ihm unterlegen.*

Das Private ist politisch
In München beginnt Helma Sick zuerst als Sekretärin in der größten Wohnungsbaugesellschaft Deutschlands, der »Neuen Heimat«. Sie steigt auch dort wieder bald zur Chefsekretärin und schließlich zur Vorstandssekretärin auf.

Ihre politische Heimat findet sie bei den SPD-Frauen, der Arbeitsgemeinschaft sozialistischer Frauen und in der Frauenbewegung. In dieser Zeit hat sie das *Erweckungserlebnis*, dass das Private politisch ist: *Ich habe zum ersten Mal begriffen, dass das, was mir widerfahren ist, also die massive Benachteiligung als Mädchen, ein gesellschaftliches Problem ist, es nicht nur ein Einzelschicksal ist, sondern ganz vielen Frauen so ging. Das Private ist politisch, das war damals der Spruch der Frauenbewegung. Ich war wie elektrisiert, mir tat sich eine andere Welt auf.*

Ihr Job befriedigt sie nicht mehr, obwohl sie gut verdient und sehr angesehen ist. Fasziniert vom neu aufgekommenen Konzept der Frauenhäuser als Zufluchtsstätte bewirbt sie sich initiativ mit den Worten: »*Sie planen ein großes Frauenhaus. Sie brauchen unbedingt jemanden, der das organisiert und sich um die Finanzen kümmert«*, und wird 1977 kaufmännische Geschäftsführerin des ersten Münchner Frauenhauses.

Die Erlebnisse und Beobachtungen in ihrer neuen Arbeitsstelle fügen sich nun mit denen ihrer Jugend im Bayerischen Wald *wie in einem Mosaik zusammen: Wie todunglücklich viele Frauen dort waren, aber in der Ehe gefangen waren.* Sie erkennt den Zusammenhang zwischen körperlicher Gewalt und *Geldentzug,* der für sie nichts anderes als eine *andere Form von Gewalt* ist. Im Frauenhaus wird ihr endgültig klar, *jede Frau muss eine FINANZIELLE Basis haben. Sie sollte bleiben KÖNNEN, aber nicht MÜSSEN. Frauen brauchen einen eigenen Beruf und eigenes Geld, um gehen zu können, wenn sie es nicht mehr aushalten.*

Die völlige Unkenntnis von Frauen in Finanzdingen und davon, was ihnen zusteht, ist eine weitere wichtige Erfahrung, die zu ihrer nächsten beruflichen Weiterentwicklung führt. Sie zählt zu den ersten, die all diese Dinge öffentlich thematisieren. In den 1970er Jahren, als noch *niemand begriffen hat, wie wichtig eigenes Geld ist,* beginnt sie mit ersten Vorträgen zum Thema finanzielle Unabhängigkeit von Frauen – in einer Zeit, in der das Bürgerliche Gesetzbuch nach wie vor vorsieht, *dass der Mann den Job der Frau kündigen konnte, wenn er mit ihrer Haushaltsführung nicht einverstanden war.*

Über Geld begreifen

Helma Sick erlebt, wie vormals gedemütigte, misshandelte Frauen mit einer eigenen Wohnung und selbst verdientem Geld aufblühen und zu anderen Menschen werden. Die Erkenntnis vom Zusammenhang zwischen Würde und finanzieller Unabhängigkeit motiviert sie und treibt sie an. Sie betont, dass es ihr nicht etwa darum geht, dem Geld hinterherzujagen, sondern darum, *so viel Geld zu haben, dass ich in Würde leben kann* – und zwar unabhängig von einem Partner oder einer Partnerin.

Das Thema Unabhängigkeit bekommt auch für sie persönlich eine neue Bedeutung: Mit der Adoption eines vierjährigen Jungen wird sie im Jahr 1982 *von heute auf morgen Mutter* und bleibt als solche *klassisch* zu Hause. Die Elternzeit allein füllt sie nicht aus, auch wenn die Existenz des Sohnes ein wunderbares, *ein unglaubliches Erlebnis* bedeutet.

Sie studiert Betriebswirtschaft und schließt mit Mitte vierzig ihre erste Berufsausbildung mit »sehr gut« ab. 1987 gründet sie unter dem Firmennamen »frau & geld« eine der ersten Finanzberatungen für Frauen in Deutschland. Parallel dazu beginnt sie, Artikel zu diesem Thema zu veröffentlichen. Anfang der 1990er Jahre erscheint ihr erstes Buch, ein paar Jahre später erhält ihre Kolumne in *Brigitte* einen festen Platz.

In der Branche stößt ihr Unterfangen, speziell Frauen zum Thema Finanzen und finanzielle Unabhängigkeit zu beraten, auf *Hohn und Spott: »Frau und Geld, das passt doch überhaupt nicht zusammen«*, ist einer von vielen Sprüchen, die sie zu hören bekommt. Unter Frauen erlangt sie jedoch schnell Bekanntheit und Ansehen. Die traditionell geringschätzige Behandlung von Frauen in der Banken- und Finanzbranche ist ein wichtiger Motor für das Sick'sche Geschäftsmodell.

Helma Sick ist überzeugt, dass das Geschäft florieren wird, *wenn die Frauen das kriegen, was sie wirklich brauchen und nicht irgendein Produkt aufgedrängt bekommen.* So stehen die Lebenssituationen der Frauen, ihre Wünsche und Ziele im Zentrum ihres Beratungskonzepts. Der Erfolg gibt ihr recht: Das Unternehmen umfasst mittlerweile, wie sie stolz feststellt, *ein großes Büro mit zehn Angestellten und tausenden Kundinnen.*

Frauen und Geld – eine schwierige Beziehung

Bis heute treibt Helma Sick die Frage um, warum sich Frauen immer noch häufig blind und blauäugig gegenüber Geld und finanziellen Dingen verhalten, insbesondere, wenn sie in einer Beziehung leben. Beratungssituationen wie folgende sind nach wie vor aktuell: *Eine Frau kommt in unsere Beratung. Ihr Mann verdient als Manager sehr viel Geld. Die beiden haben ein Kind. Sie hat so eine ›kleine Hobbytätigkeit‹. Dann stellt sich heraus: Der Mann hat sich und die Tochter abgesichert bis über beide Ohren – und sie hat überhaupt nichts. Dann legt ihr die Beraterin das dar und die Frau antwortet: »Mein Mann hat gesagt, wenn er stirbt, bekommen meine Tochter und ich jeweils die Hälfte«. »Ja«, wird die Beraterin sagen, »wenn er stirbt. Aber vorher haben Sie nichts. Oder, wenn er weggeht, die Scheidung will … Sie müssen doch jetzt schon wissen, dass für Sie was da ist – unabhängig vom Mann.«* Dann sind die Frauen sehr oft sehr schockiert, weil sie einfach nicht auf die Idee gekommen sind.

Eine *tickende Zeitbombe* sieht Helma Sick besonders in der zunehmenden Anzahl von unverheirateten Frauen, die ihren Beruf für die Familie jahrelang teilweise oder ganz aufgeben: *Die wissen zum großen Teil überhaupt nicht, dass sie nichts kriegen, wenn die Beziehung auseinandergeht. Dass sie null Ansprüche haben. Was glauben Sie, was da passiert, wenn er sich von ihr trennt? Sie stehen im Regen mit – nichts.*

Nichtwissen und Desinteresse gegenüber der eigenen persönlichen Absicherung konsterniert sie besonders bei sich als ›modern‹ verstehenden Frauen. Es seien häufig dieselben, die in der Beratung *auf die Frage »Sind Sie verheiratet?«* oft die etwas empörte *Antwort: »Nein, heute muss man doch nicht mehr heiraten«* geben. Parallel dazu beobachtet sie einen erneuten Rückzug gerade von privilegierten Frauen und Akademikerinnen ins Private: *Sie ziehen sich wieder zurück, leben das traditionelle Rollenmodell, machen sich wieder abhängig von ihrem Partner.* Die Finanzexpertin ist geradezu wütend darüber, wie leichtfertig Frauen bei solch einer Entscheidung mit dem von der Gesellschaft in sie investierten Wissen umgingen: *Das muss man sich vorstellen. In Deutschland kostet ein Medizinstudium ca. 200 000 Euro, das die Steuerzahler, also wir alle, finanzieren. Und dann wird sie die promovierte Hausfrau. Die möchte ich echt schütteln und sagen: »Begreifst du, was du da tust?«*

Auch heute noch gingen Frauen, die in einer Partnerschaft leben, leichtfertig in Teilzeit, selbst wenn sie noch keine Kinder haben – ohne zu überlegen, welche Gehalts- und spätere Renteneinbußen es für sie bedeutet.[7] Frauen, die die Folgen ihres Tuns ahnen und es doch oder gerade deshalb lieber nicht genau wissen wollen, bringen die Finanzexpertin besonders in Rage: *Ich bin bekennende Feministin, aber es ärgert mich, wenn sich Frauen so dumm darstellen. Darf ich das öffentlich sagen?*

Aufklären und Wachrütteln ist ihre Mission. Dabei bleibt sie in ihren Kolumnen und Vorträgen locker und humorvoll und dennoch klar und deutlich in den Aussagen: *In Vorträgen mache ich das immer recht plastisch in Form eines Dialogs zwischen ihm und ihr. Er: »Schatzi, mach es dir doch ein bisschen leichter und arbeite*

ein bisserl weniger.« Sie: »Das mach ich gern, das ist lieb von dir.«
Da kann ich nur sagen: Die Frau müsste doch wissen, wer es sich so
im Endeffekt leichter macht, nämlich er. Wenn er heimkommt, ist
Essen gekocht, die Hausarbeit erledigt. Und dann sage ich, wie ich
mir dieses Gespräch nach seinem Vorschlag vorstelle. Sie: »Eine gute
Idee. Aber erst gehe ich mal zur Deutschen Rentenversicherung und
lasse mir ausrechnen, was das mit meiner Rente macht, wenn ich fünf
Stunden pro Woche weniger arbeite.« Sie lässt sich das ausrechnen und
redet wieder mit ihm: »Schau, Schatzi, das ist ganz schön viel, was mir
dadurch entgeht. Wenn du mir das ersetzt, zum Beispiel durch einen
schönen Aktiensparplan, dann überleg ich mir das gern.« Dann sage
ich wieder – mit der Lebenserfahrung einer 78-Jährigen: Ich wette,
dass in 90 Prozent der Fälle der Vorschlag vom Tisch ist. In 10 Pro-
zent der Fälle, das habe ich erlebt, geht ER darauf ein und schließt
für sie einen Sparplan ab, der die Renteneinbuße ausgleichen soll. Das
kommt an. Das ist lustig – mit ernstem Hintergrund.

Die direkte und aufrüttelnde Art, wie sie Geschlechtsgenossinnen
anspricht, ist ein weiteres ihrer Markenzeichen. Die große Wertschätzung der Besucherinnen ihrer Vorträge freut sie besonders:
»Frau Sick, das muss ich Ihnen jetzt mal sagen. Ich finde das so toll:
Sie schimpfen immer so liebevoll mit uns Frauen.«

Warten auf den »weißen Ritter«

Den *alten Status quo, dass er arbeitet, sie versorgt ihn und die*
Kinder – und dafür versprechen sie sich, zusammenzubleiben, hat die
Realität längst überholt: *Jede zweite Ehe in Großstädten wird ge-*
schieden, flächendeckend jede dritte. Seit elf Jahren gibt es ein neues
Unterhaltsrecht, das völlig zu Recht sagt: Lebenslangen Unterhalt
gibt es nicht mehr. Das aber haben viele Frauen noch nicht ver-
standen. Die Männer wussten das schon immer. Die kriegen das mit
der Muttermilch eingefüttert: »Ich muss für mich sorgen, weil es sonst
keiner tut.« Darum fangen die mit 20 schon an zu sparen und Frauen
mit 40. Weil die Frau noch immer im Hinterkopf hat: Irgendwann
kommt der weiße Ritter.

Einer ihrer jüngsten Vortragsrenner – »Von der Pharaonin zum
Heimchen am Herd« – widmet sich der Frage, warum sich Frauen
in Geldangelegenheiten so passiv verhalten und Männer weniger

Berührungsängste haben und risikofreudiger sind. Durch ihre Erfahrung lautet ihre Antwort, weil sie über Jahrhunderte immer Geld hatten, Handel getrieben, Geld verdient und es wertsichernd angelegt haben. *Frauen dagegen hatten kein Geld – höchstens Haushaltsgeld. Das kleine Geld. Da konnte man keines anlegen, Geld für sich arbeiten lassen. Woher sollte es kommen?*

Auch die jüngere deutsche Geschichte hat ihre Spuren hinterlassen – vom Nationalsozialismus bis hin zur Teilung Deutschlands 1949 und der bewussten Abgrenzung der damaligen konservativen west-deutschen Regierung von der DDR nach dem Motto »*Wir wollen auf keinen Fall so ein DDR-System, wo alle arbeiten und die Kinder früh betreut werden.*« Das Ziel der Adenauer-Regierung, das sich bis in die 1970er Jahre gehalten hat, war, *die traditionelle Familie zu stärken, also Vater geht arbeiten, Mutter versorgt die Familie und arbeitet allenfalls ehrenamtlich.*

Aus dieser Zeit stammt auch das Ehegattensplitting, das per Steuerrecht zementierte konservative Lebensmodell, das nur funktioniert, *wenn er viel verdient und sie nichts oder wenig.* Helma Sick kritisiert dieses *Fossil* von Beginn ihres feministischen Engagements an: *Wenn ich sehe, dass beim Ehegattensplitting 20 Milliarden pro Jahr rausgeschmissen werden für eine altmodische Ehe. Ich verstehe es einfach nicht, dass man mit sehr viel Geld ein einziges Lebensmodell fördert.*

Helma Sick sieht nach der *Frauenbewegungswelle* heute generell in Sachen Gleichberechtigung wieder eine *Gegenbewegung: Der Rückschritt, der offenbar in der Geschichte immer wieder passiert.* Die Tatsache, dass dieser Backlash in Ostdeutschland bisher weitaus gemäßigter verlaufen ist, zeigt, wie viele Chancen in punkto Gleichstellung man im Westen nach der Wiedervereinigung verpasst hat: *Das DDR-Staatssystem war bankrott, musste untergehen, klar. Aber das, was dort gut war, das könnten wir durchaus übernehmen: Die flächendeckende Kinderbetreuung, Frauen, die alle eine gute Ausbildung haben und arbeiten.*

Die aktuelle Gegenbewegung gegen Errungenschaften der Frauenbewegungen sieht sie in engem Zusammenhang mit einem generellen tendenziellen Rechtsruck. Mit Sorge betrachtet sie den Vormarsch von *Typen* wie Trump, Bolsonaro und Salvini, den Abbau demokratischer Rechte in Polen und Ungarn sowie die wachsende

Zustimmung zu AfD und FPÖ in Deutschland und Österreich und deren Versuche, zu einem konservativen Frauen- und Familienbild zurückzukehren. Die wachsenden Zustimmungswerte auch unter Frauen wie beispielsweise in den USA, wo 50 Prozent der weißen Frauen Donald Trump gewählt haben, erschüttern sie besonders: *Einen solch widerwärtigen Menschen ohne Bildung, ohne Verstand und ohne Gefühl. Das ist für mich nicht nachzuvollziehen. Bei der FPÖ das Gleiche und bei der AfD.*

Getreu einem ihrer Leitsprüche – »*Demokratie ist mühsam, und Emanzipation ist auch mühsam, aber unendlich lohnend*« – lässt sich Helma Sick jedoch nicht entmutigen, weiterhin feministische Utopien zu entwerfen.

Mit Blick auf gleichstellungspolitische Errungenschaften anderer Länder, vor allem Schweden, fordert sie für Deutschland eine vorausschauende Politik: Für eine wirkliche Gleichberechtigung von Frauen und Männern mit der *Unabhängigkeit* als weiterem Staatsziel. Dieses erweiterte gleichstellungspolitische Leitbild müsse zum roten Faden einer strategisch ausgerichteten staatlichen Familienpolitik werden, deren Ziel die Bereitstellung von Betreuungsstrukturen sei, die es allen ermögliche, *sich darin frei zu bewegen.*

Wenn Gleichberechtigung ein Staatsziel ist, außerdem, keine Abhängigkeiten entstehen zu lassen in der Familie und die Vereinbarkeit von Beruf und Familie zu fördern, dann finanziert der Staat auch ganz andere Dinge. Bei uns ist Unabhängigkeit kein Staatsziel, deshalb ist beispielsweise Familienpolitik ein Gewurschtel, keine Strategie.

Parallel dazu fordert Helma Sick die Einführung des Prinzips »*Nur im Notfall greift der Staat ein*«. Das hieße konkret: Für den Fall, dass eine Frau beschließt, *sie will trotzdem lieber zu Hause bleiben und ihre Kinder 20 Jahre lang selbst erziehen,* sollte es eine Vorschrift geben, wonach sie mit dem Partner aushandeln und vertraglich fixieren müsse, wie ihr Dasein finanziert wird, falls er vor ihr stirbt und falls dieses Lebensmodell scheitert. Es kann nicht Aufgabe des Staates sein, solch eine freiwillige private Entscheidung zu finanzieren, meint Helma Sick.

Als erster und längst überfälliger Schritt müsste jedoch das Ehegattensplitting abgeschafft werden. Dass solch eine Maßnahme Bewusstsein verändert, habe sich am Beispiel Schweden gezeigt.

Auch dort haben Frauen früher häufig nicht gearbeitet, weil sie dachten, dass es sich nicht lohnt. Mit der Abschaffung des Ehegattensplittings, die bereits 1972 erfolgte, hat sich das fundamental geändert. Auch weil das dadurch frei gewordene Geld in flächendeckende, qualifizierte und kostengünstige Kinderbetreuung investiert wurde.

Forderungen nach Hausfrauengehältern lehnt Helma Sick strikt ab: Sie verfestigten überkommene Strukturen und machten Frauen nur weiter abhängig von ihrem Mann und der Familienkonstellation Ehe.

Lieber heute unromantisch als später arm

Die zwei wichtigsten Lektionen ihres Lebens – erstens, nicht darauf zu warten, dass andere etwas für mich tun, nicht auf das Glück zu vertrauen, sondern die Dinge selbst in die Hand zu nehmen, und zweitens, sich nicht von einer Partnerschaft oder Lebensgemeinschaft abhängig zu machen[8] – gibt Helma Sick bis heute unermüdlich weiter. Sie rät insbesondere jungen Frauen: *Freuen Sie sich über Ihre Partnerschaft, aber behalten Sie Ihren Job und haben Sie Ihr eigenes Geld.* Getreu dem Motto »*Lieber heute unromantisch als später arm*« plädiert sie dafür, von Anfang an für klare Verhältnisse zu sorgen: *Es gehört zur Würde eines Menschen, nicht abhängig zu sein vom Fortbestand einer Ehe, einer Lebensgemeinschaft. Finanzielle Unabhängigkeit gibt es nur durch bezahlte Arbeit. Deshalb mein Appell: Teilt euch die Elternzeit mit dem Partner. Dann muss keiner zu lange aus dem Beruf aussteigen. Und dann sollte über Teilzeit langsam wieder in Vollzeit übergegangen werden.*

Sie legt den Frauen zudem ein positives Verständnis von Erwerbsarbeit ans Herz: *Arbeit ist sozialer Kontakt, ist Qualifikation, macht Freude. Und Arbeit bringt eigenes Geld, also lebenslange Unabhängigkeit. Arbeit ist etwas Schönes. Mir hat Arbeit über alle Lebenskrisen hinweggeholfen. Natürlich haben nicht alle einen tollen Arbeitsplatz. Aber ich finde, ein nicht optimaler Arbeitsplatz ist besser als gar keiner.*

Auch für diese Auffassung kann Helma Sick in ihrer direkten Art lustvoll streiten: *Ein bekannter Kabarettist hat mal gesagt: »Also dieser Schmarrn jetzt, alle Frauen sollen arbeiten gehen, als ob es ein*

emanzipatorischer Akt wäre, wenn sie an der Supermarktkasse sitzt.«
Da habe ich gedacht: Du Depp, hast überhaupt keine Ahnung. Wenn
sie vorher finanziell abhängig war, dann ist das ein emanzipatorischer
Akt. Sie hat eigenes Geld. Sie sitzt an der Kasse, sie hat Kontakt mit
Leuten. Wenn sie nett und freundlich ist, kriegt sie was Nettes zurück.
Das ist viel besser als nichts.

Zum Abschluss – ein Jahr später

Wer hätte gedacht, dass nur ein Jahr nach dem Interview Helma
Sicks Visionen und Appelle aktueller denn je sein würden: Mit der
Corona-Krise, die wie unter einem Brennglas deutlich gemacht
hat, wie ungleich nach wie vor die Rollenzuschreibungen und die
reelle Rollenverteilung zwischen Frau und Mann sind, und dies
besonders bei »Paaren, die sich Beruf und Familie schon vorher
nicht paritätisch aufgeteilt haben«.[9]

Wer hätte gedacht, dass die von Helma Sick im Interview so
vehement geforderte Abschaffung des deutschen Ehegattensplittings
heute weit über Insider:innenkreise hinaus diskutiert wird. Es muss
viel mehr als bisher erklärt werden, dass das Ehegattensplitting nicht
ersatzlos gestrichen, sondern das dadurch frei gewordene Geld für
neue Leistungen verwendet werden soll, von der alle Menschen
profitierten, die Kinder haben.

Die breite positive Resonanz auf ihre Vorträge und Publikationen zeigt, wie auch mit Genderthemen, in Alltagssprache übersetzt,
eine Brücke zu ›Lieschen Müller‹ geschlagen und die Gefahr, sich
in einer ›Blase‹ zu bewegen, verhindert werden kann.

Nicht zuletzt ihr Appell an Frauen: *»Macht was. Aber sitzt nicht*
da und klagt!«, ist in Corona-Zeiten aktueller denn je. Jammern
verfestige nur das System.

Aufgeben oder klein beigeben – das kam auch für Helma Sick
persönlich nie infrage. Nicht zuletzt deshalb kann sie – und dies
als Role Model für Frauen jeglicher Altersklasse – zufrieden auf ihr
Leben zurückblicken: *Ich hatte Jahrzehnte meines Lebens Minder-*
wertigkeitskomplexe und Mangel an Zuwendung, Anerkennung, Unter-
stützung – und dann habe ich eben gekämpft und vieles erreicht. Jetzt
ernte ich die Früchte meiner Arbeit. Das finde ich wunderbar!

Anmerkungen

1   Sick 2018a, 133f.
2   Die kursiv dargestellten Zitate stammen aus dem Interview mit Helma Sick, geführt am 17. Juli 2019 von Birgit Buchinger und Ute Dorau in München.
3   Sick 2018a, 154
4   ebd., 138
5   Dies ist auch der Titel eines ihrer bekanntesten Bücher, das sie im Jahr 2015 gemeinsam mit Renate Schmidt, frühere Bundesministerin für Familie, Senioren, Frauen und Jugend, Vizepräsidentin des Deutschen Bundestages und langjährige Bundes- und Landtagsabgeordnete, veröffentlicht. Es war *deutschlandweit in Frauenkreisen in aller Munde.*
6   Sick 2018b
7   Helma Sick verweist auf Zahlen des deutschen Statistischen Bundesamts und die Broschüre »Zielgruppenarbeit und Gleichstellung. Frauen auf Erfolgskurs, Infos und Tipps zur beruflichen Entwicklungsperspektive von Frauen«, Hg. IG Metall, Frankfurt 2014, wonach *viele Frauen ihre Erwerbstätigkeit schon dann um wöchentlich fünf Stunden* reduzieren*, wenn sie nur zusammen in eine Wohnung ziehen, auch wenn noch kein Kind da ist.*
8   Sick 2018a, 252
9   Platen 2020

Literatur

Platen, Henrike von (2020), »Die perfekte Komplizin auf dem Weg zur Gleichstellung« (Interview von Henrike Roßbach), in: Süddeutsche Zeitung, 10. Juli 2020, sueddeutsche.de

Sick, Helma (2018a), Aufgeben kam nie in Frage, Warum ich dafür kämpfe, dass Frauen ihr eigenes Geld haben, Der Lebensbericht der Brigitte-Finanzexpertin, München: Kösel

Sick, Helma (2018b), Die beste Investition meines Lebens war die Therapie, Interview, in: Brigitte 22/2018, brigitte.de/academy

Sick, Helma/Schmidt, Renate (2015), Ein Mann ist keine Altersvorsorge, Warum finanzielle Unabhängigkeit für Frauen so wichtig ist, 2. Auflage, München: Kösel

Podcast der Brigitte Academy: What The Finance? Episode 6: Ein Mann ist keine Altersvorsorge, Interview von Anissa Brinkhoff mit Helma Sick, brigitte.de/academy

Helma Sick, 2017

Helma Sick, ca. 1945

Erica Fischer, 2018

ERICA FISCHER

Erst lernen zu müssen, Nein zu sagen, sich gegen etwas zu stellen, Dinge gegen den Strich zu lesen, selbst gegen den Strich zu leben – all das teilt Erica Fischer mit den von ihr in über 50 Jahren Aktivist:innenleben gesammelten (Frauen-) Geschichten.

Die 1943 geborene Schriftstellerin, Übersetzerin, Aktivistin und Journalistin, die in Wien die Aktion Unabhängiger Frauen (AUF) mitbegründete, zeichnet ihr kritischer Blick auf komplexe Strukturen und auch auf komplexe Leben aus, wobei sie stets einen behutsamen Umgang mit den ihr anvertrauten Geschichten wahrt. Das Sammeln von Perspektiven, die Offenheit gegenüber unterschiedlichen Lebensentwürfen – Erica Fischers feministische Überzeugungen werden in ihren Werken les- und erfahrbar, von »Aimée & Jaguar« über »Das Wichtigste ist, sich selber treu zu bleiben« bis zu »Feminismus Revisited«.

Die Freiheit, am Rande zu stehen – Erica Fischer

Katherina Braschel

Es gibt das Angerufenwerden.
Es gibt die unbekannte Nummer.
Es gibt das Zurückrufen.
Es gibt das Gefragtwerden.
Es gibt die Reihe von Namen.
Es gibt das Konzept.
Es gibt das Zusagen.
Und den Namen, den gibt es.
Erica Fischer.

Dann gibt es:
Das Googeln,
das Lesen,
die Artikel,
die Bücher,
das Interview.

Es gibt das Annähern,
das Zuhören
das Unterstreichen,
das Kleben von Post-its,
das Notizenmachen.

Das Suchen nach einer Form, das gibt es.
Das Straucheln beim Suchen, das gibt es.
Das Etwas, das sich versperrt, gibt es.
Die unpassenden Formen, die gibt es.
Den Prozess, den gibt es.

Und es gibt die lose Anlehnung an Inger Christensens Langgedicht »alfabet/alphabet«[1] als einen Einstieg, die gibt es auch.

Es scheint auf den ersten Blick vielleicht seltsam, ein Porträt über Erica Fischer so zu beginnen. Doch was die beiden Autorinnen verbindet, ist das Sammeln. Die eine sammelte Dinge, die es gibt, durch eine mathematische Formel in eine poetische Ordnung gebracht und zum Langgedicht geformt. Und Dinge, von denen gibt es viele.

Die andere sammelt Geschichten und Erfahrungsprozesse, Erzählungen von Leben, gerade auch jenen, denen selbst innerhalb des linken politischen Diskurses oft sehr wenig Aufmerksamkeit zukommt. Und sie sammelt Perspektiven, feministische Positionen und Entwicklungen, denen sie einen offenen Raum gibt, aus dem sie sich selbst aber nie ausnimmt.

Diesem Zugang von Erica Fischer und ihrem breiten Schaffen und Denken gerecht zu werden, auch in der Form dieses Textes eine Spiegelung der porträtierten Person zu finden, dem eigenen Anspruch, dem imaginierten Anspruch Erica Fischers an mich und dem Rahmen dieses Projektes gerecht zu werden – all das ließ mich lange Zeit gehemmt vor den Bücherstapeln, Notizen und Interviewausschnitten sitzen. Ich versuchte mich an wissenschaftlichen Gliederungen, an objektiven Schilderungen und Nacherzählungen und irgendwann spürte ich mein eigenes, leises, aber beständiges Kopfschütteln im Nacken. Dass die Antwort auf Fragen und Schwierigkeiten oft direkt vor der eigenen Nase liegt, mag eine Binsenweisheit sein, für dieses Porträt ist sie dennoch wahr. Letztlich fand ich die Bestätigung meines Widerwillens, dieses Porträt in eine allzu enge Form zu gießen, bei Erica Fischer selbst:

»Wenn das Persönliche politisch ist, dann sollte eine feministische Autorin nicht so tun, als wäre sie objektive Berichterstatterin. Wie sich ihre Recherche gestaltete, was sie während des Schreibens beschäftigte und welche Fragen nach der Fertigstellung des Buches offengeblieben sind, könnte für ihre Leserinnen und Leser durchaus von Interesse sein und sie dazu veranlassen, die Geschichte noch einmal zu überdenken.«[2]

Erica Fischer nähert sich ihren Protagonist:innen und ihren Geschichten immer gut recherchiert, literarisch und persönlich zugleich. Für ihr 2000 erschienenes Buch »Die Liebe der Lena Goldnadel« interviewte sie Personen auf diversen Kontinenten, fing ihre Erzählungen mit einem behutsamen und doch engmaschigen Netz des Zuhörens ein und auf und gab sie als literarische Texte wieder. Für ihre aktuellste Publikation, »Feminismus Revisited« (2019), bat sie eine Vielzahl an aktiven Feminist:innen aus unterschiedlichen Bereichen um Beiträge, bettete diese in eigene, persönliche Erzählungen und Reflexionen ein und schuf damit einen Band, den ich gerne jeder Person auf dem Weg ihrer Politisierung ins Bücherregal stellen würde.

Viele Porträts über Frauen fangen mit ihren Eltern, ihrem familiären Umfeld an. Und davon wiederum fangen sehr viele Porträts mit der Beziehung dieser Frauen zu ihren Müttern an.

Das ist verständlich und wichtig. Es geht um Prägungen, persönliche und politische, es geht um Bezugnahmen und es geht um Anerkennung: Anerkennung dafür, was die Mütter trotz der Mehrfachbelastung durch Reproduktions- und Care-Arbeit geleistet haben, und Anerkennung dafür, was die Töchter trotz der oft nicht einfachen Mütterbeziehungen geleistet haben.

Der Anfang dieses Porträts soll jedoch Erica Fischer gehören und zwar alleine.

»Ich bin eine Frau, nach der neueren feministischen Sprachregelung eine Cisfrau, also eine, die sich eins fühlt mit dem bei der Geburt festgestellten Geschlecht. Nach der Halacha, dem jüdischen Gesetz, bin ich als Tochter einer jüdischen Mutter Jüdin. Während eine Menge ›Frau‹ in mir steckt, bei meiner Geburt festgelegt und durch die Heteronormativität und den allgegenwärtigen Sexismus stets von neuem bestätigt, ist die Jüdin eher eine kulturelle Aneignung.«[3]

So eine von Erica Fischers Selbstbeschreibungen in »Feminismus Revisited«. Dass es ihr wichtig ist, immer wieder die eigene Schreib- und Sprechposition zu reflektieren, sich in Bezug zu setzen zu den Themen, die sie anstößt, zeigt sich in diesem Sammelband alleine schon an seinem Aufbau. Erica Fischer schreibt über ihre eigenen Erfahrungen mit der jeweiligen Thematik, erzählt, wie sie die Schreiber:in des Beitrags kennengelernt hat und geht offen mit eigenen Bedenken und auch Vorurteilen um.

Bevor ich diese Selbstbeschreibung in »Feminismus Revisited« lese, suche ich im Internet nach Erica Fischer. Mit jedem durchgeklickten Artikel staune ich mehr: Wie kann es sein, dass ich vor diesem Buchprojekt noch nie über ihren Namen gestolpert bin? Oder bin ich es durchaus und habe ihn mir nicht gemerkt? Ein Bücherstapel mit ihren Werken kommt bei mir an, das Staunen intensiviert sich. Das sind viele der Themen, die mich auch beschäftigen, woher also diese Lücke? Ist es eine Generationenfrage? Aber andere Feminist:innen aus Erica Fischers Generation, auch aus denen vor ihr, habe ich schließlich auch gelesen.

Oder zeigt sich hier mein eigener internalisierter »Polit-Ageismus«, was Feminist:innen aus der sogenannten Zweiten Welle angeht?[4] Mein Generalverdacht, dass ich mich maßlos ärgern werde müssen, wenn mir (wie angenommen) dann ein essentialistischer, Trans*personen-ausschließender Feminismus begegnet, der Sexarbeiter:innen die Selbstbestimmtheit abspricht?

Der Grund, warum mir Erica Fischer vor diesem Projekt noch nie begegnet ist, mag vielschichtig sein. Ein paar Jahre zu jung, um den Erfolg ihres Romans »Aimée & Jaguar« und seiner Verfilmung mitverfolgt zu haben, die ohnehin bereits geringere Aufmerksamkeit für Frauen auf dem Buchmarkt und wahrscheinlich auch ein zufälliger, fehlender Link zwischen uns, ein Buchrücken, nach dem ich vielleicht schon einmal greifen wollte und dann abgelenkt wurde. Die Auseinandersetzung mit Erica Fischer ist ein Lernprozess. Nicht nur einer der Wissensgenese, sondern auch hinsichtlich dessen aufgeschlossen und neugierig zu bleiben, gegebenenfalls alte Positionen zu korrigieren, Schwächen und Fehler eingestehen zu können und sich nicht an dogmatischen Kategorien festzubeißen. Erica Fischer macht dies in »Feminismus Revisited« mehr als deutlich vor und zeichnet anhand der Beispiele aus ihrem eigenen Leben einen Entwicklungsprozess nach, den sie damit auch anderen Personen zugesteht – eine grundlegende feministische Qualität, die zu oft verloren geht.

Fand sie etwa in »Pornographie: die Gewalt des Blicks« (1989) noch eindeutige, sehr wütende Worte zum Thema Sexarbeit und argumentierte tendenziell aufseiten der Prostitutions-Gegner:innen und Befürworter:innen des allgemeinen Prostitutionsverbots, so liest sich das Kapitel »Sexarbeit: Eine Frage der Umverteilung«[5], das gemeinsam mit der feministischen Sexarbeiterin Marleen entstand, wesentlich differenzierter.

Nach einer Überschrift für ihr Leben gefragt, wählt Erica Fischer den Titel eines ihrer eigenen Bücher als Antwort: *»Das Wichtigste ist, sich selber treu zu bleiben«.*[6] Und genau in dieser Neugier und Offenheit, die trotzdem scharfe Worte findet und wütende Kämpfe ficht, ist sie sich auch treu geblieben.

Stichwort Erica Fischer

Ich sitze im STICHWORT, dem Archiv der Frauen- und Lesbenbewegung in Wien, vor mir drei Stapel mit Büchern, Ausdrucken, Mappen und Fotos. Allesamt von oder über Erica Fischer.

Womit anfangen? Erst einmal Fotos schauen. Ich bekomme weiße Handschuhe, greife in die Mappen: Eine Postkarte der Aktion Unabhängiger Frauen (AUF), Erica Fischer, wie sie 1984 in der Buchhandlung Frauenzimmer eine andere Frau hinter dem Büchertisch umarmt.[7]

Erica Fischer, die bei der Solidaritätskundgebung für Johanna Dohnal am 4. Mai 1983 eine Rede hält. Ich bleibe bei dem Foto hängen, das ich für das Schlussfoto ihrer Rede halte, versuche, das breite Lächeln, die kämpferisch-glücklichen Augen, die für mich auf diesem Foto jenen Blickkontakt einfangen, den ich selbst aus der stummen Verständigung mit anderen Feminist:innen bei Demos oder ähnlichem kenne, übereinander zu schieben mit dem Bild der weißhaarigen Frau mit der knallroten Brille, die ich in einem YouTube-Video von der Leipziger Buchmesse 2019 gesehen habe. Wieder einer jener verpassten Links zwischen uns, war ich doch auch auf jener Buchmesse, hätte ich mich doch nur einmal auf dem Weg zur Toilette zufällig an den Stand der *Taz* verirren müssen.

Bei einem Porträt aus dem Jahr 1999 fällt mir auf, dass Erica Fischer einen Davidstern um den Hals trägt. Bei einem anderen Foto, diesmal von einem Fest im Café Frauenzimmer im Jahr 1979, muss ich schmunzeln. Schauen die feministischen Räume, in denen ich mich heute bewege, so anders aus? Selbstgemalte Plakate, zwei Zeitungsartikel, wahrscheinlich über vergangene Aktionen, Veranstaltungsankündigungen, Aufrufe, sich im Amerlinghaus in einer Aktionsgruppe für die nächste Demo zu treffen. Gut, vielleicht wäre die Ankündigung »Perspektiven der Österreichischen Arbeiterbewegung« gegendert, wahrscheinlich würde statt einer Platte von Christian Martin Fuchs eine von Sookee oder Faulenza im Hintergrund stehen, aber sonst?

Und was macht das mit mir? Ein schönes Gefühl der Verbundenheit über die Zeit oder ein Gefühl des Stillstandes, der Resignation? Wahrscheinlich ein bisschen von beidem.

Erica Fischer jedenfalls glaubt an die heutigen Feminismen, ohne jedoch aktuelle politische Lagen zu romantisieren:

»Dank der klugen Stimmen und Texte junger Frauen ist mein Interesse am Feminismus neu erwacht. Oft und mit Genugtuung totgesagt, entfaltet er heute eine erstaunliche Energie, wohl auch als Reaktion auf den sich immer stärker ausbreitenden Frauenhass, der mir jedoch wie ein verzweifelter Abwehrkampf gegen die zunehmende Ermächtigung der Frauen erscheint. Der westliche Feminismus hat sich aber auch verändert. Angesichts der verschärften Lebensbedingungen von Turbokapitalismus, Klimawandel und dem wachsenden Einfluss rechtsnationalistischer Tendenzen und Parteien haben junge Feminist*innen der dritten Welle (oder ist es schon die vierte?) weniger Aussicht auf ein sozial gerechtes Leben, als ich es in meinen Aufbruchsjahren hatte.«[8] Jene Aufbruchsjahre sind es, in die ich mich jetzt, umringt von verschiedensten Dokumenten, vergrabe.

Wie so ein Blitzstrahl, der mich getroffen hat

Schüchtern und zurückgezogen – nicht unbedingt die Begriffe, die mir zu Erica Fischer einfallen. Dennoch beschreibt sie sich selbst so und erzählt von ihrem Unwohlsein in der 68er-Bewegung in Österreich. Die in einem sozialistisch bzw. kommunistisch geprägten Elternhaus Aufgewachsene begreift sich seit jeher als politischen Menschen, verfolgt die antikolonialen Befreiungskämpfe in Kenia und die Proteste für nukleare Abrüstung in den Medien. Sie besucht Teach-Ins und Demonstrationen, nimmt an Veranstaltungen teil und fühlt sich angesichts der sie erschreckenden Aggressivität der sprechenden Männer und Frauen doch alleine »wie eine leere Hülle«[9]. Selbstbewusst auftretende, sich Raum nehmende Frauen, etwas Fremdes für die damals Mittzwanzigerin, die gleichzeitig in ihrem Dolmetsch-Studium an der Universität Wien heraussticht, denn: Sie trägt Hosen. In einem damals sehr bürgerlich geprägten Studiengang (noch) keine Selbstverständlichkeit.

Der feministische Blitzstrahl kommt für Erica Fischer Ende der 1960er Jahre mit dem »Arbeitskreis Emanzipation«, einer gemischten Gruppe, die sich mit der sogenannten Frauenfrage beschäftigt. Die Erleichterung über die Erkenntnis, dass es (auch) das Patriarchat ist, das sie bisher unglücklich gemacht hat, verleiht ihr Flügel. Ihre bisherige Schüchternheit wird schnell von einer aktiven Tätigkeit abgelöst, Erica Fischer hält erste Vorträge und ist in ihrem Arbeitskreis nun nicht mehr die Leise, sondern organisiert und diskutiert lautstark mit. Karin Schrader-Kleberts Text »Die kulturelle Revolution der Frau«[10] zündet 1969 schließlich ein weiteres Feuer in den Frauen des Arbeitskreises, der bereits von Diskussionen um Haupt- und Nebenwiderspruch geprägt ist. Als sich die Männer der Gruppe (bis auf einen) nicht an einer Demonstration gegen das Verbot des Schwangerschaftsabbruchs beteiligen, bricht die Gruppe endgültig auseinander. Die inhaltlichen Auseinandersetzungspunkte brodeln weiter, das feministische Bewusstsein ebenso. Als schließlich zwei Vertreterinnen der Schweizer Frauenbefreiungsbewegung bei einem noch von diesem Arbeitskreis zusammen mit SPÖ-Frauen organisierten Arbeitsseminar einen Vortrag halten, beschließen sieben Frauen, auch in Wien eine feministische Bewegung zu initiieren. Die Beanspruchung des Wortes Feminismus durch die Aktivist:innen wird noch etwas dauern, aber sie kommt.

Das erste Treffen am 5. November 1972 erfährt einen derartigen Zulauf, dass das Bedürfnis der Wiener Feminist:innen nach einer solchen Bewegung klar wird: Es gründet sich die Aktion Unabhängiger Frauen (AUF): »Wir haben das Private politisiert – die Liebe, die Sexualität, die Hausarbeit. Für diese Profanisierung der Politik ernteten wir Spott und Aggressionen von rechts sowie Aggressionen und Ausschluß aus der Gemeinschaft der Aufrechten von links.«[11]

Dieses Querschießen und das mangelnde Verständnis von männlicher Seite kann die AUF nicht in ihrer Energie bremsen. Es entsteht eine Vielzahl von Gruppen, die sich mit Themen von Abtreibung über Karriere und Familienleben im Kapitalismus bis zu Gewalt in ihren verschiedenen Formen auseinandersetzen. In kleinen geschlossenen *consciousness raising groups* aufzuarbeiten, was es heißt, in dieser Gesellschaft als Frau aufzuwachsen, sieht Erica Fischer heute noch als zentrales Element der Frauenbewegung:

»Das gegenseitige Erzählen von Erfahrungen führt zum Erkennen von Gemeinsamkeiten und das wiederum zu politischem Bewusstsein. Das Persönliche ist politisch. Was uns bis dahin als unsere ureigene Unzulänglichkeit erschienen war, wurde mit einem Schlag zu einem patriarchalen Muster, dessen Aufgabe darin bestand, unsere untergeordnete Stellung zu festigen. Da die Struktur, in der wir lebten, alle Bereiche unserer Existenz umfasste, hatten wir unsere Diskriminierung nicht erkannt und sie für die natürliche Ordnung der Dinge gehalten.«[12]

Für Erica Fischer selbst sind diese Auseinandersetzungen, insbesondere mit Gewalt, *bahnbrechend*, denn sie ermöglichen ihr, eigene, verdrängte Gewalterfahrungen wie die der Vergewaltigung und des illegalen Schwangerschaftsabbruchs als persönliche Erlebnisse, aber auch als strukturellen Zustand zu erkennen und verarbeiten. Es entstehen Aktionen wie das Unterwandern und schließlich Stürmen eines Hearings der »Aktion Leben« an der Universität Wien oder die Verteilung von kunstblutgetränkten Tampons in den Weihwasserbecken des Stephansdoms. Schließlich erscheint am 1. Oktober 1974 die erste Ausgabe der Zeitschrift *AUF*. Erica Fischer bildet mit sieben anderen Frauen das Redaktionskollektiv.

Im STICHWORT-Archiv blättere ich die Ausgaben der *AUF*, zu dicken Büchern gebunden, durch und verliere mich in den 45 Jahre alten Artikeln. Thematisch geht es im ersten *AUF*-Heft um Familie, es wird über Wohngemeinschaften als ideale Lebensform geschrieben, ein Gedicht von Christine Nöstlinger abgedruckt, Kinder schildern in Wort und Bild ihre Sicht der Dinge, eine Frau schreibt über ihre Abtreibungserfahrung. Dass Erica Fischer wütend darüber schreibt, dass die Gesetzgebung zur Fristenlösung in Österreich eine Farce ist und sie die Kostenübernahme der Abbrüche durch Krankenkassen fordert, liest sich bitter. 2020, 45 Jahre später, müssen ungewollt Schwangere ihren Abbruch in Österreich immer noch selbst bezahlen, wenn dieser keine medizinischen Gründe hat. »Und wer es sich nicht leisten kann, soll eben Kinder kriegen.«[13] Dass dieser 2. Juli 2020, an dem ich Erica Fischers Artikel lese, genau jener Tag ist, an dem per Presseaussendungen bekannt wird, dass ab nun die Verschreibung der Tablette für medikamentösen Schwangerschaftsabbruch, die »Mifegyne«, durch niedergelassene Ärzt:innen möglich wird, macht auf eine schmerzhafte Weise die Kontinuität feministischer Kämpfe sichtbar.

In der *AUF* wird Erica Fischer schnell zu einer der zentral Agierenden, übernimmt oft den Umgang mit Medien, spricht bei Podiumsdiskussionen und Vorträgen, gibt Interviews und veröffentlicht Artikel in diversen Zeitungen und Zeitschriften, was sie letztlich auch zur Wahl des Journalismus und des Schreibens als ihrem Beruf führt.[14]

Ihr Auftritt in der *ORF*-Talkshow *Club 2* macht Erica Fischer 1977 für eine gewisse Zeit auch außerhalb des klassischen Umfelds der Frauenbewegung berühmt: Sie debattiert unter anderem mit einem Wiener Polizisten, der die Dreistigkeit besitzt, zu sagen, dass es für die »große Zahl vergewaltigungswilliger Frauen nicht genügend Kandidaten gebe«.[15] Erica Fischer, die in der Sendung unter anderem auch über ihre eigenen Gewalterfahrung gesprochen hat, hält selbstredend dagegen, der *ORF* sieht sich mit einem (um in heutigen Begriffen zu sprechen) Shitstorm an wütenden Anrufer:innen und Schreibenden konfrontiert und der Polizist erhält schließlich Auftrittsverbot.

In den 1980er Jahren ist Erica Fischer für die österreichischen Grünen aktiv, kandidiert 1986 auf der Wiener Landesliste für den Nationalrat, scheitert aber an der mangelnden Bereitschaft der Grünen zu feministischer Radikalität. In Johanna Dohnal sieht sie sowohl eine prägende Figur der österreichischen Politikgeschichte als auch in gewisser Weise eine Verräterin an der autonomen Frauenbewegung, jedenfalls als beteiligt an deren Aufreibung. Dohnals größere Loyalität gegenüber der SPÖ als gegenüber der autonomen Frauenbewegung ist ein Schmerz, der auch heute noch schwelt.

1988 entschließt sich Erica Fischer zur Auswanderung in die BRD, wütend und wohl auch enttäuscht über die persönlichen Konflikte innerhalb der Wiener Frauenbewegung, wo ihr nicht zuletzt die öffentliche Thematisierung ihres Entschlusses zur Heirat angekreidet wird. Der Umgang des Staates Österreich mit seiner NS-Vergangenheit, damals wie heute eine Farce, trägt ebenso zu Erica Fischers Entscheidung bei: »Die Chance, im Zuge der durch Waldheim und das Gedenkjahr 1988 fällig gewordenen kollektiven Vergangenheitsbewältigung Österreichs auch den frauenfeindlichen und antifeministischen Anteil des faschistischen Bodensatzes in unserem Land zu analysieren, wurde nicht ergriffen. Vielmehr wird alles getan, um die Kämpfe der Frauen als historisch überholt erscheinen zu lassen.«[16] In Köln widmet sich Erica Fischer als freie Journalistin dem Schreiben und intensiviert ihre literarische Tätigkeit.

»Ich möchte Sterne finden« (Felice Schragenheim)

Als Erica Fischer die literarische Aufarbeitung der Geschichte von Felice Schragenheim und Lilly Wust angeboten bekommt, trifft das auf ihre ohnehin zunehmende Auseinandersetzung mit ihrer eigenen jüdischen Identität. Es gibt ihr Gelegenheit, ihre »beiden Lebensthemen miteinander zu verbinden: dass ich eine Frau bin und dass ich eine Jüdin bin, meinen Feminismus und mein Eintreten gegen Antisemitismus und Rassismus.«[17]

Erica Fischers Mutter, eine polnische Jüdin, flüchtet 1938 vor den Nationalsozialisten nach England. Ihr Vater, ein nichtjüdischer Österreicher, trifft sechs Wochen später ebenfalls dort ein. Beide waren zuvor in Wien in Widerstandsgruppen aktiv, Vater und Mutter im Austrofaschismus in Haft.[18]

Erica Fischer verbringt als erstes von zwei Kindern ihre ersten drei Lebensjahre in Großbritannien, bis die Eltern 1948 beschließen, wieder nach Wien zurückzukehren, denn der Vater möchte dabei mithelfen, ein sozialistisches Land aufzubauen. Die Rückkehr ins Land der Täter:innen ist vor allem für die Mutter, die sich unter den britischen Arbeiter:innen wohl fühlte, keine leichte Entscheidung. Das Versagen der österreichischen »Entnazifizierung« bekommt die mit polnischem Akzent sprechende Jüdin in Österreich stark zu spüren, was letztlich dazu führt, dass sie im ersten Jahr in Österreich mit niemandem spricht: »In Österreich waren die Rückkehrer*innen unerwünscht, hatten diese doch miterlebt, was man ihnen vor ihrer ›Auswanderung‹ angetan hatte. Daran wollten die Einheimischen nicht erinnert werden.«[19]

Die Beziehung von Erica Fischer zu ihrer Mutter, die sie als »gescheiterte Frauenrechtlerin« bezeichnet, prägt sie in vielerlei Hinsicht. Die Mutter vermittelt ihr die Wichtigkeit von (Aus-) Bildung, ist bereits in der 1950er Jahren überzeugt davon, dass ein Frauenleben auch ohne Heirat und Kinder erfüllt sein kann, und ist »die Starke in der Familie«[20], die ihrer Tochter eine Reibfläche bietet. Gleichzeitig ist die Beziehung von Mutter und Tochter von großer Körper- und auch Lieblosigkeit geprägt, es gibt vieles, das ungesagt ist und auch bleibt. Über die Ermordung ihrer Eltern im Vernichtungslager Treblinka spricht die Mutter nie, betont aber stets, dass erst Hitler sie zur Jüdin gemacht habe.

Religion spielt in der Kindheit keinerlei Rolle, denn: »Für Religion, das Opium fürs Volk, hatte man in meiner Familie nur Verachtung übrig. Unsere Ideale waren Sozialismus, Antifaschismus und der Freiheitskampf der afrikanischen Völker.«[21] Dass sie trotz allem in einem jüdischen Haushalt aufgewachsen ist, wird ihr erst als Erwachsene bei einem Pessachfest in Haifa bewusst: »Die Lautstärke der Gespräche, das Durcheinander, das gegenseitig Sich-unterbrechen, das Fehlen jeder Manierlichkeit, die Mehrsprachigkeit. Seit damals weiß ich, dass mein Jüdisch-Sein vor allem eine kulturelle Vertrautheit mit jüdischen Menschen ist, mit denen ich mich mühelos unterhalten kann, wo immer auf der Welt wir einander begegnen.«[22]

In ihrem autobiografischen Roman »Himmelstraße« beschäftigt sich Erica Fischer 2007 intensiv und durchaus schonungslos mit der Geschichte ihrer Familie, schreibt über den Freitod ihres Bruders, die jüdische Familiengenese und das Ungesagte zwischen ihrer Mutter und ihr, nicht zuletzt in Form eines Abschiedsbriefs anlässlich deren Trauerfeier.

»Mutig« nennen es viele, die dieses oder andere Bücher von Erica Fischer lesen, auch mir kommt das Wort in den Sinn. Die radikale Offenlegung der eigenen Person, der eigenen, auch widersprüchlichen und unschönen Gedanken. Sie macht sich verletzlich – und doch liegt genau darin die Stärke. Wer so radikal ehrlich ist und dabei bei sich bleibt, gar nicht erst behauptet, Allgemeingültiges zu postulieren, scheint mir von ebenjener offenen, radikalen Verletzlichkeit geschützt.

Erica Fischer selbst hingegen will von Mut nichts hören, wie sie in einem *Taz*-Interview sagt: »Es wird mir immer wieder gesagt, ich sei so mutig und schreibe so viel über mich. Aber das empfinde ich gar nicht so. Es ist ein Versuch, dieser Einsamkeit zu entgehen.«[23] Ich sehe darin dennoch Mut. Und eine erneute Bestätigung dessen, dass das Private politisch ist und auch als solches gedacht werden muss.

Erica Fischers Roman »Aimée & Jaguar«, die Geschichte der lesbischen Beziehung zwischen der Jüdin Felice Schragenheim und der Nichtjüdin Lilly Wust im Berlin des Jahres 1943, wird 1995 schließlich zu einem Bestseller. 1999 wird das minutiös recherchierte und dokumentierte Buch von Max Färberböck verfilmt, der Kinoerfolg sorgt für internationale Bekanntheit und Diskussionen. Für die Taschenbuchausgabe überarbeitet Erica Fischer das Buch, schließlich erscheint 2002 auch »Das kurze Leben der Jüdin Felice Schragenheim«, das mithilfe der Erinnerungen von Felice Schragenheims ehemaliger Mitschülerin Christa-Maria Friedrich entstehen kann.

Vorwürfen von zwei Seiten, entweder der der Verunglimpfung der lesbischen Liebe einer alten Frau, Lilly Wust, durch die kritische Kontextualisierung in ihren zeitgeschichtlichen Rahmen, oder jener der relativierenden Erzählung einer Nationalsozialistin durch das Betonen und Thematisieren ihrer Liebesbeziehung begegnet Erica Fischer, indem sie die Komplexität und Widersprüchlichkeit als Chance sieht: »Ich bin zufrieden, mit meiner Erzählweise zwei Gruppen von Leser*innen erreicht zu haben, die sich normalerweise vielleicht ausschließen: junge (lesbische) Frauen, die sich vor allem für die Liebesgeschichte interessieren und beim Lesen eine Menge über die Nazizeit und das Leben von in Berlin versteckt lebenden Jüdinnen und Juden erfahren, und Leser*innen, die bereits viel über die Nazizeit und den Holocaust gelesen haben und sozusagen nebenbei in eine lesbische Liebesgeschichte geraten.«[24]

Das Erzählen jüdischer Liebesgeschichten und spezifisch jüdisch-lesbischer Liebesgeschichten verfolgt Erica Fischer weiter. In »Die Liebe der Lena Goldnadel« (2000) versammelt sie zehn wahre Geschichten, die ihr entweder in Interviews anvertraut wurden oder ihre eigenen sind. Dass sie dabei nicht vor komplexen Narrativen zurückschreckt, zeichnet ihr Schreiben aus: Psychische Gewalt in lesbischen Beziehungen wird ebenso thematisiert wie das Hineinwirken der Schuldfrage in Liebesbeziehungen. »Krieg ist Schweigen«[25] schreibt Erica Fischer in der Geschichte über psychisch-emotionale Abhängigkeiten in ihrer eigenen heterosexuellen Ehe, wahrscheinlich auch geprägt vom Aufwachsen mit ihrem schweigend strafenden Vater.

Und genau das ist es, was sie nicht tut. Sie spricht und bleibt laut. Und vor allem: Sie multipliziert das Nicht-Schweigen Anderer. Dieses aufmerksame, respektvolle Zuhören und Sammeln zieht sich durch Erica Fischers Werk.

Feminismen im Plural

Zurückblickend auf nahezu ein halbes Jahrhundert Feminismus spinnt Erica Fischer in »Feminismus Revisited« ein beeindruckendes Netz, macht historische und aktuelle Kämpfe sowie ihre Verbundenheit miteinander sichtbar und durch ihre niederschwellige Sprache zugänglich. Man muss nicht tief in der feministischen Theorie stecken, um diesen Band zu lesen, möglicherweise schwierige Worte, die Vorwissen benötigen, werden beispielsweise meist direkt im Text erklärt.

Mithu M. Sanyal, Parisa Madani, Hengameh Yaghoobifarah, Marleen, Katrin Rönicke und Agnieszka Brugger sowie die drei Niederösterreicherinnen Nora, Petra und Natalie, die sie während eines Stipendiums in Krems kennenlernt, hat Erica Fischer für das Buch interviewt. Es ist eine Mischung aus autobiografischem Rück- aber auch Ausblick und Bestandsaufnahme von Perspektiven junger Feminist:innen heute.

Es geht um Sexarbeit, Transsexualität, Journalismus, parteipolitisches Arbeiten, Queerness, Abtreibung, MeToo und Vergewaltigung, um Sprachpolitik und religiöse Identität. Selbstverständlich geht es aber um mehr, schließlich geht es in feministischen Diskursen immer um ein Mehr und auch das merkt man diesem Buch an: die Verästelung und die Verbundenheit miteinander. Es ist eine erfrischende Neugier, die dieses Buch antreibt, was sich auch in den selbstreflexiven Passagen Erica Fischers und ihren Fragen an

ihre Gegenüber zeigt. Mit ihren eigenen, unter Umständen vor-
eingenommenen Bildern und Wissenslücken geht sie offen um,
will sie sich doch *für Mangel nicht schämen.*

Gleichzeitig bleibt Erica Fischer gegenüber einer möglichen Ro-
mantisierung aktueller Diskurse kritisch und stimmt mit Hengameh
Yaghoobifarah darin überein, dass Feminismus zwar momentan
relativ ›in‹ ist, gleichzeitig aber angesichts neoliberaler Logik auch
immer warenförmiger wird.[26]

*Offen geblieben ist die Frage des Kapitalismus, ja. Also dieser heu-
tige Zugang von Feministinnen, die halt nicht mehr Mann-Frau-
Patriarchat sind, sondern die ganze Welt in den Blick nehmen und
die Ökonomie in den Blick nehmen, den Rassismus, das gefällt mir
und macht mir Hoffnung. Trotzdem ist es aber eine Debatte in einer
Blase verglichen mit dem, was sich außerhalb tut. Aber, also es ist, es
geht immer hin und her. Es ist immer beides.*

Ich muss an das T-Shirt eines großen Modekonzerns denken,
auf dem »Feminist!« steht, das sich wahrscheinlich viele Mädchen
und junge Frauen gekauft haben, weil sie sich mit dem Begriff
identifizieren können und wollen, und an die menschenfeind-
lichen Arbeitsbedingungen von in etwa Gleichaltrigen im Globalen
Süden, unter denen dieses Shirt hergestellt wurde. Die Widersprüche, mit denen Feminist*innen heute leben, sind global und
vielschichtig und »Feminismus ist ohne intersektionalen Ansatz
nicht mehr denkbar«.[27]

Intersektionales Denken ernst zu nehmen und darin konsequent
zu sein, eigene Privilegien zu reflektieren – in meinen Augen liegt
darin die Aufgabe der heutigen Generationen von Feminist:innen.
Sowie darin, sich nicht zu schämen, denn: *Das, was ich erlebt habe,
nehme ich als Ausfluss der gesellschaftlichen Verhältnisse wahr und für
die muss ich mich nicht schämen.*

Genau an diesen Punkten können »wir« heute noch viel von
Feminist:innen wie Erica Fischer lernen: über die Kontinuitäten
feministischer Kämpfe, über den Umgang mit neuen Kämpfen,
über das Nicht-Aufgeben und dass es sich zu kämpfen lohnt.

Denn Feminismus ist und bleibt ein Kampfbegriff.

Anmerkungen

1   Christensen 1990
2   Fischer 1995, zit. in Fischer 2019, 240
3   Fischer 2019, 7
4   Ageismus meint die Diskriminierung von Personen aufgrund ihres Alters. Der Begriff wird von der Autorin dieses Porträts als Spezifikum für ihre eigenen Vorurteile und Annahmen verwendet und ist Teil einer selbstkritischen Analyse.
5   Fischer 2019, 185–231
6   Die kursiv dargestellten Zitate stammen aus dem Interview mit Erica Fischer, geführt am 10. Juni 2019 von Birgit Buchinger und Ute Dorau in Berlin.
7   Die Fotos befinden sich im STICHWORT – Archiv der Frauen- und Lesbenbewegung Wien, an dieser Stelle ein ausdrücklicher Dank!
8   Fischer 2019, 9
9   ebd., 29
10   Schrader-Klebert 1988
11   Fischer 1990, 67
12   Fischer 2019, 83
13   Fischer 1974, 21
14   Fischer 2019, 33
15   zit. in Fischer 2019, 89
16   Fischer 1988b
17   Fischer 2019, 235
18   Beide Elternteile von Erica Fischer bleiben in ihrem Schreiben über sie namenlos, was die Autorin des Porträts als bewusste Entscheidung wahr- und daher übernimmt.
19   ebd., 21
20   Fischer, zit. in Magenau 2008
21   Fischer 2007, 110
22   ebd., 142
23   Fischer, zit. in Magenau 2008
24   Fischer 2019, 246
25   ebd., 262
26   ebd., 165
27   ebd., 11

Literatur

Christensen, Inger (1990), alfabet/alphabet. digte/gedichte, 2. Auflage, Münster: Kleinheinrich
Fischer, Erica (2019), Feminismus Revisited, Berlin: Berlin Verlag

Fischer, Erica (2018), Ambivalenzen – AUF und SPÖ, in: Frauenkollektiv Rit-Clique (Hg.), Zündende Funken, Wiener Feministinnen der 70er Jahre, Wien: Löcker, 298–309

Fischer, Erica (2007), Himmelstraße, Geschichte meiner Familie, Berlin: Rowohlt

Fischer, Erica (2005), Das wichtigste ist, sich selbst treu zu bleiben, Die Geschichte der Zwillingsschwestern Rosl und Liesl, Wien: Ueberreuter

Fischer, Erica (2002), Das kurze Leben der Jüdin Felice Schragenheim, »Jaguar« Berlin 1922 – Bergen-Belsen 1945, München: dtv

Fischer, Erica (2000), Die Liebe der Lena Goldnadel, Jüdische Geschichten, Berlin: Rowohlt

Fischer, Erica (1998), Aimée & Jaguar, Eine Liebesgeschichte, Berlin 1943, München: dtv

Fischer, Erica (1990), Was haben wir erreicht? Ein ungeordneter Streifzug durch zwei Jahrzehnte autonomer Frauenbewegung, in: Graf, Andrea (Hg.), Zur Politik des Weiblichen: Frauen, Macht und Ohnmacht, Beiträge zur Innenwelt und Außenwelt, Wien: Verlag für Gesellschaftskritik, 67–79

Fischer, Erica (1989), Pornographie: Die Gewalt des Blicks, in: InterAKTion 2, Das Nackte – Der Hintergrund, Wien: Verein »Das Wiener Sommer Symposium«, 140–147

Fischer, Erica (1988a), Frauenbewegung in Österreich, in: Autonome Frauenredaktion (Hg.), Frauenbewegungen in der Welt/Band 1, Westeuropa, Hamburg: Argument Verlag, 184–188

Fischer, Erica (1988b), Umstritten, Erinnerungen einer Deserteurin an die Waldheimat, erica-fischer.de

Fischer, Erica (1974), Fristenlösung ungelöst!, in: AUF – Eine Frauenzeitschrift, 1974, 1, 30–31

Magenau, Jörg (2008), »Gewisser Neid auf Nazikinder«, Erica Fischer, Autorin von »Aimée & Jaguar«, hat ein sehr privates Buch über ihre Familiengeschichte geschrieben, Das Trauma des Holocaust lässt auch folgende Generationen nicht los, in: Taz, 15. 2. 2008

Schrader-Klebert, Karin (1988), Die kulturelle Revolution der Frau, in: Autonome Frauen (Hg.), Schlüsseltexte der Neuen Frauenbewegung seit 1968, Frankfurt am Main: Athenäum-Verlag, 52–75

Frauendemo, Linz 1981

Erica Fischer, Semmering 1967

Erica Fischer mit ihrer Mutter, St. Albans ca. 1946

Bei einer Diskussion zum Thema »Religion und
Gewalt« an der Akademie der Wissenschaften
Berlin-Brandenburg, 2016

CHRISTINA VON BRAUN

Kulturtheoretikerin, Autorin und Filmemacherin. 1944 in Rom geboren, Studium
in den USA und in Deutschland. Von 1969 bis 1981 in Paris ansässig als frei-
schaffende Autorin und Filmemacherin. In dieser Zeit entstehen Filme, darunter
eine historische Dokumentation zu den Frauen der Französischen Revolution
und ein Porträt der Künstlerin Meret Oppenheim. 1981 Umzug nach Deutschland, wo sie weiterhin Filme dreht und Bücher schreibt. 1991–1993 Fellow am
Kulturwissenschaftlichen Institut in Essen. In dieser Zeit Promotion (1990) und
Habilitation (1992). 1994 Ruf auf eine C4-Professur an die Humboldt-Universität
zu Berlin im Fach Kulturwissenschaft. Ab 1997 Gründerin und bis 2002 Leiterin des Studiengangs Gender Studies an der Humboldt-Universität zu Berlin.
2005–2012 Sprecherin des DFG-geförderten Graduiertenkollegs »Geschlecht als
Wissenskategorie«. 2012 erste Sprecherin des neu gegründeten Zentrums Jüdische
Studien Berlin-Brandenburg. Ihr Gesamtwerk umfasst rund 50 Filme zu kultur-
historischen Themen; 20 Bücher und zahlreiche Aufsätze. 2013 erhält Christina
von Braun den Sigmund-Freud-Kulturpreis, 2014 die Hedwig-Dohm-Urkunde
des Deutschen Journalistinnenbundes.

Die historische Dimension
als Befreiung – Christina von Braun

Mira Turba

Es gab eine Zeit, da konnte ich zu allem »Ja« sagen, weil alles so einfach schien.[1] Dieser Satz beschreibt das Lebensgefühl der 1944 in Rom geborenen Christina von Braun nach ihrem Abitur 1963, als sie nach New York geht. Noch einige Zeit vor den Studentenunruhen, die zwischen 1967 und 1968 Teile Europas und Amerikas erfassen sollten. Sie arbeitet und beginnt parallel zu studieren: Germanistik und Literaturwissenschaften *und fand das so todlangweilig*, also wechselt sie zu Politikwissenschaften. Nach einem Praktikum bei der Deutschen Presse Agentur an der UNO arbeitet sie später in einer PR-Firma in New York, die Öffentlichkeitsarbeit für West-Berlin in den USA macht. Sie durchforstet dort täglich sieben bis acht große US-Tageszeitungen. Neben den Informationen, die mit West-Berlin zu tun haben, erfährt sie alles über amerikanische Innenpolitik, journalistische Arbeit und die Informationshierarchien der Ära. *Das war natürlich eine fantastische Schule*, denn sie liefert eine fundierte Basis sowie ein umfangreiches Spektrum an fachspezifischem Wissen und Können. New York steht zudem für *ein unglaubliches Befreiungsgefühl*. Nach einem Jahr kehrt sie vorerst nach Deutschland zurück, um 1968 in Bonn ihr Studium abzuschließen. Sie beschreibt sich selbst als eine in dieser Zeit eher zurückhaltende Schülerin und Studentin. Sie spricht leise. Sei es dem Wissen um die Hierarchien, die durch Sprache erst geschaffen werden, geschuldet, oder jenen des Gehörtwerdens, das nicht minder hierarchisch strukturiert ist: entlang der Parameter von Herkunft, Status und Geschlecht. Sie erlangt durch ihre Erfahrung und die Arbeit allmählich Sicherheit, vor allem hinsichtlich des eigenen Standpunkts. Die Strukturen, Egos und Hierarchien der

Alma Mater hinter sich lassend und bereits berufstätig als freie Journalistin *hatte ich das Gefühl, die Welt steht mir offen! Es gab gar kein Problem. Ich kann jeden Weg gehen, den ich will.* Über die Jahre in New York und Bonn sagt sie: *In dieser Phase dazwischen, das waren vielleicht zwei, drei, vier Jahre, dachte ich, mir steht die Welt offen. Ich kann zu allem »Ja« sagen.*

»Cours, cours, camarade, le vieux monde est derrière toi!«[2]
Ein Jahr nach dem legendären Mai 1968, den sie noch in New York erlebt, geht sie nach Paris, um auch dort als freiberufliche Journalistin zu arbeiten. In eine Stadt, die sich nach den Ereignissen des Vorjahres und dem Zusammentreffen von studentischer Revolte, landesweiten Streiks und bereits bestehender Arbeiter:innenbewegung neu konsolidiert. Die Intellektuellen beginnen – früher und anders als in Deutschland –, sich mit den Langzeitfolgen der *collaboration* mit den Nazis, mit der bestehenden Ordnung und der Zusammenarbeit vieler Französ:innen aus der Elterngeneration mit der Nazi-Besatzungsmacht auseinanderzusetzen. Christina von Braun macht in dieser Zeit die Bekanntschaft mit einigen Persönlichkeiten und Intellektuellen, mit Vertreter:innen der politischen Opposition, kritischen Freigeistern, die das kulturelle Klima beeinflussen sollten. Sie erlebt die Gründung der Zeitung *Libération*, deren Einfluss eine der wenigen Spuren werden sollte, die 1968 jenseits der historischen Komponente hinterlassen hat. Denn bald ist von der revolutionären Situation des Vorjahres in der Stadt nur noch die veränderte Wahrnehmung von Hierarchien, Denkweisen, dem Verhältnis zwischen den Geschlechtern und eine fortdauernde, eine latente *Sehnsucht nach dieser Situation* zu spüren.

Christina von Braun lebt und arbeitet zwölf Jahre in Paris. *In dem Moment, wo man einmal in einer anderen Kultur gelebt hat, begreift man plötzlich, auf was für Konstruktionen die eigene Kultur basiert. Man hält das für Natur. Aber es ist eine Konstruktion. Und das kann man viel besser sehen durch den interkulturellen Vergleich. Später lief vieles eher über den historischen Vergleich. Also dies immer wieder zu prüfen. Die eigene Situation und ihre Entstehungsgeschichte zu prüfen – das, was ihr zugrunde liegt und was sie geschaffen hat.* Zu dieser Zeit lebt sie bereits mit einem Mann zusammen, den sie trotz Kämpfen, Krisen und Kompromissen heiratet. Die Ehe-schließung ist wie eine Zäsur in Bezug auf ihre Freiheiten und die Welt, die ihr vorher so offen zu stehen schien. Selbst wenn sie wie bisher ihrer Arbeit und ihren spezifischen Erkenntnisinteressen nachgehen kann und sie sehr genau weiß, dass nur ungewöhnliche Umstände und sehr privilegierte Verhältnisse es ihr ermöglichen, auf diese Art leben und arbeiten zu können, fühlt sie doch klar die Grenzen einer klassisch historischen Normierung der weiblichen Rolle. *Was mir dann geholfen hat »Ja« zu sagen? Das Buch »Nicht Ich: Logik, Lüge, Libido«.* Darin analysiert Christina von Braun diese Norm umfassend, untersucht die Bedingtheit ihrer Konst-ruktion und ihre Determinanten und distanziert sich damit auch detailliert von ihr. *Ein Buch, das eine ganz wichtige Rolle für mich gespielt hat. Für meine eigene Psyche.* Es beginnt mit einem physisch und psychisch existentiellen Ereignis, der Geburt ihres Sohnes: »Dass ich den anderen in meinem Bauch gehabt haben sollte, und trotzdem nie wissen würde, wie es ist, in der Haut des ›anderen‹ zu stecken!«[3] Das Buch soll helfen, die Genese der Geschlechter-rollen, Konzepte, Phantasmen und Mythen der Weiblichkeit und die spezifische Logik des Patriarchats zu verstehen. Mithilfe eines sezierenden, psychoanalytischen Blicks von außen entwirft sie die Kulturgeschichte neu. Dekonstruiert weibliche Idealbilder ebenso wie ihre dämonisierten Antithesen und jene tiefreligiösen Überzeugungen, die eben diese induzieren. Ausgehend von einem fast physischen Unbehagen bei der Lektüre der historisch-philo-sophischen Texte entwickelt Christina von Braun einen präzise reflektierenden, primär historischen Blick auf die beschriebenen Zusammenhänge. Diese Texte als das zu lesen, was sie sind, näm-lich historische Dokumente, und historisch im eigentlichen Sinn, also geschuldet der Geschichte und vergangenen Zeiten und ver-gangenem Geschehen, diachron, in Fragmenten oder vollständig überliefert, belegt, dokumentiert, archiviert und beschrieben, *schafft eine Freiheit gegenüber dem Normativen. Und dieser historische Blick, der ist dann eigentlich immer bei mir geblieben.*

Reflexion und Repräsentation

Als sie 1981 nach Bonn geht, tut sie das, retrospektiv betrachtet, ihrem Mann und den zwei in Paris geborenen Kindern zuliebe. Was zunächst als Kompromiss scheint, sollte sich aber als Möglichkeit erweisen. Denn Christina von Braun beginnt in Bonn mit dem *WDR* zusammenzuarbeiten. In der Geschichtsredaktion und damit in einem Produktionsbereich, der – zum damaligen Zeitpunkt – wie kein anderer von Männern definiert wird und der wie kein anderes Medium Politiken der Repräsentation, Zeitgeist, Identitätspolitiken und ihre Paradigmenwechsel widerspiegelt. Der auch das Bild der Frau – 1981 jedenfalls noch in relevantem Maße – in eine reglementierte Anzahl tradierter Stereotypen zwingt. In einer absoluten Umkehr der damals institutionalisierten Blickstrukturen als Ausdruck der patriarchalen Herrschaft im Film (heißt: die Frau als Bild, der Mann als Träger des Blicks[4]) kann sie ebenda ihre effizientesten Instrumente einsetzen, mehrere Filme und einen Gutteil ihres dokumentarfilmischen Œuvre realisieren. Filme, in denen es ihr gelingt, ihr explizites Interesse an historischer Analyse, an *Geschichte, politischer und kultureller und ökonomischer Geschichte mit einem von der Psychoanalyse beeinflussten Blick – der in Frankreich gang und gäbe ist* – in deren Struktur und Narration zu integrieren. Im Widerspruch zu der in Deutschland dominanten Konnotation, Psychoanalyse sei auf das Individuum beschränkt, erklärt sie: *Psychoanalyse ist durchaus auch für kulturelle Phänomene wichtig und bietet einen Zugang, um kulturelle Phänomene zu verstehen.* Sie erweitert auf diese Weise auch das Feld des Sichtbaren, strukturell und gesellschaftlich entlang eines *historisierenden, mentalitätsgeschichtlichen Blicks – auch auf Geschlechterfragen*, der potenziell die Signifikationssysteme und Metanarrative des Patriarchats subvertiert, indem die Methoden der Narration sich am psychoanalytischen Modell und feministischen Diskurs orientieren und so oppositionelle Lesarten des Mediums ermöglichen. Der Filmstruktur des Mainstreams, bis dahin entsprechend der hegemonialen Norm, die sich selbstreflexiv an männlichen Subjekten und ihren Blickstrukturen orientierte, mangelte es an einer kritischen Reflexion über sich selbst. Dieser dominanten, heterosexistischen Kultur und Struktur und ihrer Übersetzung werden durch den historischen, analytischen und feministischen Diskurs divergente Bilder und alternative Sehweisen entgegengesetzt.[5] Diese fordern potenziell nicht nur die normative Geschlechterordnung, sondern per se auch Klassenhierarchien heraus.[6]

Beispiele dafür sind zwei Filme zur Geschichte der deutschen Frauenbewegung, »Unerhört« (*WDR* 1987) und »Böses Blut. Mythen und Wirkungsgeschichte der Syphilis« (*WDR*, 1993/94), in dem Christina von Braun präzise sichtbar macht, *wie sich die Sexualphantasien verschiedener Zeitalter und die Fokussierung auf den weiblichen Körper als Träger von Sünde und dem Bösen entwickeln.* Oder auch »Die Angst der Satten. Zur Geschichte des Hungerstreiks als politische Waffe« (*WDR*, 1991). In all diesen Arbeiten wird das vorrangige Potenzial des Mediums und seines Materials artikuliert: Film dient als Mittel zur Analyse geschichtlicher Prozesse, wobei Christina von Braun die Relevanz für die Gegenwart betont. Dies zeigt sich in Filmen, in denen sich nicht nur der subjektive Blick und die »Haltung« der Filmemacherin niederschlagen, sondern auch ihr Anspruch auf Aufklärung und Wissen über die real existierenden Zusammenhänge und Diskurse, wie in einer dreiteiligen Reihe zur Geschichte des Antisemitismus, »Der ewige Judenhass« oder in »Die Erben des Hakenkreuzes. Die Geschichte der Entnazifizierung in den beiden deutschen Staaten« (*WDR*, 1988). Film als tiefgehende Reflexion über die kollektive Schuld und Verantwortung. Film als Archiv. Und unter Christina von Brauns Regie als explizit historisches Archiv, das permanent in Relation zur Gegenwart analysiert und examiniert werden will.

Ich begreife, während ich Filme mache. Das war meine Therapie. Das Schreiben und das Filmemachen. Das war wirklich das, was mir das Überleben ermöglicht hat. Immer wieder reflektieren zu müssen. Film also, der selbst einen Diskurs führt, der sich in Beziehung zur Realität setzt, sich mit ihr auseinandersetzt. Damit auch Film, zu dem sich die Zuschauer:innen letztendlich selbst in Relation, in Position setzen müssen. Die Konstante, die sich durch diese Arbeiten zieht, seien es Geschlechter und die ihnen zugehörigen Blickregime, der weibliche Körper als vermeintlicher Träger der Sünde und des Bösen, religiöse Topoi, wie Exkurse in die islamische oder jüdische Geschichte, beschreibt Christina von Braun so: *Es geht immer um diese historische Dimension.* Wie *ist etwas entstanden und* wie *hat es sich entwickelt?* Dieser Anspruch bildet die Klammer der prinzipiell differenten Medien und Genres ihrer Arbeiten. Im Film ebenso wie in ihrer journalistischen und akademischen Arbeit. Denn auch an ihre Bücher und Publikationen geht sie primär als Journalistin, in einem zweiten Schritt erst als Wissenschaftlerin heran. Mit einer ihrer Arbeit impliziten historischen Perspektive auf die Dinge. Sie arbeitet mit einer spezifischen Unvoreingenommenheit und Objektivität, einer kritischen Distanz gegenüber jedweder Theorie, Ideologie oder kanonisierten Erkenntnissen und erarbeitet gerade so eine historische und psychologische Perspektive auf das Thema oder das Subjekt ihres Erkenntnisinteresses. Mentalitätsgeschichte hätte sie es selbst vielleicht nicht genannt, aber es ist klar, dass es sich darum handelt. Kulturgeschichte hätte sie selbst es vielleicht nicht genannt, trotzdem bekommt sie eine Professur in Kulturwissenschaften angeboten.

Das Spektrum ihrer Arbeit und diese eindrucksvolle berufliche Produktivität verlangen nach einer organisatorischen Basis ihrer Familie. Eine Basis, die in dieser Konstruktion in Frankreich – sofern leistbar – selbstverständlich, in Deutschland jedoch eher schwierig ist. Christina von Braun ist, wenn sie dreht, sehr viel und manchmal auch drei, vier Wochen am Stück unterwegs. Voraussetzung dafür ist, dass ihre Kinder in dieser Zeit von einer Kinderfrau betreut werden – *das war für mich die Bedingung Kinder zu haben,* *dass wir jemanden hatten, zu Hause.* Dieses vermeintliche Privileg schafft ihr Raum für sich selbst, um ungestört zu arbeiten, wissend, dass ihre Kinder versorgt sind, bietet jedoch auch eine Angriffsfläche, mit der sie so nicht gerechnet hat. Sie ist mit Vorurteilen von Seiten der bürgerlichen Frauen, aber auch der Feminist:innen konfrontiert. *Als ich nach Deutschland kam, bin ich sowas von an-* *gefeindet worden für diese Konstruktion. Es war unglaublich, wie* *dieses Modell angefeindet wurde von Feministinnen, aber auch von* *anderen Frauen unter allen möglichen Bedingungen.*

Erinnerungsarbeit und immaterielles Erbe

Fast zwanzig Jahre nach »Nicht Ich«, ihre Mutter ist gerade verstorben, beginnt Christina von Braun, ein Buch über die »Botschaften und Erbschaften« in ihrer Familie zu verfassen. Mit ihrer Mutter als deren »Mittlerin«. Wie in all ihren Arbeiten verläuft die Recherche zu »Stille Post« entlang historischer Quellen. In diesem speziellen Fall in Archiven anhand von Akten und Familiendokumenten, Erinnerungen und Tagebüchern (sofern nicht zerbombt, sofern nicht bei Plünderungen oder im Feuer verloren) ihrer Mutter Hildegard von Braun und ihrer Großmutter. Hildegard Margis. Die Großmutter leitete ab 1928 die Reihe des Frauendienst-Verlags, der teilweise zum Ullstein gehörte, der wiederum von den Nationalsozialisten arisiert wurde. Die Arisierung des Verlags bedeutete das Ende ihrer Verlagsarbeit sowie den Verlust ihres Einkommens. Dies und weitere Faktoren führten dazu, dass Hildegard Margis sich – *immer noch die Bürgerliche, die sie ist* – dem Widerstand anschloss und 1944, nur drei Monate nach Christina von Brauns Geburt, als Mitglied der Widerstandsgruppe Bewegung Freies Deutschland in Gestapo-Haft in Berlin starb.

Christina von Braun beschreibt die Arbeit an »Stille Post« als eine Art Entschlüsselung einer parallelen Kommunikationskette, die von den Frauen ihrer Familie in den Kriegsjahren fort- und jenseits der offiziellen Geschichtsschreibung weitergegeben wurde. Entstand die Motivation zu dieser Dechiffrierung aus dem latenten Gefühl, als »hätten wir ihre abgebrochene Geschichte zu Ende zu führen«, gelangt sie im Laufe des Schreibens zur Erkenntnis »... dass sich die Erinnerungen an manche Menschen auch in Form von Schweigen oder als Rätsel festschreiben können«.[7]

Meine Mutter war zwar eine sehr schwierige Frau, aber sie war eine sehr starke Frau. Sehr durchsetzungsfähig. Sie konnte Wutanfälle haben, die uns alle nur beeindruckten. Christina von Brauns Schwester hingegen stellte fest: »Du warst immer die Schwierige«.[8]

Christina von Braun sollte erst nachträglich begreifen, dass ein Großteil der Konflikte, die sie mit ihrer Mutter auszutragen hatte, mit ihrer Weigerung zu tun hatte, das ihr in der »Stillen Post« zugedachte *immaterielle Erbe* anzunehmen. Eine Weigerung, die zeitweise die Verweigerung der Nahrungsaufnahme implizierte. Das

Verhältnis zu ihrer Mutter Hildegard von Braun, die insistiert, dass all ihre Töchter studieren, entspannt sich erst, als sie, erwachsen und selbstständig, auch selbst über ihren Lebensweg bestimmen kann. In der Auseinandersetzung mit dem *immateriellen Erbe* erkennt Christina von Braun auch, dass dies weniger dem Verhalten der Mutter, sondern ihrer Rolle als »Mittlerin« der »Stillen Post« geschuldet war. Den Dialog mit ihrer Großmutter Hildegard Margis nimmt sie erst Jahre später in dem Buch »Stille Post« wieder auf. Sie schreibt das Buch zu einem Zeitpunkt, als sie in etwa das Alter erreicht hatte, in dem ihre Großmutter starb. Im Schreiben versucht sie, die ihr zugedachte Erbschaft – manifest in der Auseinandersetzung mit jüdischer Geschichte, Antisemitismus und Frauenrechten – zu akzeptieren. *Weil man urplötzlich begreift, dass man diese Erbschaft weitergibt.* Wie in allen ihren Arbeiten geschieht dies entlang historischer Recherchen. Zusätzlich geht es hier aber auch um ihr Interesse daran, »wie sich andere in mir eingenistet haben und über welche Kanäle geheimer Nachrichtenvermittlung das geschah«.[9]

Einen Teil dieser geheimen Nachrichten und dieses immateriellen Erbes konnte sie sich zuvor schon über eine Psychoanalyse zugänglich machen, die sie bereits während ihrer Arbeit an dem Buch »Nicht Ich« in Paris begonnen hat. Ihr von der Psychoanalyse geprägter Blick erweitert sich so auch auf die eigene Familiengeschichte. Nicht nur, aber eben auch wegen jener nur erinnerten, subkutanen Zusammenhänge und innerfamiliären Koinzidenzen, *die zum Teil mir dann im Stillen bewusst sind.*

Ein anderer Aspekt dieses immateriellen Erbes findet sich in ihrer filmischen und journalistischen Arbeit wieder, in einer intensiven Auseinandersetzung mit Religionen – eben auch christlichen Religionen, die bis heute zu ihren wissenschaftlichen Schwerpunkten zählen. Christina von Braun wird am 27. Juni 1944 in Rom geboren – fast zeitgleich mit dem Einmarsch der Alliierten in Rom. Sie wächst in der zu diesem Zeitpunkt einzig verbliebenen deutschen Vertretung in Rom auf, der »schwarzen Botschaft«[10] im Vatikan. Eine Zeit, an die sie selbst nur wenige aktive Erinnerungen hat, und wenn, dann solche entsprechend des Proust-Phänomens, Gerüche als Auslöser für Erinnerungen wahrzunehmen, *liturgische Segnungen,* aber auch *die Sonne und diese vatikanischen Gärten und Gerüche.* Umso ergiebiger waren die »vatikanischen Tagebücher«[11] und Aufzeichnungen ihrer Eltern, Hildegard und Sigismund von Braun. Ist Italien bis zum Waffenstillstand mit den Alliierten ein Verbündeter Deutschlands, wird es im Herbst 1943 zu einem von Deutschland besetzten Land, wie sie in der »Stillen Post« beschreibt. Der Alltag ist geprägt von willkürlichen Verhaftungen und Deportationen der jüdischen Bevölkerung oder ihrer Helfer:innen, Partisan:innen, Antifaschist:innen und dementsprechend zunehmenden Ressentiments der italienischen Bevölkerung gegen die deutschen Aggressoren. Der Vatikan nimmt in seinen Klöstern und Gebäuden zahlreiche Menschen auf, die Gefahr laufen, verhaftet oder deportiert zu werden, so auch Christina von Brauns Eltern, die bleiben können, selbst als die offizielle Funktion ihres Vaters – als Legationssekretär der deutschen Regierung – bereits erloschen ist.

Lernen und Lehren – Gender Studies

1994 wird Christina von Braun an die Humboldt-Universität zu Berlin im Fach Kulturwissenschaft berufen. Für die nicht unbedingt leidenschaftliche Pädagogin ist die Position der Unterrichtenden in einem stark reglementierten und administrativen Umfeld etwas, das sie *erstens lernen, zweitens schlucken* muss.

Aber ich habe aus der Uni selbst etwas gemacht – indem sie, wenn auch keine Aktivistin der Frauenbewegung, zur *organisatorischen Aktivistin* wird, denn sie erkennt: *Hier müssen wir ein bisschen was tun.* Sie initiiert 1996 den Studiengang Gender Studies und leitet diesen bis 2002. Auch wenn ihr zunächst (noch) nicht klar ist, welch organisatorischer und administrativer Aufwand auf sie zukommen soll – aber auch nicht, welches Maß an Unterstützung aus vielfältigsten und verschiedensten Richtungen kommen wird. Nachträglich betrachtet ist dies eine der wichtigsten gesellschaftlichen und akademischen Entwicklungen, die sie – selbst akademische Quereinsteigerin – initialisieren kann.

Gender Studies ist ein interdisziplinärer und doch autarker Studiengang, der die Interdependenzen und Querverbindungen zwischen Geschlecht, Gender und seinen Variationen mit und zu Medizin, Geschichte und Philosophie, Soziologie und Politik aufzeigt. Der diese Interdependenzen und ihre grundsätzliche Eruierung als Voraussetzung bei der Konstitution von Normen und eines neuen Wissenskanons begreift. Potentiell zumindest ein Affront und eine Desavouierung der bestehenden Macht- und Herrschaftsverhältnisse. Doch *gerade diese Querverbindung, die fand ich interessant. Und das haben dann einige, die für gewöhnlich sehr gegen Frauenrechte waren, die haben das dann mitgetragen. Weil die dachten: »Das kriegen wir schon verwässert«.* Was so mitgetragen wird, ist nicht im herrschenden Interesse und generell nicht im Sinne jener konservativ-reaktionären, binär-hierarchischen politischen Tendenzen, die zu den Trägern des gesamtgesellschaftlichen Phänomens des *Backlash* gegen die zunehmende Heterogenität und Pluralität der Gesellschaft zählen. In fast allen Disziplinen, damals wie heute. Der *violente Versuch*, die Heterogenität der Gesellschaft und ihrer Diskurse inhaltlich oder regressiv zu vereiteln, soll sich im Zuge der historischen Entwicklung glücklicherweise als irreal und ineffektiv erweisen. Doch umso stärker werden diese Entwicklungen und Explikationen torpediert, umso vehementer und heftiger verlief der politische *Backlash: Es gibt wirklich einen Versuch die Zeit aufzuhalten. Sie haben kapiert, das Rad ist nicht mehr zurückzudrehen. Und umso stärker, mit umso mehr Gewalt, versuchen sie es.*

Kein politisches und gesellschaftliches System, das reaktionär-konservative nicht und auch das der »rigiden Zweigeschlechtlichkeit«[12] nicht, erweist sich dauerhaft resistent gegen Veränderungen oder gesellschaftliche, politische und sprachliche Interventionen. Das Aufbrechen der linguistischen Totalität und des vordiskursiven, performativen und illusorischen Charakters von *gender* und *gender identity* am Beginn der 1990er Jahre eröffnet ebendiesen Konzepten neue Handlungsstrategien und Verhandlungsräume. Judith Butlers »Bodies that Matter« (1991) und »Gender Trouble« (1991) avancieren zu Grundlagentexten der Genderdebatte. Erst nach ihr werden weitere US-Theoretikerinnen wie Theresa de Lauretis, Nancy Fraser oder Donna Haraway übersetzt und rezipiert. Die Kritik an Butlers »Gender Trouble« kreist primär um Konzeptionen des Körpers sowie um Butlers Subjektbegriff. Die Irritation und Perplexität, die Judith Butlers Thesen und Theorien im zentraleuropäischen, feministisch-akademischen Umfeld evozieren, erklärt sich laut Christina von Braun allerdings nicht nur durch den Mangel an Wissen um den Kontext der amerikanischen *Women's Studies* und *Feminist Studies*, in dem Judith Butlers Texte entstanden sind. Es erklärt sich auch dadurch, dass aus »der Vorhut der Emanzipation quasi über Nacht die Nachhut geworden war, die hilflos zusehen musste, wie sich die Grundlagen ihres Selbstverständnisses in bestürzender Geschwindigkeit zersetzen.«[13] Doch neben der prinzipiellen Irritation erlebt der feministische, akademische Diskurs durch Judith Butler auch jene notwendigen, produktiven Impulse, die zur Differenzierung der Debatten, Kategorien und Identitäten beitragen sollen. Sowie zur sukzessiven Verschiebung der heterosexuellen Hegemonie und ihrer binären Relationen. Selbst wenn diese Debatten und ihre Brüche entlang eines Generationenkonflikts verlaufen, wird Butlers Kritik an der Naturalisierung der Geschlechterdifferenz als eine längst überfällige in den Diskurs integriert. Und zwischenzeitlich wird Judith Butler analog zur Queer Theory innerhalb der feministischen Diskussion und ihrer Retrospektiven zum integralen Bestandteil des feministisch-akademischen Kanons.

Ein luzider Aspekt der irritierten hegemonialen Ordnung – ein Symptom der destabilisierten Heteronormativität sozusagen – ist eine latente Phobie vor vermeintlich devianten Körpern, Geschlechtern und ihrer Sexualität. *Und der andere Aspekt ist natürlich dieser Versuch, die Geschlechtergeschichte noch einmal zurückzudrehen. Auch das ein Backlash. Wobei man wirklich wissen muss, dass das, was wir das »Patriarchat« nennen, eine vollkommene Fiktion ist. Denn »der Patriarch«, wohlgemerkt benannt nach dem »Vater«, beruht auf dem Nicht-Wissen der Vaterschaft. Das heißt, nur weil der Vater über Jahrhunderte biologisch nicht festzustellen war, hat diese geistige Institution Vaterschaft eine solche Macht ausüben können. Männlichkeit wurde mit Geistigkeit gleichgesetzt – und die Nicht-Nachweisbarkeit der Vaterschaft spielte eine enorme Rolle. Peng! Dann kommt die Genetik: »Jetzt können wir euch sagen, wer der Vater ist.«* Die binäre »naturalisierte« Geschlechterordnung, die sich über Jahrhunderte erstreckt und derzufolge Männlichkeit Geistigkeit und Weiblichkeit Leiblichkeit repräsentiert, dieses tendenziöse und monolithische Zerrbild wurde als Spiegel des symbolischen Gemeinschaftskörpers gelesen. Als solche wirkte sie auf das reale hegemoniale und heteronormative Geschlechterverhältnis zurück »und gegen Ende des 18. Jahrhunderts wurde mit der Aufklärung aus dem, was ursprünglich als symbolische Zuweisung begriffen wurde, ein Naturgesetz, auf das sich die soziale Ordnung« stützte.[14] Doch selbst diese kann in ihrem Fundament und ihrem Grundkonsens erschüttert und dekonstruiert werden. *Es ist eben das, was wir im Moment erleben. Diesen Niedergang des geistigen Vaters. Dass ihm, indem er zur Biologie wird, der Vater, dieses Fundament »Männlichkeit ist gleich Geistigkeit ist gleich Patriarchat« entrissen wird. Man könnte es auch das Verschwinden einer Maske nennen, oder die Erschütterung des Fundaments, auf dem das Patriarchat bis dahin ruhte. Der männliche Stammbaum war IMMER eine Fiktion.*

Das Potenzial des historischen Blicks

Jenseits dieser Fiktion und trotz aller Errungenschaften, trotz der Pluralisierung des feministischen Dialogs, trotz erkämpfter und permanent wieder zu erkämpfender Existenzweisen konstatiert Christina von Braun angesichts notorisch wiederkehrender Ideologien des Rassismus, Antisemitismus, Xenophobie sowie den ihnen an- und artverwandten (Stereo-)Typen toxischer Männlichkeit in den Zentren der politischen Macht besagten Backlash. Sie denkt: *Was wir übersehen haben, ist, dass nicht nur dem Patriarchat der Boden entrissen wird, sondern auch viele an diesen traditionalisierten, sehr polarisierten Geschlechterrollen festhalten. Auch viele Frauen daran festhalten und darin einen bestimmten Halt sehen. Das ist ja in mentalitätsgeschichtlicher Hinsicht in so kurzer Zeit passiert, diese Aufhebung der Geschlechterpolarität. Es kann uns eigentlich nicht verwundern. Viele sagen: »Och, ich würde es lieber so haben, wie früher. Da war mein Mann verantwortlich für alles, was außerhalb des Hauses passiert.« Auch wenn es oft nicht stimmte, aber dieses Gefühl: So müsste es eigentlich sein. Da können wir uns nicht wundern, dass viele daran festhalten wollen.*

Das Leben in traditionellen Geschlechtskonstruktionen und ihren Konstellationen erscheint manchen folglich »normal«, als »wünschenswert« und zeigt sich hier als Symptom, als aktuelles Spezifikum toxischer Selbstherrlichkeiten und der verkrusteten, regressiven politischen Verhältnisse.

Wiewohl zuversichtlich, liefert das lange 20. Jahrhundert Christina von Braun nach auch keine aktuellen feministischen Utopien, die diese dystopische Perspektive relativieren würde. Im Gegenteil erweisen sich Utopien für Christina von Braun als *das Schrecklichste*. Denn *Utopien haben die Tendenz sich zu realisieren, und zwar durch ein »Muss« sich zu realisieren. Ich habe einen Film darüber gemacht, »Von Wunschtraum zu Alptraum, Eine Geschichte des utopischen Denkens« (BR, 1984). Von Platons Staat über Campanella bis Thomas Morus, all diese Utopien sind im 20. Jahrhundert Wirklichkeit geworden. Und alle unter ungeheurem Zwang. Also, vor Utopien kann ich nur warnen. Zukunftshoffnung, ja. Optimismus, ja. Aber Utopien sind für mich Reißbrett-Entwürfe, die versuchen, sich in die soziale Realität einzuschreiben und eben deshalb so gewalttätig werden.*

Ungeachtet dessen ist Christina von Braun *erst einmal so und so sehr optimistisch, was diese nachwachsende Generationen betrifft.* Sie ist in konstantem Dialog mit dem Berliner Netzwerk WIR MACHEN DAS aus Journalist:innen, Wissenschafter:innen, Künstler:innen und Schriftsteller:innen. Anderthalb Generationen, deren *Energie und Kreativität,* deren Diversität und Dynamik sich *nicht mehr ab- oder zurückdrehen* lassen. Ebenso zuversichtlich sieht sie die Fortführung ihrer wissenschaftlichen und akademischen Arbeit im Rahmen des Zentrums Jüdische Studien Berlin-Brandenburg sowie der Gender Studies. *An der Uni habe ich schon irgendwie die Staffel weitergegeben. Da sind zwei Professuren geschaffen worden: Eine für Jüdische Studien und eine für Gender Studies. Das ist wirklich ganz erfreulich. Und ganz toll besetzt, wunderbare Frauen. An der Uni habe ich das Gefühl, das wird weitergehen.*

Die andere zentrale Disziplin Christina von Brauns und eines der geeignetsten Instrumente zur permanenten Überprüfung und Re-Evaluierung von politischen Zusammenhängen, historischen Prozessen, Krisen und ihren Repräsentationstechniken ist der Film. Sichtbarkeit ist immer auch ein Produkt diskursiver Prozesse, die reglementierten Chiffren gängiger Repräsentationstechniken und die mit ihnen verknüpften nationalstaatlichen Interessen sind hinterfragbar – entlang eines präzisen, historischen Blicks, konzeptionell und visuell: Inwieweit stigmatisieren die immer gleichen zirkulierenden Bilder des Mediendiskurses, inwiefern sind diese Bilder das Produkt einer Geschichtsschreibung der Sieger:innen, der nationalstaatlichen Logik oder heteronormativer Dominanz? Die »Kritik der Gewalt muss mit der Frage nach der Repräsentierbarkeit des Lebens selbst beginnen.«[15] Was ist also der historische und kolonialgeschichtliche Hintergrund undifferenzierter rassistischer Stereotype? *Weiße* Überlegenheitsfantasien, Rassismus und Antisemitismus erweisen sich als schmerzhaft gegenwärtiges politisches Problem – dieses Jahrhundert müsste ein Zeitalter der Akzeptanz sein – warum ist es das evident nicht? Interdisziplinären künstlerischen Arbeiten – vor allem den visuellen, filmischen – obliegt die Eröffnung neuer, differenzierter Narrative, Perspektiven und Perspektivierungen, die Verhandlung verschiedener historischer Verfahren der Erzählungen. Jenseits des Normativen. Ihnen wohnt das Potenzial inne, weit unmittelbarer als jedes andere Medium auf die Darstellung historischer oder zeitgeschichtlich akuter Ereignisse, Probleme und Fragestellungen zu reagieren.

Dementsprechend ist Christina von Brauns entschiedenste Motivation und Nachricht an die ihr nachfolgenden Generationen: *Versucht etwas über die eigene oder ›die‹ Geschichte zu begreifen. Das ist mein Interesse an Geschichte, am historischen Blick. Also die eigene Situation und das, was ihr zugrunde liegt und was sie geschaffen hat, immer wieder zu prüfen.*

Anmerkungen

1   Die kursiv dargestellten Zitate stammen aus dem Interview mit Christina von Braun, geführt am 9. Juni 2019 von Birgit Buchinger und Ute Dorau in Berlin.

2   »Lauf, lauf, Genosse, die alte Welt ist hinter dir her!« oder »Comme la vie est lente. Et comme l'espérance est violente« – »Das Leben ist langsam, die Hoffnung aber gewaltig«: Slogans, 1968 an Pariser Mauern gemalt, die Teil des kollektiven Gedächtnisses der französischen 68er-Generation wurden.

3   Braun 1985, 00

4   vgl. Mulvey 1994, 55

5   Rieke 1998, 69

6   Film ist intersemiotisch per definitionem und besitzt das Potenzial, historische Narrationen und Bevölkerungsgruppen einzubeziehen, die bisher aufgrund begrenzter Bildungsmöglichkeiten von anderen Medien ausgeschlossen wurden. Das Betrachten eines Films, die Verknüpfung von Bildern und Bedeutungen erfolgt jenseits der Lese- und Schreibfähigkeit. (Chow 2011, 28)

7   Braun 2007, 10, 17

8   ebd., 17

9   ebd., 29

10   ebd., 148

11   ebd., 173

12   Engel 2002, 14

13   Braun 2000, 64

14   ebd., 25

15   Butler 2009, 36

Literatur

Butler, Judith (2009), Krieg und Affekt, Berlin: Diaphanes

Braun, Christina von (1985), Nicht Ich: Logik, Lüge, Libido, Frankfurt am Main: Verlag Neue Kritik

Braun, Christina von (2007), Stille Post – Eine andere Familiengeschichte, Berlin: Ullstein

Braun, Christina von (2000), Gender Studien – Eine Einführung, in: Braun, Christina von/Stephan Inge (Hg.), Stuttgart – Weimar: Metzler

Chow, Rey (2011), Film und kulturelle Identität, in: Dennerlein, Bettine/Frietsch, Elke, Identitäten in Bewegung – Migration im Film, Bielefeld: Transcript, 19–32

Engel, Antke (2002), Wider die Eindeutigkeit – Sexualität und Geschlecht im Fokus queerer Politik der Repräsentation, Frankfurt am Main: Campus

Mulvey, Laura (1994), Visuelle Lust und narratives Kino, in: Weissberg, Liliane, Weiblichkeit als Maskerade, Frankfurt am Main, 66–89

Rieke, Christiane (1998), Feministische Filmtheorie in der Bundesrepublik Deutschland (Studien zum Theater, Film und Fernsehen), Frankfurt a. M. – Berlin – New York: Peter Lang

Schwenk, Bernhart/Stadler, Heiner (2010), Subjektiv, Dokumentarfilm im 21. Jahrhundert, Hg. von der Pinakothek der Moderne und der Hochschule für Fernsehen und Film München

Christina von Braun als Journalistin, Paris ca. 1978

Christina von Braun (rechts hinten, ca. 7 Jahre alt) mit ihren damals drei Geschwistern im Garten, Bad Godesberg

Christina von Braun bei Dreharbeiten zur Geschichte der Frauenbewegung,
ca. 1987

Susanne Feigl beim Internationalen Abschieds-
symposium der ersten Gleichbehandlungsbeauftragten
Ingrid Nikolay-Leitner, 2018

SUSANNE FEIGL

Den Weg der österreichischen Frauen in die Moderne hat die 1945 in Amstetten (Niederösterreich) geborene Susanne Feigl von Anfang an publizistisch begleitet. Zunächst als Kolumnistin bei der *Kronen Zeitung*, später als Chefredakteurin der sozialdemokratischen Zeitung *Die Frau*. Insbesondere aber in ihrer langjährigen Zusammenarbeit mit der legendären ersten Frauenministerin Österreichs, Johanna Dohnal. Mit ihrer Fähigkeit, Daten und Fakten gut lesbar aufzubereiten, hat Susanne Feigl wesentlich dazu beigetragen, dass aus der Mauer von Vorurteilen und Abwehrmechanismen gegen die berufliche, rechtliche und soziale Besserstellung von Frauen Stein für Stein herausbrach. Als langjährige Autorin der »Frauenberichte« und zahlreicher weiterer Publikationen setzt sie diese Arbeit unermüdlich fort.

Unermüdliche Wegbereiterin – Susanne Feigl

Gabi Reinstadler

Wer sich in den letzten Jahrzehnten für die soziale Situation von Frauen in Österreich interessiert hat, hat mit großer Wahrscheinlichkeit eine von Susanne Feigl erstellte Publikation in Händen gehalten. Seit bald fünfzig Jahren begleitet sie die politische Entwicklung in Österreich publizistisch, analysierend und kommentierend. Wie kaum eine andere kennt sie Zahlen und Fakten, Entwicklungen und Zusammenhänge und die Auswirkungen auf Frauenleben. Sie war eine der wichtigsten Zuarbeiterinnen und Wegbegleiterinnen von Johanna Dohnal. Vorhang auf für Susanne Feigl, Journalistin, Publizistin, Expertin für die Lage der Frauen in Österreich.

Früh erwachsen

Geboren wird Susanne Feigl am 22. Dezember 1945 in Amstetten (Niederösterreich). Ihre Mutter hat 1936 geheiratet, ihre zwei älteren Schwestern sind *sozusagen Vorkriegskinder*, die Jüngste kommt *im Nachhinein* dazu.[1]

Der Vater ist während ihrer Volksschulzeit Fahrdienstleiter in Amstetten, später Fachbeamter in der Direktion der Bundesbahn in Wien. Für die Kinder, für Haus und Haushalt ist weitgehend – aber nicht ausschließlich – die Mutter zuständig. Susanne Feigl wächst in einer eher von Frauen geprägten, wohlwollenden Umgebung auf. Wiewohl ihre Mutter selbst keinen Beruf ausübt, legen die Eltern Wert darauf, dass die Töchter eine ihren Interessen und Fähigkeiten entsprechende Ausbildung erhalten. Wie ihre beiden Schwestern besucht Susanne Feigl das Gymnasium – für diese Zeit und eine »Eisenbahnerfamilie« nicht selbstverständlich. *Die Frage war eher, ob sich das finanziell ausgeht, ich komme ja nicht gerade aus einem wohlhabenden Elternhaus. Aber es war den Eltern wert, dass wir machen können, wofür wir einigermaßen geeignet sind.*

Als eine ihrer Schwestern heiratet und ein Kind zur Welt bringt, kümmerte sich die gerade zwölfjährige Susanne Feigl zusammen mit der (Groß-)Mutter um die kleine Nichte und trägt so dazu bei, dass die Schwester ihre Ausbildung beenden kann. *Ich bin mit der Kleinen zur Kinderärztin gefahren, in den Zirkus, in die Schwimmstunden gegangen. Das sind schon wichtige Erfahrungen, andere als wenn du immer nur als Kind in der Familie lebst.* Für Susanne Feigl hat dies dazu beigetragen, dass sie sehr früh erwachsen wurde. Mit 15 Jahren beschließt sie, Germanistik zu studieren. *Bei uns ist sehr viel gelesen worden in der Familie, und meine Mutter hat mich bereits mit dem Schuleintritt im Herbst 1951, ich war da noch keine sechs Jahre alt, in die Städtische Bücherei eingeschrieben. Wir haben Woche für Woche, nicht nur für mich, sondern für alle anderen Familienmitglieder, Bücher nach Hause geschleppt. Es war ein weiter Weg, weil wir am Stadtrand gewohnt haben. Für mich war Lesen von frühester Kindheit an ganz wichtig.*

Susanne Feigl erinnert sich, dass es für ihren Jahrgang damals in der Oberstufe des Amstettner Realgymnasiums nur eine einzige Klasse und in ihrer Maturaklasse nur mehr 17 Schüler:innen gab. Sechs davon waren Mädchen. Zu dieser Zeit und noch viele Jahre danach trugen die Familien sämtliche finanziellen Lasten, die mit Schulbesuch und Studium der Kinder verbunden waren. Ein wesentlicher Faktor, weshalb Mädchen höhere Bildung auch dann meist noch verwehrt blieb, obwohl diese ja bereits erkämpft worden war. Zudem hatten Ständestaat, Austrofaschismus und Nationalsozialismus mit ihren fundamentalistischen Geschlechterrollen die Gesellschaft nachhaltig geprägt, und das bedeutete, dass Frauen in vielen Lebensbereichen drastisch eingeschränkt wurden. Zwischen 1938 und 1945, der Zeit des Nationalsozialismus, stand Mädchen eine einzige höhere Schulform offen, die »Oberschule für Mädchen«; für die Zulassung zum Gymnasium bedurfte es einer ministeriellen Genehmigung. Das Frauenbild vermittelte: »Töchter heiraten ohnehin«, sofern überhaupt je die Frage gestellt wurde, ob eine Familie in die Bildung von Mädchen investieren solle. Mehr Chancengleichheit in der Bildung brachte erst der Ausbau Höherer Schulen, nicht nur in den großen Städten, die Koedukation, die Einführung der Schüler:innenfreifahrt und Schulfahrtbeihilfe im Jahr 1971 sowie der Gratisschulbücher und weiterer Beihilfen 1972.

Im Elternhaus erhält Susanne Feigl von Anfang an Einblick in politische Zusammenhänge: *Ich komme aus einer sozialdemokratischen Familie, meine Eltern waren aber nicht aktiv in der Arbeiterbewegung. Aber bei uns gab es wahrscheinlich kaum ein Mittagessen, ohne dass über Politik geredet wurde, weil es zu Mittag ja auch die Nachrichten im Rundfunk gab. Das heißt, die Grundhaltung war vollkommen klar. Also, politisches Bewusstsein habe ich sehr wohl von zu Hause mitgekriegt.*

Von den Gräueln des Krieges und der Naziherrschaft hört Susanne Feigl zunächst im Elternhaus: *Das war der Horror, der immer noch tief saß in meiner Mutter.* Vom Vater, der als Eisenbahner nicht an die Front musste, weiß sie, dass die Fenster von Zügen, mit denen Juden und Jüdinnen in Konzentrationslager transportiert wurden, verkalkt worden sind.

Ich habe mich immer gewundert, wenn es geheißen hat, dass meine Generation, also die erste Nachkriegsgeneration, zu Hause nie etwas mitbekommen hat. Und in der Schule diesbezüglich auch nichts erfahren hat. Und von nichts etwas weiß. Mir war das rätselhaft. Denn ich habe vieles mitgekriegt, erzählt bekommen. Sowohl von der Zeit des Austrofaschismus als auch von der Nazizeit. Für mich war das keine ganz fremde Welt.

Sie erinnert sich an die Erzählung ihrer Mutter, als KZ-Insassen von Mauthausen durch die Ybbsstraße in Amstetten in den Ortsteil Allersdorf zu einem Arbeitseinsatz getrieben wurden. *Da waren Menschen, die waren so elendiglich beisammen, konnten zum Teil gar nicht mehr gehen, weshalb man sie über eine Stange legte. Meine Mutter sagte laut: »Das ist so schrecklich, so furchtbar.« Worauf ihr ein nebenan stehender Mann sagte: »Na, tun Ihnen diese Leute vielleicht auch noch leid?«*

Auch der Direktor des Amstettner Realgymnasiums, ein Konservativer, aber ein Antifaschist, sorgt dafür, dass die Schüler:innen der achten Klasse von den Gräueln des Nationalsozialismus erfahren. Wenn er sich dessen nicht sicher sein kann, übernimmt er, selbst Geograf und Historiker, den Zeitgeschichteunterricht: *Er hat beispielsweise nicht zugelassen, dass unser Geschichtsprofessor, den wir in der fünften, sechsten und siebenten Klasse hatten und der eher*

national gesinnt war, uns auch in der achten Klasse unterrichtet. Er
selbst hat unseren Geschichtsunterricht übernommen und uns damals
schon Schallplatten von Hitler-Reden vorgespielt.

Lernen für das Leben

Susanne Feigl weiß, dass sie nach der Schule an die Universität
gehen würde, davor aber will sie erstens selbst einmal Geld verdienen und zweitens Erfahrungen in Arbeitswelten sammeln, die
sie später womöglich nicht mehr machen könnte: *Mir war auch*
klar, dass ich viele Arbeiten nicht wirklich kennenlernen werde, wenn
ich meine Ferien nicht dafür nütze. Und das habe ich gemacht, ich
habe die nächsten drei Sommerferien in Fabriken gearbeitet, einmal
in einer Papierfabrik, zweimal in einer holzverarbeitenden Fabrik.
Dann habe ich in einem Ferien-Kinderheim gearbeitet, da war ich
zuerst Betreuerin. Im Jahr darauf war ich schon Leiterin.

Um die Lebensrealität anderer Menschen zu erleben, nimmt sie
durchaus Unannehmlichkeiten in Kauf. Die Arbeit in der Papierfabrik bedeutete, bereits um halb sechs Uhr früh mit dem Zug
nach Ulmerfeld-Hausmening zu fahren, *für mich schrecklich, weil*
ich nie eine Frühaufsteherin war. Während ihres Studiums in Wien
arbeitet Susanne Feigl unter anderem als Babysitterin und in einer
Rechtsanwaltskanzlei. 1965 wird sie freie Mitarbeiterin im *ORF,*
wo sie zunächst mit dem Lektorieren von Manuskripten betraut
ist. Rasch folgen Interviewaufträge, eigene Sendungen, schließlich
Sendereihen. Als ihr ein Redakteur:innenposten angeboten wird,
lehnt sie ab: *Heute klingt das blöd. Weil es ja so viele freie Mitarbeiter*
gibt, die gern eine Anstellung hätten. Aber sie hatte soeben mit der
Arbeit an ihrer Dissertation über Ödön von Horváth begonnen
und fürchtete, bei einer Vollzeitarbeit im *ORF* zu wenig Zeit zu
haben, ihr Studium zu beenden.

Hautnah am Alltag von Arbeiter:innen zu sein und Diskussionen
über Politik schärfen das Urteilsvermögen der jungen Frau. Der
Beitritt zu und das Engagement in einer Partei passen allerdings
nicht zu Susanne Feigls Streben nach Unabhängigkeit und ihrer
Abneigung gegen Vereinnahmung. Als wichtig hingegen erachtet
sie die Mitgliedschaft bei der Gewerkschaft, der sie mit Beginn
ihrer Angestelltentätigkeit beitritt.

Bereits während ihres Studiums in den 1960er Jahren ist das Ringen um Gleichberechtigung der Geschlechter ein Thema. *Das war schon die Zeit, in der man gewusst hat, es muss sich was ändern, oder es wäre der Bedarf da, dass sich sehr vieles ändert. Ich war schon sehr hellhörig und aufmerksam, was sich da tut und war auf der Uni bei vielen Veranstaltungen der Studentenbewegung.* Auch ihre Mutter beobachtete die Ereignisse mit großem persönlichem Interesse: *Meine Mutter ist in der Zeit aufgeblüht, weil endlich Forderungen aus ihrer Jugendzeit, aus den 1920er Jahren, endlich Realität zu werden schienen.*

Bald nach ihrer Promotion 1971 beginnt Susanne Feigl bei dem in Zürich ansässigen Diogenes Verlag zu arbeiten, für den sie Literatur aus dem Englischen und Amerikanischen übersetzt. Die freie Mitarbeit beim *ORF* behält sie bei, bis sie 1972 das Angebot der *Kronen Zeitung* annimmt, als Kolumnistin zu arbeiten. Bereits damals war die »Krone« die auflagenstärkste Tageszeitung Österreichs, neben der einfachen Sprache und den kurzen Artikeln gekennzeichnet durch zahlreiche als Kolumnen verfasste Kommentare. Susanne Feigl erinnert sich, dass sie bei der Auswahl der Themen anfangs völlig freie Hand hatte. *Ich habe um elf Uhr dem Chefredakteur meine Kolumne hingelegt, bin gegangen, und es ist nie irgendwas geändert worden, kein Beistrich.* Nach einiger Zeit wird sie angehalten, sich *auf Frauensachen* zu beschränken. Die Kolumnist:innen seien einander nämlich inhaltlich zuweilen *in die Quere gekommen. Damit hatte ich anfangs nicht unbedingt eine Freude, denn Einschränkungen liebe ich nicht. Aber zu der Zeit war das nicht schlimm, denn Frauen wurden zusehends ein wichtiges Thema, ein Bereich, wo du schon einiges bewegen konntest. Und es steht auch im Frauenbericht 1975 des Bundeskanzleramtes, dass dem internationalen Trend folgend Themen wie »Emanzipation« und »Rollenbild der Frau« verstärkt in den Massenmedien auftauchten.*

Susanne Feigls journalistische Arbeit für die *Kronen Zeitung* fällt in eine für Österreich rückblickend besonders bedeutsame Zeit: Zahllose Reformen, die teilweise von der Sozialdemokratie seit mindestens fünfzig Jahren gefordert worden sind, eröffnen einer breiten Bevölkerungsschicht neue Wege. Die große Mehrheit der sozial Benachteiligten stellen zweifellos Frauen, wenngleich sie als »Nebenwiderspruch« in der sozialistischen Denkweise nicht die wichtigste

Zielgruppe der Reformbestrebungen bilden. Wie schon im Jahrhundert zuvor müssen sie sich ihre öffentliche Sichtbarkeit genau zu jener Zeit neuerlich erkämpfen, und das tun sie insbesondere als autonome Frauenbewegung. In der Beschränkung auf »Frauensachen« findet Susanne Feigl somit ein breites Themenfeld, und sie nutzt die Chance. Straffreiheit bei Schwangerschaftsabbruch, Reform des Familienrechts, Individualbesteuerung: *Damals schon, zu Beginn der Frauenbewegung, gab es genug Themen, über die man informieren und die man begründen konnte. Das war damals kein Problem. Auch in der* Kronen Zeitung *nicht.*

Fünfundvierzig Jahre ist es her, dass noch ein Familienrecht Geltung hatte, dessen wesentliche Teile aus dem Jahr 1811 stammten, das die Rollen von Mann und Frau vorgab, die Männern viele Freiheiten gestatteten und den Frauen die »drei K« – Kinder, Küche, Kirche – zuordneten. Daraus resultierte die Vormachtstellung des Mannes als Oberhaupt der Familie. Er bestimmte, ob seine Frau arbeiten durfte, wo die Familie wohnen sollte, welche Schule die Kinder besuchen. Die Mutter durfte weder einen Passantrag noch einen Lehrvertrag für ihre Kinder unterschreiben. Ganz selbstverständlich hatte die Frau bei der Heirat ihren Namen abzulegen und seinen anzunehmen. Erst durch die Familienrechtsreform Mitte der 1970er Jahre wurde das Modell der patriarchalen Versorgungsehe durch ein partnerschaftliches ersetzt.

Zudem waren Frauen zahlreiche Berufe verschlossen, etwa bei der Polizei, der Bundesbahn, nicht einmal Straßenbahnfahrerin konnten sie werden, Busfahrerin schon gar nicht. Geschlechtertrennung nahezu allerorten, in der Schule, am Arbeitsplatz, beim Sport, in der Politik, mit vielen Bereichen, in denen eine 100-Prozent-Männerquote selbstverständlich war. Quoten werden erst in Frage gestellt, seit Frauen sie für sich reklamieren. Ebenso wie erst seit dem vermehrten Auftauchen von Frauen in höheren Positionen – und nur ihnen! – die Frage gestellt wird, welche Qualifikation sie denn aufweisen und wie sie das mit Familie und der Kindererziehung vereinbaren. Bei Männern gilt mit Kurt Tucholsky: »Er ist ein Mann und das genügt.«

In ihre Zeit bei der *Kronen Zeitung* fällt 1973 auch – nach langen Diskussionen – die Straffreiheit der Abtreibung. Sie ermöglicht es

Frauen ab 1975, eine Schwangerschaft innerhalb einer Frist ohne Angabe von Gründen nach vorangehender ärztlicher Beratung zu beenden. Mit diesem Thema beschäftigt sich Susanne Feigl in ihren Kolumnen genauso wie mit der Familienrechtsreform, deren Kernstücke zwischen 1975 und 1978 neu formuliert werden und Mann und Frau mit gleichen Rechten und Pflichten ausstatten. Der Nachname des Mannes ist seither nicht mehr automatisch der Familienname. Die damals juristisch festgeschriebene Annahme, das Familienvermögen »stamme vom Manne«, gilt nicht mehr. Bei einer Scheidung wird seither das während der Ehe erworbene Privatvermögen geteilt.

Es dauert noch viele weitere Jahre und bedarf – wie immer bei »Frauenthemen« – enormer Anstrengungen, bis schließlich 1989 unverheiratete Mütter verheirateten gleichgestellt werden und die Vormundschaft über ihre Kinder erhalten. Bis dahin war automatisch die Bezirksverwaltungsbehörde der Amtsvormund. Dieser Schritt bildet den Anfang vom Ende der heute schier unvorstellbaren Beschämung, Demütigung, Ausgrenzung und Stigmatisierung unverheirateter Mütter und lediger Kinder.

Susanne Feigl nimmt zu dieser Zeit immer wieder an privaten Treffen engagierter Frauen teil, in dem aktuelle Themen diskutiert werden. Zu diesem Kreis zählen unter anderem die Journalistinnen Thea Leitner, Barbara Coudenhove-Kalergi und Edith Krebs, Leiterin des Frauenreferats der Wiener Arbeiterkammer, die Autorin Leomare Qualtinger, die im gleichen Jahr wie Susanne Feigl geborene *Kurier*-Kolumnistin Elfriede Hammerl sowie die SPÖ-Bundesfrauensekretärin und Bundesrätin Anna Demuth. *Frauen, die damals schon in Positionen waren, wo sie ein bisschen was bewegen konnten. Das war sehr angenehm. Ich habe das sehr geschätzt.*

Chefredakteurin
Das Jahr 1974 ist im Leben von Susanne Feigl von zwei wichtigen Ereignissen geprägt. Das erfreuliche: Sie wird zur Chefredakteurin der sozialdemokratischen Wochenzeitung *Die Frau* (1984–1987: *Neue Frau*) berufen, der höchstwahrscheinlich einzigen nicht-defizitären Parteizeitung. Als solche macht sie erstmals eine Erfahrung, die für sie höchst erschreckend und verstörend ist:

Die Redaktion der Frau *war, als ich die Chefredaktion übernahm, personell total unterbesetzt. Die Redaktion hatte sich darauf geeinigt, eine versierte Journalistin und SP-Parteimitglied anzustellen; dieser Vorschlag wurde vom Bundesfrauenkomitee, dem höchsten Gremium der SP-Frauenorganisation, einstimmig angenommen. Ich teilte dies dem Generaldirektor des Verlages persönlich mit. Er sagte mir, soeben habe ihn eine hochrangige Politikerin angerufen und erklärt, die Journalistin dürfe keinesfalls angestellt werden. Ich war perplex. Es war das erste Mal in meinem Leben, ich war damals knapp 29 Jahre alt, zu erleben, wie undemokratisch, ja geradezu bösartig eine Frau mit anderen Frauen umgeht. Und zwar nur, um (mir) ihre Macht zu zeigen. Hätte das ein Mann gemacht, hätte es vielleicht eher in diese Gesellschaft gepasst. Obwohl mir seitens eines Mannes so etwas noch nie passiert war. Aber es war eine Frau, die ihre Machtposition demonstrieren wollte. Und da ist mir schon einiges klar geworden. Nämlich: Dass es nicht nur auf das Geschlecht ankommt, sondern dass die Machtfrage eine entscheidende Rolle spielt. Und dass Frauen keineswegs die besseren Menschen sind.*

Ein Schlüsselerlebnis, *insofern, als ich vorsichtiger geworden bin und nicht mehr so locker sage: Es ist alles in Ordnung, wenn eine Frau in der Position ist. So ist es nicht. Wobei ich mir schon vorstellen kann, dass man als Frau, um dorthin zu kommen, unter Umständen gewisse Entwicklungen durchmacht, die, was die Persönlichkeit betrifft, nicht unbedingt vorteilhaft sind.*

Wiewohl sie in eine Welt hineingeboren wurde, die in Trümmern lag, in der erst einmal große Not herrschte, hat Susanne Feigl bis dahin kaum Unterdrückung und Zurückweisung erlebt. An der Universität ist sie schon auf konservative Lehrer getroffen wie jenen Professor, *der wirklich geglaubt hat, es ist für Frauen wichtiger, das Kochen zu lernen als zu studieren. Aber das habe ich so als Schwachsinn kritisiert. Aber dann zu merken, dass eine Frau in einer Machtposition mindestens ebenso frauenfeindlich reagieren kann wie der ärgste Macho, war für mich wirklich eine neue Erkenntnis.*

Die zehn Jahre, in denen Susanne Feigl Chefredakteurin der Zeitung *Die Frau* ist, zählen zu den aus Frauensicht spannendsten und turbulentesten des vergangenen Jahrhunderts. Als politische Gestalterin wirkt Johanna Dohnal, die sich in der SPÖ von der

Bezirksebene über den Wiener Gemeinderat bis in die Regierung hinaufgearbeitet hat. Sie ist wohl die herausragendste Frauenpolitikerin in Österreich. Mit der Übernahme der Chefredaktion lernen sich Johanna Dohnal und Susanne Feigl persönlich kennen. Als Chefredakteurin der sozialdemokratischen Frauenzeitschrift (und von da an SPÖ-Mitglied) war Feigl automatisch kooptiertes Mitglied des Bundesfrauenkomitees und anderer politischer Gremien und begleitete die dynamische Entwicklung publizistisch. Sie erlebt höchst kontroverse Diskussionen, auch innerhalb der Parteifrauen: *Und da habe ich auch gesehen, wie unterschiedlich die Ansichten, auch die der Frauen, in meiner Partei waren. Und wie schwer es Johanna gehabt hat.*

Jede einzelne Person, die ihre Stimme öffentlich gegen die Mauer der Abwehr und der Ablehnung von Reformen erhebt, ist wichtig. Eine solche Stimme ist zweifellos die der Redakteurinnen der Wochenzeitung *Die Frau*. Johanna Dohnal weiß, dass Bewusstseinsbildung auch innerhalb der eigenen Reihen notwendig ist. Der eigenen Zeitschrift kommt daher eine Schlüsselrolle zu, wenn es darum geht, Ungerechtigkeiten aufzuzeigen, den Stellenwert der Frauen und die Notwendigkeit von Änderungen darzulegen.

Ein wichtiges öffentliches Signal im Bereich »Gewalt gegen Frauen« ist die Eröffnung des ersten österreichischen Frauenhauses 1978 in Wien, »eine gewaltige Kraftanstrengung«, wie Johanna Dohnal rückblickend festhielt: »Die Menschen waren ja damals der Meinung: Frauen werden nicht geschlagen.«[2]

Leicht durchzusetzen sind die Reformen alle nicht. In den Redebeiträgen von viel zu vielen Abgeordneten zeigt sich immer wieder patriarchale Frauenverachtung; Frauenhäuser, in denen Frauen Schutz vor ihren gewalttätigen Partnern finden sollten, »Freudenhäuser« zu nennen, war eine geradezu harmlose Variante. Über die damalige Diskussion sagt Johanna Dohnal, auf dem Weg zurück in ihr Büro habe sie »gekotzt wie ein Berberhund«.[3] Verhöhnung, Verächtlichmachung – das gesamte Arsenal männlicher Selbstherrlichkeit wird von manchen Männern über Jahre hin aufgeboten, um den Status quo zu erhalten, und das heißt: die Macht zu behalten.

Im Jahr 1979 beruft Bundeskanzler Bruno Kreisky vier Staatssekretärinnen in die Regierung, davon sind zwei für Frauenangelegenheiten zuständig, Johanna Dohnal für »Allgemeine Frauen-fragen« und Franziska Fast für die »Belange der berufstätigen Frau«. Auch dieser Schritt ist von erheblicher Kritik begleitet, insbesondere medialer, die sich unter anderem in Form von fragwürdigen Kari-katuren zeigt. Geradezu berühmt wird jene, die Kreisky mit vier Büstenhaltern zeigt, auf denen die Namen der Staatssekretärinnen stehen.

Vier Jahre später, im April 1983, verliert die SPÖ unter Bruno Kreisky die absolute Mehrheit. Der Kanzler tritt zurück, sein Nachfolger wird Fred Sinowatz. Beim geplanten Regierungsum-bau (Koalition mit der FPÖ) soll die Zahl der Frauen drastisch reduziert werden. Am 4. Mai 1983 findet eine Großdemonstra-tion von autonomen Frauen und SPÖ-Funktionärinnen auf dem Ballhausplatz statt. Susanne Feigl hat mit ihrem Presseausweis Zutritt zum Kanzleramt und übergibt die Forderung, die Frauen-Staatssekretariate zu behalten, an Sinowatz.

Am 17. Mai 1983 hält die SPÖ einen außerordentlichen Partei-tag ab. Susanne Feigl ist die erste, die sich zu Wort meldete. Sie schließt ihren Redebeitrag mit den Worten: »Genosse Kreisky hat vor vier Jahren durch die Installierung von zwei Frauenstaats-sekretariaten den gesellschaftlichen Entwicklungen Rechnung ge-tragen, er hat einige Zeichen gesetzt, dass für ihn Frauenfragen Regierungsfragen sind. Die Frauen haben uns geglaubt, sie haben uns ihre Stimme gegeben in der Hoffnung, dass dieser Weg fort-gesetzt wird. Immerhin wurde die SPÖ, und das ersuche ich, nicht zu vergessen, mehrheitlich von Frauen gewählt. Ich meine, dass dieses Vertrauen für unsere Partei eine Verpflichtung sein müsste.«

Susanne Feigl erinnert sich an etliche Buhrufe von Männern während ihrer Wortmeldung. Letztlich bleibt Johanna Dohnal Staatssekretärin, Franziska Fast hingegen muss weichen. Der ange-dachte Aufstieg von Friedrich Peter (FPÖ) zum dritten National-ratspräsidenten wurde in der Nacht zuvor abgeblasen.

Dohnals beharrliches Ringen um Fortschritt für Frauen, um Gleichberechtigung und Gerechtigkeit trägt Susanne Feigl aus Überzeugung mit. Mehr noch: Sie unterstützt die Argumentation und mediale Darstellung und schlussendlich die Durchsetzung mit ihrer Fähigkeit, komplexe Sachverhalte sachlich und verständlich aufzubereiten und auf den Punkt zu bringen: *Das ist etwas, was ich gern mache. Die Verbindung herstellen zwischen der Realität, zwischen dem realen Leben und politischen Forderungen und das so zu vermitteln, dass Leser und Leserinnen es verstehen. Es wird so viel geschrieben, das unverständlich ist – schade ums Papier.*

Johanna Dohnal, die kämpferische Rednerin, findet in Susanne Feigl eine beharrliche Mitstreiterin, eine, mit der sie konstruktiv zusammenarbeitet und deren Urteil ihr wichtig ist. Die zeitweise Wegbegleiterin Mica Kruck schildert:»Susanne Feigl hat unermüdliche Arbeit für Johanna, für die Frauen, die Frauenbewegung, für die SPÖ im Hintergrund geleistet. Sie war eine jener Frauen, auf die Johanna Dohnal gehört hat.«³ Die Zusammenarbeit und Loyalität setzt sich auch fort, nachdem Susanne Feigl ihre Tätigkeit bei *Die Frau* Ende 1984 niederlegt und sich als Publizistin selbständig macht. Sie ist in zahlreichen Publikationen und Broschüren dokumentiert. Aus gutem Grund wird Susanne Feigl gebeten, Dohnals Biografie zu schreiben.

Zahlen schaffen Fakten

Wohl eine der ersten großen und bedeutenden Aufträge im Rahmen ihrer selbständigen Arbeit ist die Redaktion des Frauenberichtes 1985, für den Johanna Dohnal sie gewinnen kann. Unter großem Zeitdruck bearbeitete sie die Beiträge zahlreicher Wissenschaftler:innen. Susanne Feigl erinnert sich, dass ein Berichtsteil *total umgeschrieben* werden muss, weil die Prozentrechnungen allesamt falsch sind. *Beim nächsten Frauenbericht des Bundeskanzleramtes, an dem 48 Wissenschaftler:innen mitarbeiteten, und der 1995 erschien, hatte ich dann von Anfang an die Projektleitung.* Diesen Bericht kann Johanna Dohnal allerdings nicht mehr selbst präsentieren, sie wird von Bundeskanzler Franz Vranitzky – der sie 1991 zur Frauenministerin befördert hatte – im Zuge einer größeren Regierungsumbildung ein halbes Jahr früher aus der Regierung entfernt, als er ursprünglich mit ihr vereinbart hatte. Mit der Kaperung der Regierung durch Wolfgang Schüssel (ÖVP) und der Installation einer Schwarz-Blauen Regierung im Jahr 2000 endet auch der Zehn-Jahres-Erscheinungsrhythmus der Frauenberichte. Ein neuer Frauenbericht erscheint erst wieder 2010. Susanne Feigl hält diesen für nicht sonderlich informativ, nicht umfassend genug – *es ist gespart worden, total.*

Frauenberichte erachtet Susanne Feigl auch heute noch für sehr wichtig. »Von ExpertInnen erstellte Frauenberichte waren und sind eine GANZ wichtige Grundlage für politische Arbeit. Denn sie zeigen schwarz auf weiß und im Detail, WO Frauen benachteiligt sind und WODURCH, welche politischen Maßnahmen sich in Hinblick auf die Gleichstellung von Frauen als erfolgreich erweisen und welche nicht.«[4]

Eine andere wichtige Aufgabe stellte der Vorarlberger Frauenbericht 2000, in Auftrag gegeben von Land, Arbeiterkammer und ÖGB Vorarlberg. Obwohl es da anfänglich Schwierigkeiten gibt: *Sofort nach Erscheinen des Berichts hat es ziemliche Kritik gegeben vonseiten des Leiters der Landesstatistik, der gleichzeitig ÖVP-Nationalrat war. Dass meine Zahlen hinsichtlich Kinderbetreuung nicht stimmen. Ich wusste vom 1995er Frauenbericht des Bundeskanzleramtes, dass Vorarlberg nicht nur das Schlusslicht ist bei der Betreuung der Drei- bis Vierjährigen, sondern ganz, ganz weit hinten. Ich habe für den Vorarlberger Bericht selbstverständlich alles neu recherchiert. Die Betreuungsquote der drei- bis vierjährigen Kinder betrug 1999/2000 österreichweit ein Drittel, in Vorarlberg aber nur 8,6 Prozent. Aber ich bekam zu hören, das stimme nicht. Und es sei typisch, die Wiener machen die Vorarlberger schlecht. Na ja. Ich habe dann nachgewiesen, dass die von mir verwendeten Daten von Statistik Austria sehr wohl stimmen. Letztlich ist das auch akzeptiert worden. Nur habe ich mir gedacht, ich werde nie mehr einen Auftrag kriegen vom Land Vorarlberg. Welcher Auftraggeber will schon so einen Wirbel haben?*

Es kommt anders. Susanne Feigl wird auch in den folgenden Jahren regelmäßig mit der Erstellung eines Frauenberichtes beauftragt.[5] Vor allem, und das ist das wirklich Erfreuliche: den Berichten folgten Taten. Susanne Feigl resümiert: *In keinem anderen Bundesland ist in diesen zwanzig Jahren im Bereich Kleinkinderbetreuung so viel weiter gegangen wie in Vorarlberg. In der Zwischenzeit liegt Vorarlberg diesbezüglich weit über dem Österreich-Durchschnitt. Das ist enorm. Und ich kann mich erinnern, dass die damalige Landesrätin wirklich dahinter war, dass da etwas in Bewegung kommt. Okay, man kann sagen: Vorarlberg hatte diesbezüglich einen enormen Nachhol-*

bedarf verglichen mit anderen Bundesländern. Aber das heißt noch nicht, dass sich deshalb was verändert. Aber da ist in Vorarlberg ungeheuer viel geschehen. Und da habe ich gesehen, ein Frauenbericht kann erstaunlich positive Wirkungen haben. Auch wenn es am Anfang ganz negativ ausgeschaut hat.

Eine weitere Publikation wird ein ständig zur Hand genommenes Arbeitsmittel für Gewerkschafter:innen, für Betriebsrät:innen, Wissenschaftler:innen, für all jene, denen Gleichbehandlung ein Anliegen ist: die Lose-Blatt-Sammlung von Fällen, die in der Gleichbehandlungskommission verhandelt werden: *Da sind konkrete Fälle genau erklärt worden. So dass jeder versteht, wo das Problem ist, wie die Entscheidung zustande kommt und wie sie begründet wird und was das in der Folge bedeutete. Diese Fallgeschichten sind auch von Gewerkschaft und Betriebsrätinnen geschätzt worden. Das hat wirklich Sinn gehabt.*

Pionierin gewesen zu sein, das weist Susanne Feigl weit von sich. Auf ihrer Homepage finden sich 17 Studien, rund 60 Infomaterialien, drei eigene Bücher, fünf, deren Herausgeberin sie war, sieben Buchbeiträge.[6] Quasi das Hauptwerk. Dazu kommen hunderte Artikel und Kolumnen und hunderte Broschüren. Eine politische Einschätzung der Errungenschaften, die sie publizistisch begleitet hat, trifft sie hingegen ausführlich:

Notwendig war alles. Dass die Kinder nicht mehr automatisch die Staatsbürgerschaft des Vaters bekommen, und die Frauen den Familiennamen vom Mann annehmen müssen. Die Gleichbehandlungsgesetzgebung, die Gleichbehandlungsanwaltschaft. Ich meine, klar kann man sagen: Dass einer Frau verboten werden kann, dass sie arbeiten geht, so ein Familienrecht ist ja aus dem Jahre Schnee. Das habe ich gar nicht ernst genommen. Ich kann mich auch gar nicht mehr besonders freuen, dass so etwas weg ist, denn es war sowas von überfällig. Der straffreie Schwangerschaftsabbruch ist natürlich etwas, was die Lebenssituation von (fast allen) Frauen unmittelbar betroffen hat.

Stellen wir uns vor, ein Mann könnte dieses Lebenswerk für sich reklamieren. Wie müsste dann seine Geschichte geschrieben werden? Hätte er sie nicht ohnehin selbst geschrieben? Man darf jedenfalls davon ausgehen, dass er mit diesem umfassenden Fachwissen und der intimen Kenntnis der österreichischen Politik um seine Expertise gebeten würde, wann immer Frauen betreffende Themen öffentlich diskutiert werden. Und das sind ja praktisch alle Materien: Arbeitszeit, Pensionen, Teilzeit, öffentlicher Verkehr, Schule, Kinder etc. Er selbst hätte mutmaßlich bereits eine Autobiografie geschrieben, zu einem seiner runden Geburtstage wäre eine Festschrift erschienen, von allen Auszeichnungen könnte er nur noch die wichtigsten nennen. Ein Männerleben eben, auch heute noch.

Was noch nicht erledigt ist

Ich meine, nach wie vor fehlt irrsinnig viel. Es ist viel weitergegangen, *aber letztlich ist fast noch sehr viel unerledigt.* Zwar ist beispielsweise das Bildungsniveau der Frauen enorm gestiegen, allerdings nicht die Art der Ausbildung. »Tatsächlich ist die Situation in Österreich auf den ersten Blick paradox. Bezüglich Bildungsniveau haben die Frauen in Österreich mit den Männern nahezu gleichgezogen. Die horrenden Einkommensunterschiede aber bestehen unverändert weiter.«[7]

Nach wie vor gibt es ökonomische Abhängigkeit, und auch hier hängt eines mit dem anderen zusammen. Der Anteil der Teilzeitbeschäftigten, weit überwiegend Frauen, hat sich weit mehr als verdoppelt. Und das bedeutet: *Davon kann man nicht leben!* In Zusammenhang mit Gewalt gegen Frauen wird vieles bagatellisiert, meint Susanne Feigl. Sie bemerkt zudem, dass diese Tatsachen und Zusammenhänge *überhaupt nicht mehr infrage gestellt,* nicht diskutiert, sondern einfach hingenommen werden. *Das ist schon problematisch.* Ihr Fazit über die österreichische Politik: *Es wird sehr viel nur verwaltet und nicht gestaltet.*

Dass Frauen wieder oder noch immer extrem Rechte wählen, Rassisten, Sexisten, findet Susanne Feigl leicht zu erklären: *Das Patriarchat hat immer von der Mitarbeit der Frauen gelebt. Nur kann man sagen, waren die Frauen früher eher in einer Situation, wo sie sehr isoliert waren und wo sie auch nicht die Kraft und die Macht hatten, daran etwas zu verändern. Heute wäre die Möglichkeit weit eher gegeben. Aber dass Frauen die miesesten Systeme aufrechterhalten, das ist nichts Neues.*

Insbesondere bei politisch rechts angesiedelten Männern beobachtet Feigl, *dass sich Männer dafür rächen wollen, dass ihnen irgendwo Macht aus den Händen genommen wurde. Sozusagen man müsse den Frauen wieder zeigen, wo es langgeht.*

Doch könne man ganz allgemein sehen, dass Männer wieder den Mann heraushängen lassen. Zwar kommen mehr Frauen in der Politik zum Zug. *Aber welche Frauen sind das? Es werden schon spezielle ausgesucht. Vor allem solche, von denen nichts zu befürchten ist, jedenfalls nicht, dass sich an der Stellung der Männer irgendetwas ändert.* Der Rat, den Susanne Feigl jungen Frauen mit auf den Weg gibt, ist kurz und bündig: *Dass sie möglichst versuchen sollten, auf eigenen Beinen zu stehen. Dann kann ihnen nicht so viel passieren.*

Anmerkungen

1   Die kursiv dargestellten Zitate stammen aus dem Interview mit Susanne
    Feigl, geführt am 27. Februar 2020 von Birgit Buchinger in Wien.
2   Johanna Dohnal, Bundesministerin a. D., ein Film von Claudia Trinker, im
    Auftrag von Stadt Wien Frauen MA 57, zum Wiener Frauenpreis 2008.
3   ebd.
4   Persönliches Gespräch der Autorin mit Mica Kruck am 4. Juli 2020.
5   Feigl, Susanne (o. J.): Gut ausgebildet, schlecht bezahlt
6   Die Berichte erschienen 2000, 2003, 2007 und 2010. Seit 2014 unter dem
    Titel »Bericht zur Gleichstellung von Frauen und Männern in Vorarlberg,
    Zahlen, Fakten und Probleme«.
7   susanne-feigl.at/publikationen
8   Feigl, Susanne (o. J.): Gut ausgebildet, schlecht bezahlt

Literatur

Bundesministerium für Bildung, Wissenschaft und Forschung (BMBWF) (o. J.),
    Wichtige Meilensteine und Maßnahmen zur Geschlechtergleichstellung im
    österreichischen Bildungswesen, bmbwf.gv.at
Bundesministerium für soziale Sicherheit und Generationen: Entscheidungen
    der Gleichbehandlungskommission (Lose-Blatt-Sammlung), bmfj.gv.at
Feigl, Susanne (2002), Johanna Dohnal, Was gehen mich seine Knöpfe an? Eine
    Biografie, Wien: Ueberreiter Verlag
Feigl, Susanne (o. J.): Factsheet: 150 Jahre Frauenrecht in Österreich, Hg. Bundes-
    ministerium für Arbeit, Soziales und Konsumentenschutz, blog.refak.at
Feigl, Susanne (o. J.): Gut ausgebildet, schlecht bezahlt, Ergebnisse des Berichts
    zur Situation der Frauen 2010, wendepunkt.or.at
Feigl, Susanne (2000), Frauen in Vorarlberg, Situationsbericht 2000, Zahlen,
    Fakten, Probleme, hg. vom Amt der Vorarlberger Landesregierung, der
    Arbeiterkammer Vorarlberg und dem ÖGB Vorarlberg, Bregenz.
    Diese Berichte erschienen 2000, 2003, 2007, 2010. Danach als »Bericht
    zur Gleichstellung von Frauen und Männern in Vorarlberg« in den Jahren
    2014 und 2017, jeweils verfasst von Susanne Feigl. Verfügbar unter cdn3.vol.
    at/2010/09/Frauensituationsbericht_2010.pdf. Zugriff am 11. 7. 2020.
SPÖ-Frauen, johanna-dohnal.at

Susanne Feigl mit 15 Jahren

Verschnaufpause mit Johanna Dohnal (links), Staatssekretärin für allgemeine Frauenfragen, während der UN-Weltfrauenkonferenz, Kopenhagen 1980

Susanne Feigl (links) bei der Demonstration zur Regierungsumbildung,
Ballhausplatz Wien 1983

Schön und bitter

Einblicke in das Making-of der »Kämpferinnen«
Renate Böhm

Es ist ein Samstag mitten in diesem Corona-Sommer 2020. Das Wetter passt, die Fenster und Türen stehen weit offen. Der Raum ist groß, der Tisch lang genug. Viel Platz für Abstand. Den keine mehr aushält. Der Genuss, zusammen zu sein, laut nachzudenken, zu analysieren und Pläne zu schmieden für Birgits Lieblingsprojekt (dieses Buch) ist lange zu kurz gekommen. Auf Sparflamme waren wir. Nur wenn ein Beitrag einer Autorin eintrudelte, waren wir wieder Feuer und Flamme.

Ein spätes Frühstück wartet auf die Porträtistinnen – so nennen wir insgeheim die Autorinnen der Porträts der zwölf Frauen, deren Lebens- und Arbeitsgeschichte in diesem Buch beschrieben werden soll. Sie treffen langsam, eine nach der anderen, ein. Die meisten kommen vom Bahnhof, von Zügen, die sie aus Wien oder von sonst wo nach Salzburg bringen. Nicht alle kennen einander. Nicht einmal wir, die Herausgeberinnen, kennen alle persönlich. Eine wurde uns von einer Freundin empfohlen, sie hat vor kurzem einen Literaturpreis bekommen. Auch untereinander kennen einander viele nur vom Hörensagen oder von den ersten fertigen Texten, die schon die Runde machten. Zwei können heute nicht dabei sein, schade.

Die Stimmung ist hell. Alle haben sich gefreut auf den Vormittag. Vielleicht hatten auch die anderen weniger Kontakte außerhalb ihres üblichen, ›sicheren‹ Umfelds. Wir befinden uns mitten in der Zwischenetappe des Projekts, Arbeitstitel: »Dass der rote Faden nicht reißt«. Es zeigt sich bald im Darüber-Reden, dass es alle bereichert, allen Freude bereitet. Sie Unerwartetes hat denken lassen. Nach einer kurzen Vorstellungsrunde der Autorinnen erfolgt jeweils ein Kurzporträt der Porträtierten, anschließend Nachfragen und Sprechen darüber, ein Austausch ohne genauere Vorgaben.

Als wir starten, sind nicht nur die anwesenden zwölf Frauen im Raum, sondern bald auch die porträtierten Frauen, die sich die Anwesenden in den letzten Wochen erschrieben haben. Da treffen einige Frauengenerationen aufeinander: Die Älteste ist 91 Jahre alt und die Jüngste 24. Der Gedanke, dass die eine oder andere der porträtierten Frauen theoretisch zur Großmütter-, ja sogar Urgroßmüttergeneration gehören könnte, fühlt sich trotzdem nicht richtig an. Nicht nur, weil so widerständige, heute noch so aktive Frauen nicht in solche Schablonen passen würden.

Schnell wird nämlich schon in der Vorstellungsrunde klar: Wenn es um die feministische Bewegung geht, sind die Generationen kürzer, manche sprechen von Wellen, die sich eher auf Inhalte beziehen, aber wenig abhängig vom Zeitraum oder von Orten sind.

Ich zum Beispiel gehöre zu einer Zwischengeneration: Nicht mehr zur Gründerinnengeneration der autonomen Frauenbewegung in Österreich, wie Erica Fischer, sondern zu den Frauen, die in einem österreichischen Bundesland nach dem Beispiel der Wienerinnen eine autonome Frauengruppe gründeten. Wir arbeiteten uns – wie unzählige andere vorher oder später – genauso am Haupt- und Nebenwiderspruch ab, wie auch daran, wie sich das Patriarchat in unsere Körper eingeschlichen hat. Als junge emanzipierte Frauen wollten wir nicht so werden wie unsere Mütter, wir wollten anderen Frauen die Augen öffnen, sie unterstützen und für deren Befreiung kämpfen. Wir selbst fühlten uns – theoretisch – wissend und befreit, nur unsere Körper hinkten noch hinten nach.

Die darauffolgende Generation der Feministinnen ging es bereits deutlich systematischer an: Es begann die Zeit der Frauenforschung, der Frauensommerunis. Alles wurde fundierter. Manche aus der Zeit davor fanden Anschluss. Andere nicht. Auf ihnen, die viel Zeit in der Selbsterfahrung ›verplempert‹ hatten, ruhte der leicht abfällige Blick der neuen intellektuellen Kämpferinnen. Das Richtige, das Falsche, das Trennende wurde wichtig, viele Energien flossen in Diversifizierungen und auch gegeneinander. Bis heute, wie wir wissen.

Genau das sorgte einige von uns, nachdem sie den Auftrag angenommen hatten, anhand eines bereits vorliegenden Interviews über eine der ›großen alten Feministinnen‹ zu recherchieren und zu schreiben. Welcher ›Fraktion‹ hat sie angehört, vielleicht jener der Kämpferinnen für das Verbot von Sexarbeit, oder war sie bei denen, die queeren Persönlichkeiten die Aufnahme in die eigene Frauengruppe untersagen wollten? Feindet sie Mutterschaft an oder vertritt sie Mütterlichkeit als Allheilmittel zur Bekämpfung von Kapitalismus und Patriarchat? Wie umgehen damit? Wissenschaftlich distanziert? Das wäre schwierig, denn der Auftrag war, sich auch persönlich einzulassen.

Schnell wird klar: Der Zugang zu den Porträtierten war entspannt. Manchmal bewundernd, manchmal verwundert. Wie wir noch sehen werden, tauchten zwar Denk- und Merkwürdigkeiten auf, auch Fragen, die sich nicht aufklären. Trotzdem blieb – auch wenn das ein Widerspruch in sich zu sein scheint – eine respektvolle Leichtigkeit, die auch unser jetziges Darüber-Reden trägt. Ohne es explizit auf den Tisch legen zu müssen, erstreckt sich zwischen unseren apodiktischen Phasen mit unumstößlichen Meinungen in früheren Jahren und heute eine Phase biografischen Lernens. Selbst bei den ganz Jungen in unserer Runde, die uns mit ihrer Bereitschaft, sich einfach einzulassen, zu staunen, zu begreifen, beeindrucken. Die porträtierten Frauen machen es uns leicht: Auch sie hörten nie auf zu lernen und selbstkritisch ihre Positionen zu hinterfragen, ja zu revidieren, bis heute stellen sie ihre Arbeit und sich in den Kontext aktueller gesellschaftlicher Entwicklungen. Die Bewunderung für sie in unserer Runde ist groß, erst nachdem wir über alle gesprochen haben, wird uns klar, wie wichtig jede einzelne für die Entwicklung des Feminismus ist.

Während wir den Vorstellungen der einzelnen Porträtierten konzentriert zuhören, bleibt die selbstkritische Frage nach (fehlender) Diversität und Intersektionalität.

Für mich kristallisieren sich sechs Stränge heraus, die einige während des Schreibens, in der Diskussion mit den Porträtierten und schließlich die ganze Runde beschäftigen:

Leben erzählen und schreiben

Keine unserer Porträtierten erzählt das erste Mal aus ihrem Leben. Im Netz finden sich neben Wikipedia-Einträgen Interviews, Filmausschnitte und Zeitungsartikel. Einige haben ihre Autobiografie oder eine Familiengeschichte verfasst. Wir wissen, wir haben eine Erzählung bekommen, die das Leben, das die Porträtierten erzählen wollten, beschreibt. Und natürlich wissen wir: Das biografische Selbst ist eine Erfindung. Immer. Wir nehmen dankbar, was wir bekommen, und erlesen so viel dazu, dass uns plausibel wird, was uns schwerer nachvollziehbar ist.

Wir schreiben über große Frauen, damit andere neugierig auf sie und ihre Lebensthemen werden. Wir haben als Forscherinnen ihr Werk betrachtet, aber als Sympathisantinnen verfasst. Eine von uns bringt es auf den Punkt: »Ich habe eine Heldinnengeschichte geschrieben.«

Und das Verkürzen, das Romantisieren, das Herausstreichen, das Verschweigen, das Aussparen, das Verklären? Das muss angesprochen werden, um es verstehen zu wollen oder es so stehen zu lassen. Das ist eine Sache des Respekts. Es geht um Persönliches und Verletzbarkeit. Die vielleicht angesprochen, im Detail im nun erzählten Leben aber nicht mehr ausgebreitet werden müssen. Um etwas zuzudecken, sind die Porträtierten jedoch viel zu reflektiert und politisch bewusst.

Das Persönliche, das Private und das Politische

Beim Persönlichen bleiben wir trotzdem lange hängen. War es nicht eine der fundamentalen Losungen der Studenten- und Frauenbewegung in den frühen 1970er Jahren, dass das Private politisch ist? Sexualität ist nur selten in den Gesprächen ein Thema. Das ist verwunderlich. Sexualität, das Ablegen der bigotten Panzer, in die Frauen gezwungen waren, die Entdeckung der eigenen sexuellen Orientierung: Viele Befreiungskämpfe wurden neben jenen gegen das Patriarchat, den Kapitalismus und die politische Reaktion ausgefochten. Wo bleiben diese Heldinnengeschichten in den Erzählungen? Es ist überraschend, dass nur einige darüber sprechen.

Die Erinnerungen meiner Generation an den Beginn der feministischen Aktivitäten sind davon geprägt, dass alles im Vergleich zur politischen Arbeit davor lust- und genussvoll war. Das erkläre ich den Jüngsten unter uns. Dass das Wichtigste die Freude aneinander war. Das erzählen auch einige der interviewten Frauen. Das Private bleibt überwiegend sehr privat; das meiste liegt auch weit zurück; es könnte sein, dass man vor Jahren die Geschichten anders erzählt hätte. Auffällig ist auch, dass über die Männer im Leben nur kurz berichtet wird. Es heißt »der Vater meines Kindes«, oder »der Herr XY«, dessen Namen frau aber noch trägt. Oder er bleibt ein gänzlich Namenloser oder nur ein indirekt in Form einer Scheidung Erwähnter.

Das Kollektive und die Einzelne

Was uns bei allen auffällt: Das Individuelle ist keine Kategorie. »Als Heldin beschreibt sich keine«, sagt eine in der Runde. In Bezug auf die kollektive Leistung stellt sich kaum einmal eine in die erste Reihe. Vielmehr wird das Licht unter den Scheffel gestellt. Aussagen wie »So wichtig war ich nicht für die Bewegung« oder »Ich war doch gar nicht so wichtig« fallen mehrfach.

Gleichzeitiges und Vergleichbares geschah und drängte sich auf, um analysiert und getan zu werden. Das Thema Gewalt ist ein gutes Beispiel: Ute Remus berichtet erstmals im *WDR* darüber, Maria Mies und ihre Studentinnen erheben die Häufigkeit, prangern an und analysieren sie als Teil des Patriarchats. Letztendlich wird daraus die Frauenhausbewegung. Wer hat nun das erste Frauenhaus initiiert? Ist es wichtig, ist es erwähnenswert? Mehrere der von uns porträtierten Frauen haben an der einen oder anderen Stelle dafür gesorgt, dass es seit damals Frauenhäuser gibt. Es war das Kollektiv, dessen Biografin keine unserer Porträtierten ist.

Andere Themen werden anfänglich in der feministischen Bewegung kontrovers diskutiert, heute hätten sie es leichter: Frauen, die nicht nur Opfer sind, Frauen, die auch (Mit-)Täterinnen sind. Oder auch die Frage, ob jede politische Haltung in der Frauenbewegung ein Kind ihrer Zeit und somit politisch richtig und wichtig war. Die Care-Arbeit – früher vereinfachte man den Begriff noch mit »Hausfrau«: Entlohnen oder nicht, in die volkswirtschaftliche Gesamtrechnung oder akzeptiert und zementiert man damit nicht indirekt das kapitalistisch-patriarchale Gesellschaftssystem? Die Kehrseite sind explizit angesprochene Brüche in den Beziehungen der ehemaligen Mitstreiterinnen: Schmerzhafte Erfahrungen, die angedeutet werden, auf die nicht näher eingegangen wird. Namen, die nicht mehr erwähnt werden.

Die kollektive Erfahrung

Es gibt sie, auf vielfältige Weise, wenn auch divers wahrgenommen. Da wären einmal die Mütter. Beim Lesen der Interviews sind sich die drei Herausgeberinnen einig, dass ein Movens, Feministin zu werden, die Mütter der Porträtierten gewesen sein dürften. Frigga Haug regt sogar explizit an, man solle die Mütter porträtieren und erst in zweiter Linie die Töchter. Umso mehr verwundert dann, dass die jüngeren Autorinnen in unserer Gruppe nicht weiter betonenswert finden, wie sehr die Rolle der Mutter die Politisierung der Tochter beeinflusst. Verletzungen, die Mütter ihren Töchtern zufügten, um sie davon abzubringen, einen anderen Weg als den der Unterwerfung einzuschlagen, sind nur für die Älteren der Autorinnen ein wichtiges Thema. Fast scheint der Bezug zur Mutter einem Generationenwandel insofern unterworfen zu sein, als die älteren Frauen unter uns ihn mit dem Satz beginnen: »Ich wollte nicht so werden wie meine Mutter.« Oder kein so vertanes Leben haben zu wollen wie die Mutter. Die nächstälteren fügen dem an: »Ich wollte etwas tun, damit es Frauen nicht mehr so geht wie meiner Mutter.« Und die jüngeren meinen, wenn sie sagen, dass sie nicht so wie ihre Mutter werden wollen, den täglichen Kampf um Gleichberechtigung und Selbstbestimmung nicht um den Preis der mangelnden Work-Life-Balance führen zu wollen. Sie möchten auch noch zum Leben kommen.

Das Leben der Feministinnen als Mütter ist ein eigenes Kapitel. Auch da wurde Richtig und Falsch verhandelt und die Erfahrung selbst war in erster Linie individuell und nur für wenige auch kollektiv. Eine andere kollektive Erfahrung ist eine Kindheit in der Vorkriegszeit oder während des Zweiten Weltkriegs. Nationalsozialistisches Gedankengut im Elternhaus oder in der Schule. Väter, die aus dem Krieg nicht nach Hause kommen. Spätes Nachforschen und Erfahren, welche Rolle Familienmitglieder und vor allem Väter spielten. Fluchterfahrungen.

Ohne Netz – doch ungehalten

Eine spannende Gemeinsamkeit vieler der porträtierten Frauen ist, dass sie nicht wie wir als Studentinnen Feministin wurden, sondern deutlich später. Sie beschreiben sich als junge Frauen oft als schüchtern, zurückgenommen, manche auch als ängstlich, aber gleichzeitig unglaublich begierig, zu lernen, zu erkennen, zu lesen und beseelt von dem Drang, hinaus aus der Enge des Dorfes, der Kleinstadt, des Elternhauses zu kommen. Freiheit! Damit beginnt der Weg der Selbstbestimmung und des Lernens. Der Weg auf die Universität steht lange nicht allen offen. Manche müssen einen Umweg über Berufe, die Frauen zugedacht sind, nehmen: Sie werden Sekretärin oder Lehrerin, aber hören nicht auf zu arbeiten, bis sie angekommen sind. Solange sie studieren, fühlen sie sich, wenngleich die Strukturen an den Universitäten häufig reaktionär sind, umgeben von den Großen der Literatur, der Philosophie und der Politik immer mitgemeint, auch wenn von dem Menschen in männlicher Form geredet wird.

Eine kollektive Erfahrung, die darauf folgt, ist häufig eine Krise, ein Lebensereignis, das alles vom Kopf auf die Füße stellt. Der Boden dafür ist aber noch nicht geschaffen. Mutter zu werden, in eine Rolle zu geraten, die man für sich nicht vorgesehen hatte, oder deren Auswirkungen für die, die frau war, und das, was frau wollte, katastrophal war. Das Erkennen des »Nicht Ich« (Christina von Braun) oder die klare Ansage: »Entweder ich bringe mich um oder ich gehe« (Frigga Haug). Der schwierige Weg, eine Trennung zu erkämpfen. Krisen und ein langer Weg, oft gestützt von vielen Provisorien, festigen zuerst die Erfahrung und dann die Erkenntnis, dass diese Welt für Frauen nicht gerecht ist. Auch dabei sind sie als Wegbereiterinnen unterwegs, denn sie machen weiter, um den eingeschlagenen Weg in der Forschung und intellektuellen Arbeit fortzuführen. Der Kampf um die eigene Selbständigkeit, die Existenz ist für viele raumgreifend und belohnt sie oft erst in späten Jahren damit, endlich tun zu können, worauf sie sich immer schon vorbereitet haben.

So landen letztlich aber alle bei der Ökonomie und der Geschichte, jeweils in ihrem Gebiet.

»Schön und bitter«

Damit bringt es eine von uns auf den Punkt, was sie beim Recherchieren und Schreiben bewegt hat. Das Wundern und Respektieren, was alle porträtierten Frauen geleistet haben. Und ganz grundsätzlich: Es waren und wir sind so viele. Wie viele, erkennen wir, wenn wir – anders als das früher möglich war – sehen, was auf anderen Kontinenten, in anderen Kulturen geschieht. Wir sind also, auch gefühlt, so viel mehr geworden.

Gleichzeitig ist es ernüchternd festzustellen, national und international, wie wenig, wie langsam es vorwärtsgeht, wie viel unverändert ist oder gar zurückfällt. Im Angesicht der Pandemie und der fortschreitenden Klimakatastrophe fällt mir der Satz Erica Fischers ein, die meinte, das Arbeiten an ihrem Buch »Feminismus Revisited« habe sie glücklich gemacht. Selbst im Kontext der schwierigen aktuellen Situation für Frauen auf der ganzen Welt stellt sich das Gefühl ein, glücklich mit diesem Projekt zu sein. Das Kollektiv, das wir uns sind, fühlt sich gut an. Die Diskussionen unter den anwesenden Frauen sind inspirierend und ihre Texte finden wir großartig. Diese jungen Frauen sind so gut, da muss man sich keine Sorgen machen. Da wird etwas weitergehen.

Ob die Porträtierten das auch so sehen? Großes Fragezeichen. Können sie den anderen Blick annehmen? Es geht um ihr Leben, ihre Geschichte. Aber die Frauen in dieser Runde kommen aus ihrer eigenen Geschichte. Wird das fühlbar werden, wenn eine, die heute gut abgesichert ist und auf ein bewegtes und konsequentes Leben zurückblickt, von einer Frau porträtiert wird, die prekär lebt, weil für sie die strukturelle Sicherheit längst abgeschafft wurde? Werden sie sich erkannt fühlen oder sich fremd sein, wenn die Augen einer viel jüngeren nicht das Selbstbild, sondern einen Nebenschauplatz des Lebens wichtig nehmen?

Was, wenn die vermeintlich Nichterkannte nicht erkennt, dass sich hier Frauen in Bewunderung und Respekt auf sie zuschreiben – nur aus einer anderen Generation und einem veränderten sozialen Gefüge? Da gilt es für die Porträtierten auch, etwas auszuhalten, meint eine, als eine Autorin anmerkt, wie nervös sie ist, ob sich ›ihre‹ Feministin auch wiederfindet im Text.

Das wird noch spannend.

Autorinnen

SISSI BANOS

geboren 1954, aufgewachsen in München, zu Beginn der 1970er Jahre maoistische Aktivistin, Umzug ins Ruhrgebiet, dort erste feministische Kontakte und Beginn des frauenpolitischen Engagements in Betrieb und Gewerkschaft, 1984 bis 1992 Studium der Romanischen Philologie (Italianistik), Soziologie und Politikwissenschaften mit den Schwerpunkten Frauenforschung sowie Arbeit und Soziales. 1993 erste hauptamtliche Gewerkschaftssekretärin bei der IG Metall in Aalen (Baden-Württemberg), 1997 Referentin für Frauen- und Gleichstellungspolitik, ab 2003 Referentin für Gender Mainstreaming und Gender-Beauftragte beim IG Metall-Vorstand in Frankfurt am Main, 2015 Rückkehr nach München als freie Beraterin für Gender- und Diversityprozesse mit dem Leitspruch: »Die Vielfalt leben«.

RENATE BÖHM

geboren 1953, war Mitgründerin der Salzburger Plattform gegen den Paragraf 144 (1973), der autonomen feministischen Frauengruppe Courage (1974) und der Gruppe Frauenwiderstand (2000). Dazwischen war sie Rechtsberaterin für Frauen, Mitglied der Kritischen Juristinnen, sowie in der Wohnrechts-, Konsumenten- und Schuldenberatung tätig. Später Bereichsleiterin für Soziales, Gesundheit, Frauen und Bildung an der Arbeiterkammer Salzburg und Kooperation mit »Solution, Sozialforschung & Entwicklung«. Beschäftigung mit Biografiearbeit und autobiografischem Schreiben, Publikationen zu Kinderpornografie, Armut, Arbeit, gescheiterter Verhütung, Lebens- und Stadtteilgeschichte sowie Frauenberichte. Renate Böhm engagiert sich als Vorständin in zahlreichen Sozial- und Kulturvereinen.

KATHERINA BRASCHEL

1992 in Salzburg geboren und aufgewachsen, lebt seit 2011 in Wien, wo sie Theater-, Film- und Medienwissenschaft studiert und zu queer*feministischer Pornografie geforscht hat. Sie ist freie Schriftstellerin und in mehreren Lohnarbeitsbereichen tätig. 2020 erschien ihr erstes Buch »es fehlt viel« in der Edition Mosaik. Katherina Braschel war bisher von ÖH-Arbeit über die Mitgründung des feministischen Theaterkollektivs HIRA* bis zu verschiedenen Tätigkeiten in autonomen anarchafeministischen Gruppen politisch aktiv. Intersektionales Denken und Handeln ist für sie unabdingbar, das Scheitern an eigenen Prägungen Teil des Prozesses. Sie glaubt an feministische Solidarität, gutes Bier und die zarte Macht der Sprache.

BIRGIT BUCHINGER

geboren 1963 in Linz, setzt sich als autonome Feministin, Sozialforscherin und Organisationsentwicklerin dafür ein, dass die Welt gerechter wird. In ihren zahlreichen Studien analysiert sie Schieflagen aller Art: Geschlechterverhältnisse, Verteilungsfragen, Arbeitsbeziehungen oder betriebliche Strukturen. Der Kampf gegen Diskriminierungen und Benachteiligungen treibt sie stetig an. Ihre Kampfmittel sind das geschriebene Wort, ihre Reden, das Hinterfragen alles ›Normalen‹, reichhaltige Netzwerke und politische Aktionen im Kollektiv. Sie lebt in Salzburg, wo sich auch das *base camp* ihres Unternehmens »Solution, Sozialforschung & Entwicklung« befindet.

ELA GROSZMANN

geboren 1963 in Bielefeld. Als gebürtige Deutsche wurde sie im Laufe der Jahre zu einer waschechten Österreicherin, die sich jedoch nicht in der Gemütlichkeit einrichtete, sondern als Allgemeinmedizinerin mit vielfältigen komplementären Spezialisierungen tagtäglich in ihrer Praxis spür- und erlebbar macht, wie frauen- und diversitätsgerecht ein Gesundheitssystem sein kann. Seit ihren Studientagen in Wien wurde sie mehr und mehr zu einer praktizierenden Feministin.

MARIA-AMANCAY JENNY

ist 1981 in Salzburg geboren und zwischen Argentinien und Österreich aufgewachsen. Nach einem Lehramtsstudium an der Universität Sevilla war sie mehrere Jahre im spanischen Schuldienst tätig. Zurück in Österreich begann sie im Rahmen ihres Studiums an der Universität Salzburg ihre wissenschaftliche Tätigkeit in den Bereichen Mentoring, kritische Migrationsforschung, Gender Studies und Sozialpädagogik. Sie ist wissenschaftliche Mitarbeiterin am Schwerpunkt Sozialpädagogik des Fachbereichs Erziehungswissenschaft, ehrenamtlich engagiert sie sich beim Verein Adelante – Centro Cultural Hispano und ist Sprecherin für Bildung in der Integrationsplattform des Landes Salzburg.

KATHARINA KRAWAGNA-PFEIFER

ist Journalistin, Publizistin und Juristin. Sie wurde 1956 in Traun/Oberösterreich geboren. Als freie Mitarbeiterin der *Salzburger Nachrichten* in der Linzer Redaktion finanzierte sie ihr Studium der Rechtswissenschaften. Nach einem Studienaufenthalt in Paris wurde sie 1979 innenpolitische Redakteurin der *Salzburger Nachrichten*. 1993 engagierte sie Oscar Bronner als Innenpolitikchefin der Tageszeitung *Der Standard* in Wien, 2001 übernahm sie dort die Leitung des EU-Büros in Brüssel. 2003 bis 2005 war Krawagna-Pfeifer Kommunikationschefin der SPÖ unter Alfred Gusenbauer. Nach ihrem Ausscheiden aus der

Politik baute sie in Salzburg ihr Kommunikationsbüro KKP auf. Schwerpunkt ihrer Arbeit ist die Entwicklung von Kommunikationsstrategien für Führungskräfte in Wirtschaft und Politik.

THERESA LECHNER

geboren 1992, lebt in Salzburg. Sie ringt um eine Sicht auf die Welt, die ihr Gestaltungsmöglichkeiten im Umgang mit Widersprüchen und Widrigkeiten eröffnet. Sie beteiligt sich an feministischen Projekten wie dem Verein FAM – Feministische Arbeit mit Mädchen in Salzburg, weil sie in der Überwindung von patriarchalen Machtverhältnissen die glaubwürdigste Version einer menschlicheren Zukunft sieht. Derzeit arbeitet sie an einer erziehungswissenschaftlichen Dissertation zu relationalen Beziehungen in pädagogischer Praxis und Theorie, insbesondere aus personaler Perspektive: die Erkundungen des »Zwischen« in alltäglichen Begegnungen sind für sie der Raum, in dem sie sich lebendig fühlt.

PIMP OIS

Die feministische Zweierbande pimp ois hat sich im Zuge der Coronazeit, durch die Besetzung eines Wohnzimmers – zum Glück beider – formiert. Als jeweils jüngstes von drei Kindern wollen sie ständig ausbrechen. Und doch sind sie seit Jahren in Salzburg aktiv. Neben dem Selbstverständnis als Band sind sie analoge Zockerinnen, Lesekreis, Aktionskünstlerinnen und gemeinsam am Puzzeln. Wie könnte die Welt von Morgen ohne Ungleichheiten aussehen und funktionieren?
Die entzückend realistische Träumerin Andrea Woyke ist 1996 in Rosenheim geboren, Kommunikationswissenschaftlerin, studiert Politikwissenschaft und mag zurzeit Frettchen ganz gern. Die schrullig-pragmatisch-kreative Isabella Langer ist 1994 in Salzburg geboren, gelernte Köchin, studiert Soziologie und mag Hunde nicht so gern. Gemeinsam möchten sie vieles: am liebsten hauptberuflich porträtieren, den Kapitalismus abschaffen und alles pimpen, am besten sofort.

GABI REINSTADLER

geboren 1958 in Berwang (Tirol), Studium der Publizistik und Germanistik an der Universität Salzburg. Aktiv in der Zweiten Frauenbewegung. Dissertation über »Das Bild der Frau in der Presse der SPÖ«. Redakteurin beim *Salzburger Tagblatt* (Lokalausgabe der sozialdemokratischen *Arbeiterzeitung*). Ausbildung zur IT-Expertin, ab 1990 insbesondere im IT-Vertrieb tätig, nebenberuflich Autorin im Bereich Wirtschaft, IT und Telekommunikation, Marketing. Studium »European Project and Public Management«, seither selbstständig als Beraterin für EU-Förderprojekte.

NICOLE SCHAFFER

geboren 1973, Magistra der Kommunikations- und Theaterwissenschaften, selbständige Sozialforscherin, Organisationsentwicklerin und Universitätslektorin. Ist aufgrund oder manchmal auch trotz langer Praxiserfahrung nach wie vor davon überzeugt, mit angewandter Forschung und Beratung eine Entwicklung hin zu einer gleichstellungsorientierten und inkludierenden Gesellschaft unterstützen zu können. Inhaltliche Interessen reichen von feministischer Wissenschaftstheorie, Gender in Forschung und Technologien bis zur praktischen Auseinandersetzung mit der gesellschaftlichen Ungleichverteilung von Ressourcen und Möglichkeiten zwischen Menschen unterschiedlicher Geschlechter, Generationen, Herkünfte oder Einkommen. Mit ihrem Büro Schaffer Research mit Sitz in Wien ist sie u. a. in den Bereichen Erwerbsarbeit/Arbeitslosigkeit, Gesundheitsförderung, Erwachsenenbildung, Anti-Diskriminierung, Gewalt gegen Frauen, Wohnungslosigkeit beschäftigt.

GUDRUN SEIDENAUER

geboren 1965 in Salzburg, Feministin, weil Humanistin seit dem Alter von ungefähr 14. Mit allen Aufs und Abs im Denken, Meinen und Dafürhalten ist die Überzeugung, dass unsere Welt nur menschlicher sein kann, wenn sie weiblicher wird, ein roter Faden, der niemals reißt. Von »Riot – not diet« bis zu »Tremate, tremate, le streghe son tornate« liebt sie vieles Frauenbewegte und ist unbedingt für solidarische Diversität unter Feministinnen.
Sprachaffin in jeder Hinsicht, Autorin von vier Romanen bei Residenz und Milena Verlag, zuletzt »Was wir einander nicht erzählten« (2018) über eine Frauenfreundschaft.
Lehrerin für Deutsch und Kreatives Schreiben mit Freude am Ermutigen, Bestärken, Wecken sprachlicher und gedanklicher Potenziale von Kindern und Jugendlichen. Fan bürgerlicher Bildung, dankbar für Literatur, Psychoanalyse und vieles mehr.

MIRA TURBA

geboren 1978, Fotografin, lebt und arbeitet in Salzburg. Sie studierte Theater-, Film- und Medienwissenschaft mit Schwerpunkt Visuelle Zeit- und Kulturgeschichte an der Universität Wien und absolvierte Meisterklassen für Fotografie an der Austrian Academy of Photography sowie an der Internationalen Sommerakademie für Bildende Kunst Salzburg. Ihre Arbeiten wurden in Gruppenausstellungen in Wien, Berlin, Graz und Salzburg gezeigt. Favorisiertes Werkzeug neben der Kamera war lange Zeit ein E-Bass. Kausal dafür waren Kathleen Hanna, PJ Harvey und Sleater-Kinney.

Bildnachweis